MI PELEA / TU PELEA

MI PELEA

TU PELEA

RONDA ROUSEY

y

MARIA BURNS ORTIZ

dNX

DEL NUEVO EXTREMO

Rousey, Ronda
  Mi pelea, tu pelea / Ronda Rousey.- 1ª ed. - Ciudad Autónoma
de Buenos Aires: Del Nuevo Extremo, 2015.
  336 p.; 21 x 15 cm.

  Traducción de: Jeannine Emery de Pardo.
  ISBN 978-987-609-627-0

  1. Autobiografías. I. Jeannine Emery de Pardo, , trad. II. Título.
  CDD 920

© Ronda Rousey, 2014
© Editorial Del Nuevo Extremo S.A., 2015
A. J. Carranza 1852 (C1414COV) Buenos Aires, Argentina
Tel/Fax: (54-11) 4773-3228
e-mail: editorial@delnuevoextremo.com
www.delnuevoextremo.com

Imagen editorial: Marta Cánovas
Traducción: Jeannine Emery de Pardo
Correcciones: Martín Felipe Castagnet
Fotografías de tapa e interior: Eric Williams
Diseño de tapa: @WOLFCODE
Diseño de interior: Marcela Rossi

ISBN: 978-987-609-627-0

Primera edición: noviembre de 2015

Impreso en la Argentina - *Printed in Argentina*

Para mamá y papá.
Espero que estén orgullosos de mí.

No hay historia hasta que algo sucede.
Luego la hay.

—Mamá

ÍNDICE

PRÓLOGO

DANA WHITE, PRESIDENTE DE LA UFC

Ronda Rousey llegó para cambiar las reglas de juego.

Por supuesto que yo no lo sabía en 2011 cuando estaba en Los Ángeles y TMZ me preguntó cuándo pelearían las mujeres en la Ultimate Fighting Championship (UFC). Miré a la cámara y dije: "Nunca".

En ese entonces lo decía en serio. No tenía problema con que las mujeres pelearan y se ganaran la vida haciéndolo, pero cuando salía el tema de la posibilidad de que compitieran en la UFC, recordaba de pronto una pelea que había visto en un show local al norte de California. Una mujer que peleaba igual que un hombre estaba en el ring contra alguien que no parecía haber tomado más de cinco clases de tae bo. Fue una de las peores golpizas unilaterales que vi jamás, y realmente no quería ver eso en la UFC.

Hasta que apareció Ronda.

Unos meses después de la entrevista de TMZ, tuvimos un show en Las Vegas, y alguien me llamó por mi nombre. Era Ronda Rousey. Había escuchado hablar de ella. Me habían dicho que era una buena luchadora. Me acerqué, le estreché la mano y me dijo: "Algún día voy a pelear en tu competencia y voy a ser tu primera campeona mundial".

Lo que hay que saber es que todo el mundo me dice eso, tanto hombres como mujeres. Todos dicen: "Algún día voy a trabajar para ti y seré tu próximo campeón mundial". Pero ella era persistente, y al verla competir en la promoción de Strikeforce que habíamos adquirido, supe que era especial. Ronda pidió reunirse conmigo en uno de los eventos de la UFC. Quince minutos después de iniciar la conversación, me encontré pensando para mis adentros: "Creo que voy a seguir adelante con esto. Ella es la que puede darle el puntapié, y tengo fe en todo lo que dice". Tenía tanto carisma y energía. Y verla pelear era de no creer.

Así que tomé mi decisión. Aceptamos a Ronda, y la convertí en el espectáculo principal de la UFC 157 el 23 de febrero de 2013. Aquella decisión fue muy criticada por los medios y los fans, pero ella salió esa noche en Anaheim y ofreció una pelea increíble contra Liz Carmouche. Fue emocionante desde el momento en que comenzó hasta que terminó, justo antes de que sonara la campana para finalizar el primer round.

Ese fue solo el comienzo.

El nivel de talento entre las mujeres se disparó. Despegó tan rápido que no me dio tiempo de nada. Y a la cabeza de todo eso estaba Ronda. Era realmente un huracán. Lo supe, lo sentí e hice lo que tenía que hacer. Talento, belleza, determinación, ella lo tiene todo. Y mientras se abría paso de mesera a superestrella, la realidad es que siempre fue una atleta asombrosa, ex medallista olímpica, que finalmente encontró aquello a lo que se quería dedicar. Descubrió que era una competidora que quería salir y demostrar que era la mejor de todas. Y una vez que se dio cuenta, tomó el control del mundo de las artes marciales mixtas, lo dominó por completo y se volvió una de las mejores estrellas de la UFC, si no la mejor.

Cuando digo que es una persona que vino a cambiar las reglas de juego, es porque lo ha hecho en todo el sentido de la palabra. No solo para las mujeres, sino también para el deporte femenino. La gente siempre dice: "Ah, el básquetbol de mujeres es el WNBA"; "en el golf, las mujeres le pegan a la pelota desde un tee más corto"; "en el tenis femenino, las mujeres no pegan tan fuerte como los hombres". Nadie dice algo así de Ronda Rousey. Es una de las atletas más intensas e increíbles con las que he trabajado durante todos mis años en el boxeo y las MMA[1], y no soy el único que la compara en el octágono con un Mike Tyson en su mejor momento. Observen su intensidad, observen cómo sale al ring y cómo corre tras su oponente. Ronda no anda con vueltas, y cuando sale a pelear uno sabe que su oponente no la pasará nada bien.

Lo que sucede es que ella es una persona tan enfocada, no solo en una pelea o cuando entrena, sino en su vida cotidiana. Se trata de una mujer

---

1   Artes Marciales Mixtas, por sus siglas en inglés.

que no tiene tiempo para salir a fiestear. Lo único que hace es levantarse por la mañana y decir: "¿Cómo puedo ser mejor que ayer?". Literalmente, así vive su vida.

Ronda es un modelo de conducta increíble, que empodera a las mujeres y las niñas. Cuando yo era pequeño, los chicos jugaban por un lado y las chicas por otro; los chicos hacían todo lo que tuviera que ver con la actividad física y las chicas jugaban con muñecas y casitas. Este último Halloween, las chicas de todo el país se disfrazaron de Ronda Rousey. Eso es porque ella es una mujer increíble, bella y poderosa.

Ronda es una fuente de inspiración para todo el mundo. El verano pasado se desarrollaba la Serie Mundial de Ligas Pequeñas, y Pierce Jones, un muchacho afroamericano de trece años, del sur de Chicago, una de las estrellas de la serie, salió a batear y, debajo de toda su información personal, aparecía su atleta favorita: Ronda Rousey. Se trata de algo sin precedente. Podría haber elegido a cualquiera: LeBron James, Derek Jeter, hay tantos atletas masculinos para elegir... pero su atleta favorita es Ronda Rousey.

Ronda ha cambiado el mundo del deporte, y para cuando termine, tal vez también haya cambiado al mundo. Nada me extrañaría, y por momentos me da la impresión de que está escribiendo su libro demasiado pronto, porque apenas está comenzando. Esta mujer alcanzará logros asombrosos, así que prepárense para la Segunda Parte de la historia de Ronda Rousey.

POR QUÉ PELEO

Soy una luchadora.

Para ser luchadora, hay que ser apasionada. Tengo tanta pasión que es difícil contenerla toda. Esa pasión se me escapa como lágrimas de los ojos, como sudor de los poros, como sangre de las venas.

Hay muchas personas que suponen que soy fría e insensible, pero la verdad es que hace falta un corazón enorme para pelear. Soy incapaz de ocultar mis sentimientos, y también me han hecho trizas el corazón. Puedo competir con los dedos del pie rotos o con el pie recién suturado. Puedo recibir un golpe y que no se me mueva un pelo, pero si tocan una canción triste por la radio soy capaz de echarme a llorar. Soy vulnerable, por eso peleo.

Ha sido así desde el día en que nací. Luché por mi primera bocanada de aire. Luché por pronunciar mis primeras palabras. Sigo luchando por ser respetada y escuchada. Durante mucho tiempo sentí que tenía que luchar por cada cosa que hacía. Pero ahora una batalla grande cada dos o tres meses compensa todas aquellas más pequeñas en las que claudico todos los días. Algunas batallas que pierdo son pequeñas: un auto que te cierra el paso, un jefe que te echa la bronca. Las pequeñas humillaciones cotidianas que te llevan al límite. Algunas batallas perdidas te cambian la vida: perder a alguien que amas o no alcanzar esa única meta por la que más te has esforzado.

Peleo por papá, que perdió su batalla y murió cuando yo tenía ocho años, y por mamá, que me enseñó cómo ganar cada segundo de mi vida. Peleo por hacer que las personas que me aman se sientan orgullosas de mí, y por hacer que las personas que me odian sufran un arrebato de cólera. Peleo por todos aquellos que alguna vez estuvieron perdidos, que alguna vez fueron abandonados o que están peleando contra sus propios demonios.

Alcanzar la excelencia es una batalla larga y ardua que peleo todos los días. Pelear es la manera de lograr el éxito. Y no me refiero a solo dentro de una jaula de 69 metros cuadrados o dentro de los bordes de una colchoneta de 64 metros cuadrados. La vida es una batalla desde el momento en que das tu primera bocanada de aire hasta el instante en que exhalas la última. Tienes que luchar contra las personas que te dicen que es imposible. Tienes que luchar contra las instituciones que ponen barreras invisibles y que deben romperse. Tienes que luchar contra tu cuerpo cuando te dice que está cansado. Tienes que luchar contra tu mente cuando la duda comienza a carcomerte por dentro. Tienes que luchar contra sistemas que están en vigor para perturbarte y contra obstáculos puestos en tu camino para desalentarte. Tienes que luchar porque no puedes confiar en que nadie más lo hará por ti. Y tienes que pelear por las personas que no pueden pelear por sí mismas. Para conseguir algo realmente valioso, tienes que pelear por ello.

Yo aprendí el modo de luchar y el modo de ganar. Cualesquiera sean tus obstáculos, quienquiera y cualquiera sea tu adversario, hay un camino a la victoria.

Este es el mío.

NOCHE DE PELEA

La tarde está muy avanzada cuando me levanto. He dormido todo el día, despertándome para comer y luego volviendo a mi estado de hibernación. Me visto con los shorts negros y el sujetador deportivo negro.

La habitación de mi hotel está calentita. Quiero que mi cuerpo esté calentito, ligero.

Me paro delante del espejo. Me recojo el cabello hacia atrás dividiéndolo en secciones. Primero, la parte superior, que aseguro con una liga. Luego la parte izquierda y la derecha hasta que todo el cabello me cae sobre el cuello. Tomo otra liga y uno las tres secciones. Las enrosco con fuerza para formar un rodete. El pelo me tira el cuero cabelludo y me agranda los ojos. Mientras estoy de pie delante del espejo, caigo en la cuenta de algo: al observarme así, preparada para la batalla, me siento transformada; todo parece diferente.

Falta una hora para salir. Me pongo el pantalón deportivo Reebok y mis botas de combate —botas comunes de símil gamuza, de Love Culture, que se caen a pedazos, pero que me han acompañado en casi todas mis victorias profesionales.

Mi equipo está sentado en la sala de la suite del hotel, desparramados entre el pequeño sofá y un par de sillones. Hablan en voz baja, pero cada tanto una carcajada apagada atraviesa la puerta cerrada. Puedo oírlos moviéndose de un lado a otro. Edmond, mi coach principal, vuelve a revisar su bolso para estar seguro de que no nos olvidamos de nada. Rener, mi entrenador de jiu-jitsu brasileño, enrosca y desenrosca el banner con los logos de mis sponsors, que estará ubicado en la jaula a mi espalda. Quiere que el banner esté perfecto, para que pueda desplegarlo con un rápido giro de la muñeca. Martin, mi entrenador de lucha libre, posee una calma imperturbable. Justin, mi compañero de entrenamiento de judo y amigo de la infancia, se frota las manos, ansioso. Están todos vestidos de pies a cabeza con la vestimenta oficial del equipo para salir a la jaula. Abro la puerta que separa ambas habitaciones, y todos se quedan paralizados. El cuarto está en silencio.

La gente de seguridad golpea a la puerta; están listos para acompañarnos abajo.

Cuando salgo de la habitación del hotel, me siento como Superman cuando sale de la cabina de teléfono: el pecho expandido, la capa que ondea a mis espaldas. Imparable. Invencible. Solo que en lugar de la S, tengo el logo de la UFC estampado en el pecho. Pongo cara de pocos amigos. Desde el minuto en que salgo de la habitación, estoy lista para el combate.

Del otro lado de mi puerta hay tres hombres con audífonos; su tarea es llevarme abajo a mi pelea.

—¿Estás lista? —pregunta el jefe de oficiales. Él se refiere a bajar a la arena.

—Lista —le respondo. Yo me refiero a ganar la pelea.

Edmond echa un vistazo a la habitación, barriéndola una última vez con la mirada. Me entrega mis auriculares Monster, y me los deslizo alrededor del cuello.

El encargado de seguridad va adelante. La gente de mi equipo me flanquea, y los otros dos oficiales nos siguen por detrás. Caminamos a través de ascensores de servicio, y entramos en túneles con suelos de cemento, luces fluorescentes y caños expuestos. Los corredores están vacíos y los sonidos de nuestras pisadas retumban a través de los pasillos. Pasamos por salas subterráneas donde los empleados fichan su llegada y por salas donde se clasifican los materiales reciclables. Oigo el barullo de la cafetería donde comen los empleados. El pitido de un montacargas que levanta pallets se pierde en la distancia mientras atravesamos el laberinto rumbo al vestuario.

Al acercarnos veo más señales de vida. Personal de producción avanza zigzagueando por los corredores. Camarógrafos, guardias de seguridad, entrenadores, atletas, miembros de comisiones atléticas, desconocidos cualesquiera entran y salen de diferentes puertas. Un oficial de la comisión atlética del estado se nos une en el momento en que entramos en la arena. A partir de este instante y hasta el momento en que salga del edificio, estaré siempre bajo su escrutinio.

Sobre la puerta de mi vestuario, pegada con cinta aislante, hay un papel blanco con mi nombre impreso en letras negras. "Buena suerte", me dice el agente de seguridad al tiempo que entro en la habitación de bloques de hormigón, desprovista de ventanas. Las paredes son beige claras, la alfombra es delgada y oscura. Hay una colchoneta para hacer gimnasia sobre el suelo y un televisor de pantalla plana en la pared transmite en vivo las peleas preliminares.

En otros vestuarios las personas traen estéreos y escuchan música; hacen bromas y pasan el rato. Mi vestuario es un lugar serio. Hay silencio. Nadie sonríe. No me gusta que la gente cuente chistes en mi vestuario. Ahora no es momento para contar chistes. Desde el minuto en que salimos de mi habitación del hotel, no se jode. El tiempo para joder ya pasó. Tenemos por delante algo muy serio.

No busco librarme de la presión; la acepto de buena gana. La presión es lo que se concentra en el tambor detrás de la bala antes de salir disparada del revólver.

Entramos en el vestuario y nos acomodamos. Mi quinto esquinero, Gene LeBell, un pionero de las MMA y amigo de la familia de toda la vida, se une a nosotros. Se sienta y comienza a prender y apagar el pulsador del cronómetro. Me acuesto en el suelo, con la cabeza sobre mi bolso. Cierro los ojos e intento dormir un poco.

Me despierto y quiero precalentar, pero es demasiado temprano y Edmond me detiene.

—Relájate, todavía no es hora —dice con su grueso acento armenio. Tiene una voz calma, que tranquiliza. Me masajea los hombros brevemente, como si tratara de liberar el exceso de energía que me recorre el cuerpo.

Quiero dar pequeños saltos y hacer algo. Quiero estar más preparada.

—Aunque estés fría, estás bien —me dice Edmond—. Solo tienes que relajarte. No necesitas precalentar en exceso.

Edmond me toma las manos entre las suyas mientras el representante de la comisión atlética del estado nos observa. Debe asegurarse de que todo el proceso de vendaje sea legítimo. Primero, la gasa. Después, la cinta de tela blanca, que se despega del rollo con un crujido. Observo mientras la cinta se envuelve hipnóticamente entre mis dedos, alrededor de mis manos y desciende hasta mis muñecas. Después Edmond alisa el extremo de la cinta sobre mi muñeca, y estoy un paso más cerca del momento que he estado esperando, el momento para el que me he estado entrenando, el momento para el que nunca estuve más lista.

El representante de la comisión firma mis vendajes con un fibrón negro. Comienzo a estirar, saltando de un lado a otro. Edmond me ayuda a hacer foco sosteniéndome los guantes durante un par de golpes, pero me detiene enseguida. Siento que todavía no es suficiente. Estoy ansiosa por hacer más.

—Tranquila, tranquila —dice.

Por encima de la transmisión, oigo a la multitud. A medida que se llena el estadio, la excitación va en aumento y el ruido golpea las paredes. La energía del público retumba a través del hormigón y me traspasa el cuerpo.

El reloj hace tic-tac. Edmond me sienta sobre una silla plegable. Se inclina bien cerca.

—Tú estás más preparada que esta chica —me dice—. Eres mejor en todas las áreas que ella. Has luchado para estar acá. Has sudado para estar acá. Te has roto el trasero para estar acá. Todo lo que hemos hecho nos ha traído hasta este momento. Eres la mejor del mundo. Ahora, ve y haz mierda a esta chica.

Destruir a mi oponente es lo único que quiero hacer en este momento. Es el foco único de todas las células de mi cuerpo. En el corredor oigo la voz áspera de Burt Watson. Burt es el niñero oficial de los peleadores de la UFC, lo cual significa que maneja tantas contingencias que no hay un título para lo que hace salvo decir que su función es cuidarnos.

—Se larga, ¡vamos! —grita—. Esto es lo que hacemos y por qué lo hacemos, nena. Esta es tu noche, tu pelea. No dejes que te roben tu noche, nena. —Su voz retumba en el corredor mientras me acompaña a la salida. Me siento excitada.

Mi oponente siempre sale primera. No la puedo ver, pero alcanzo a oír su lamentable canción que retumba a todo volumen dentro del estadio. Al instante, odio la canción que ha elegido para salir a la jaula.

Oigo la reacción del público cuando la ve. En la sombra del túnel, puedo sentir su aplauso que sacude el aire, pero sé que la reacción cuando me vean a mí va a hacer estallar el estadio. La gente va a perder sus malditas cabezas cuando me vea salir. Casi puedo sentir el rugido de la multitud en los huesos, y sé que el ruido va a desestabilizar a mi oponente.

Edmond me aprieta la cara con fuerza. Me frota las orejas y la nariz. La cara se me contrae, preparándose para un posible impacto. Me tira el cabello hacia atrás con más fuerza. Siento un hormigueo en el cuero cabelludo. Los ojos se me agrandan. Estoy despierta, estoy alerta. Estoy lista.

Nos dan la señal. Los hombres de seguridad caminan uno a cada lado. Mi esquinero camina un paso atrás.

Las feroces cuerdas de guitarra de Joan Jett me estremecen y, mientras "Bad Reputation" suena a todo volumen, avanzo agresivamente por el corredor, lanzando una mirada de furia hacia delante.

El público aúlla cuando me ve salir, pero es como si el volumen y el brillo de todo se hubiera atenuado. No puedo ver nada sino lo que está justo enfrente: el camino a la jaula.

Cuando llego a los escalones del octágono, me retiro los auriculares y me saco las botas de combate. Me quito la sudadera, la camiseta, el pantalón de ejercicio. Mi esquinero me ayuda, porque puede ser complicado quitarse una capa de ropa cuando tienes las manos vendadas y metidas dentro de guantes acolchados.

Edmond me da palmaditas en todo el cuerpo con una toalla. Abrazo a cada uno de los miembros de mi esquina. Rener, "Tío" Gene, Martin, Justin. Edmond me da un beso en la mejilla. Nos abrazamos. Edmond me mete el protector bucal dentro de la boca. Bebo un sorbo de agua. Stitch Duran, mi *cutman*, me aplica vaselina en toda la cara y se hace a un lado.

Extiendo los brazos, y un oficial me da palmaditas en todo el cuerpo para asegurarse de que no tenga nada escondido: las manos pasan por detrás de las orejas, trepan por el cabello y se meten en mi apretado rodete. Me hace abrir la boca. Me revisa los guantes. Me hace una seña para que suba los escalones.

Hago una pequeña reverencia al entrar en la jaula, apenas una inclinación de la cabeza hacia delante, un hábito que me quedó de mis días de judo. Golpeo el suelo con el pie izquierdo dos veces. Luego con el derecho. Salto y golpeo ambos pies contra el suelo. Camino hacia mi esquina. Me sacudo los brazos. Me palmeo el hombro derecho, luego el izquierdo, después los muslos. Toco el suelo. Mi esquinero despliega el banner de sponsors a mi espalda. Doy pequeños saltos entre un pie y otro. Me pongo en cuclillas y vuelvo a dar un salto hacia arriba. Golpeo una vez más el suelo con los pies. Entonces me detengo.

Llegó el momento. Tengo el cuerpo relajado pero hiperalerta, listo para actuar y reaccionar. Tengo los sentidos agudizados. Un único deseo me domina: ganar. Es simplemente una cuestión de ganar o morir. Siento como si solo estuviera acá, en este momento, en esta jaula, como si el tiempo que ha separado esta pelea de mi última pelea no existiera. Mi cerebro vuelve al modo pelea, y entro en una zona en donde no ha existido jamás otra cosa que pelear.

Miro fijo al otro lado de la jaula.

El anunciador de la UFC Bruce Buffer se ubica en el medio de la jaula. Bruce es el mejor en lo que hace, pero cuando mira a la esquina de mi
oponente lo único que alcanzo a oír es un "bla bla bla". Después se vuelve
hacia mi esquina, y otra vez, "bla bla bla".

Veo a la otra chica. Le clavo una mirada desafiante. Siempre trato de
mirarla a los ojos. Algunas veces, ella aparta la mirada.

Quiero que me mire.

Quiero que me mire directo a los ojos. Quiero que vea que no tengo
ningún temor. Quiero que sepa que no tiene chance. Quiero que tenga
miedo. Quiero que sepa que va a perder.

El referí mira a mi oponente.

—¿Estás lista? —pregunta.

Ella asiente.

Me señala con el dedo.

—¿Estás lista?

Asiento con la cabeza y pienso: *Nací lista*.

Entonces comenzamos la pelea.

NACÍ LISTA

Muchas personas se preocupan por no estar lo suficientemente preparadas antes de una pelea. Salen al ring sintiendo que tienen el cuerpo frío y les falta preparación. Creen que estarían mejor preparadas si pudieran precalentar un poco más. La idea se les instala en la cabeza.

A mí me enseñaron a estar lista para pelear en cualquier momento. Casi no hago entrada en calor y, sin embargo, estoy tan preparada para pelear que cuando comienza una pelea tengo que hacer un esfuerzo para evitar lanzarme hacia delante y esperar que baje la mano del referí.

Nunca sabes si vas a tener que estar lista antes de lo que pensabas.

Cuando nací estuve a punto de morirme. El 1 de febrero de 1987, mi madre, que estaba a punto de parir, corría por toda la casa tratando de organizar todo lo que hiciera falta antes de que salir con mi padre para el sanatorio.

—Ron, ¿estás listo? —le preguntó a papá.

—Cariño, nací listo —respondió.

Pero mis padres no estaban listos para lo que sucedió inmediatamente después.

Nací con el cordón umbilical enroscado alrededor del cuello, cortándome el suministro de aire. El corazón me dejó de latir. Cuando salí estaba morada y no me movía. En el test de Apgar, que se les realiza a los recién nacidos para medir su estado general de salud, la puntuación va de 0 a 10, y siete es considerada como buena. Mi puntuación era 0.

Mamá me contó que los médicos pensaron que estaba muerta. Todo era caos y movimiento. Los médicos entraron corriendo desde todos lados. Se oía el chirrido de las ruedas de los carros de metal con equipamiento médico que entraban a toda velocidad en la habitación; las puertas de los armarios que se cerraban con fuerza al tiempo que el personal médico sacaba artículos de los estantes; el jefe médico que gritaba órdenes a medida que más y más personas entraban en la sala. Finalmente, los médicos lograron hacer que me entrara un poco de aire. Cortaron el cordón, me lo desenroscaron del cuello, me hicieron resucitación cardiopulmonar y me dieron oxígeno. Después, tras lo que mamá describe como una eternidad —pero seguramente fueron solo unos minutos— comencé a respirar y el corazón me comenzó a latir.

La experiencia dejó traumados a mis padres. Fue la única vez que mamá vio a papá llorando.

Mis padres me nombraron Ronda por mi padre, que se llamaba Ron. Algunas personas creen que hay un motivo especial por el cual soy Ronda sin *h*, pero fue algo accidental. Cuando se calmó el pánico y quedó claro que yo iba a vivir, la enfermera le preguntó a papá qué nombre me iban a poner. Él dijo "Ronda". La enfermera le preguntó cómo se escribía. El nombre de mi padre era Ron, y él simplemente supuso que se escribía igual, así que le dijo: "R-O-N-D-A". Y así me anotaron en el certificado de nacimiento. Daba lo mismo que anotaran "Ronda sin *h*", porque me he pasado la vida corrigiendo la forma en que se escribe mi nombre —recién ahora lo han comenzado a escribir bien con cierta frecuencia—, pero creo que escribirlo así va mejor con mi personalidad. De todos modos, la *h* es una letra estúpida.

Mis padres estaban felices de que estuviera viva, pero el médico que me salvó dijo que podía llegar a tener daño cerebral y que tal vez no se hiciera evidente enseguida. De hecho, le dijo a mamá que podía llevar meses o incluso años si el daño estaba en áreas que controlan funciones como caminar o hablar, dado que esos retrasos no se manifiestan hasta que alcanzas esas etapas de desarrollo.

Los médicos no suelen dorar la píldora, pero este doctor le dio a mamá su opinión personal:

—En la mayoría de casos como este, la beba no habría sobrevivido —dijo—. En este momento no le puedo dar ninguna certeza, más allá del hecho de que está respirando, el ritmo cardiaco es bueno y la respuesta refleja es normal. No tengo ni idea de lo que le depara el futuro, pero los bebés tienen una resiliencia increíble y esta beba es ciertamente una luchadora.

GANAR ES LA MEJOR SENSACIÓN DEL MUNDO

Me condicionaron para ganar desde muy chica. Cuando era pequeña, durante los entrenamientos de judo, me sentaba y jugaba a las palmaditas con la chica con la que estaba a punto de competir. Mamá me hacía a un lado y me decía, "Quédate sentada y concéntrate en ganar. Deja de perder el tiempo".

Cuando gano estoy eufórica. Nada me puede afectar. Ganar me eleva por encima del combate. Floto feliz encima de todas las cosas complicadas y difíciles de la vida. Después de ganar, por un tiempo breve, todo está en orden. Ganar es como enamorarse, pero enamorarse de todos los que están en el recinto de una sola vez —y se amplifica cuando estás en un estadio de 18.000 personas.

Cuando cumplí dos años y seguía sin hablar, mis padres comenzaron a preocuparse. Mi pediatra le dijo a mamá muchas cosas, como que comenzaría a hablar cuando estuviera lista o que no hablaba porque no tenía necesidad de hacerlo. Mis dos hermanas mayores parecían entender lo que quería y transmitían mis ganas de comer una galleta o de jugar con mis Pequeños Ponis. Pero mamá sabía que algo andaba mal. Tenía otras dos hijas y además estaba tomando clases de psicología del desarrollo para conseguir un doctorado.

Al acercarse mi tercer cumpleaños, aún no decía una sola palabra inteligible. Mamá me llevó a un montón de especialistas. No me encontraban ningún problema específico, pero los médicos parecían creer que la falta de oxígeno al nacer podría estar relacionada con mi dificultad para aprender a hablar.

Cuando una parte del cerebro muere, se muere para siempre (sí, ya sé, esa es la definición de muerto). Sin embargo, los bebés son criaturas asombrosas. Los bebés son súper resilientes. Algunas veces, los cerebros de los bebés pueden reprogramarse para seguir funcionando. Mi cerebro en desarrollo sencillamente se reprogramó. Si tomaran una de esas tomografías de muchos colores de la actividad cerebral, verían que la parte que controla mi habla está ubicada en un lugar diferente del cerebro que en la mayoría de las personas. Pero hasta que mi cerebro volvió a reprogramarlo todo, era como si no pudiera conectar las palabras que tenía en la cabeza con mi boca.

Hablar era una batalla constante entre lo que quería decir y lo que salía de mi boca. No se trataba solo de las palabras, sino que lo abarcaba todo: lo que sentía, lo que deseaba, lo que quería decir. Fue siempre una lucha. Si me pedían que repitiera algo demasiadas veces, me frustraba y pateaba a la persona con la que estaba hablando. Una cosa es pelear contra otras personas, pero pelear contra ti misma es diferente. Si estás peleando contra ti misma, ¿quién gana? ¿Quién pierde?

Cuando cumplí tres años, más que ninguna otra cosa, quería un muñeco Hulk Hogan de lucha libre. Mis hermanas y yo solíamos ver *WWF Superstars of Wrestling* los sábados por la mañana después de *X-Men*. Durante los cortes comerciales nos arrojábamos del sofá color marrón para intentar someternos unas a otras sobre la áspera alfombra de poliéster marrón. Uno de los mejores juguetes que inventó la década del ochenta fue el muñeco luchador, un almohadón de sesenta centímetros que tenía la forma de Hulk. Podías hacer la plancha sobre él, luchar con él, arrojarlo al suelo. Era fantástico. Cuando mamá me preguntó lo que quería, no hice más que repetir una palabra: "Balgrin".

Nadie tenía ni idea de lo que quería decir. Pero mamá me llevó a mí y a mis hermanas a la juguetería para buscar mi Balgrin. El hombre que trabajaba allí me mostró todos los juguetes que tenían una bola. Nos fuimos con las manos vacías. Fuimos a otra tienda. Y a otra.

Cada vez que comenzaba a explicar lo que quería, los sonidos se me escapaban de la boca en una mezcolanza confusa que nadie entendía. Era como si las palabras que buscaba estuvieran prendidas con un alfiler y no las pudiera liberar. Las podía ver y las podía sentir, pero no las podía pronunciar. Me sentía atrapada. Estallé en llanto, y la cara se me llenó de mocos. Sentí que el mundo me cercaba; comencé a perder las esperanzas.

Papá se encontró con nosotros cuando salió del trabajo. Fuimos a una última juguetería y conocimos al mejor vendedor de juguetes de la historia, que merece ser consagrado en el Salón de la Fama de los vendedores de juguetes.

Apenas pasamos por la puerta, papá se acercó al vendedor.

—Mi pequeña quiere un Balgrin. No sé qué diablos es un Balgrin, pero no nos iremos de acá hasta conseguir uno.

—Bueno, ¿qué puede hacer ese juguete? —me preguntó el muchacho.

Temiendo hablar, arrojé el cuerpo sobre el suelo un par de veces.

El vendedor no se rió. Se quedó pensando un momento. Levanté la cabeza y lo miré esperanzada.

—¿Te refieres a un muñeco luchador? Es como un almohadón, y se puede luchar con él.

Asentí lentamente.

—Balgrin —dije.

—Claro —respondió como si lo hubiera pronunciado con la mayor claridad del mundo—. Hulk Hogan.

Bajó uno de un estante en la parte trasera de la tienda. Me puse a dar unos pasitos de júbilo en el pasillo. Mamá le dio gracias al cielo.

El vendedor me puso la caja del muñeco luchador en los brazos, y me inundó una intensa emoción. Me negué a que mis padres tomaran a Hulk Hogan ni por un segundo, ni siquiera para pagarlo, así que el vendedor tuvo que pasar otra caja por la máquina registradora.

Cuando llegamos a casa, Hulk y yo fuimos prácticamente inseparables. Me arrojaba del sillón doblándole un codo sobre el pecho. Lo inmovilizaba contra el suelo y hacía que mamá contara hasta tres. En lo que terminó siendo una coincidencia total o una señal misteriosa de lo que iría a suceder después, terminé arrancándole el brazo. Valiéndose de un viejo truco para zurcir los trajes de judo, mamá le volvió a coser el brazo con hilo dental, y luego, como hacía todas las noches, me metí en la cama con él.

Sí, así es. Dormía con Hulk Hogan.

Para ser una niña que no se podía comunicar como todos los demás niños, ser comprendida por un desconocido fue un hito fundamental. Terminó siendo una lección precoz acerca de la importancia de creer siempre que, si deseaba algo con todas mis fuerzas y lo intentaba lo suficiente, podía lograr que se cumpliera.

Hasta ahora he hecho bastantes cosas en mi vida (no quiero decir muchas porque ni siquiera he cumplido los treinta años, y todavía me queda mucho por hacer... digamos que estoy en el nivel de Gandalf el Gris, después de todo el drama del Hobbit, preparado para destruir el anillo y convertirse en Gandalf el Blanco). Y a menudo he logrado hacer cosas que las personas decían que eran poco realistas, poco probables o, mi preferida, imposibles. No habría podido hacer ninguna de ellas sin tener esperanza.

El tipo de esperanza al que me refiero es la creencia de que va a suceder algo bueno, de que todo lo que estás atravesando y todo lo que has atravesado habrá valido el esfuerzo y las frustraciones. El tipo de esperanza del que hablo es la profunda creencia de que se puede cambiar el mundo, de que lo imposible es posible.

El día de mi tercer cumpleaños fue una introducción precoz en no perder nunca la esperanza, en no darme nunca por vencida y en rodearme de personas que vieran en mí aquello que tal vez yo no viera en mí misma. Fue la primera vez que sentí que había ganado.

TODO PUEDE CAMBIAR EN UNA FRACCIÓN DE SEGUNDO

Cualquiera que frecuenta peleas lo ha visto. Hay un momento en que el peleador parece dominar la pelea y es invencible. Pero un instante después cae sobre la lona. Un puñetazo o la pérdida de concentración durante una fracción de segundo pueden cambiar todo el curso de la pelea. La vida es así.

Uno de los motivos por los que quiero ganar a toda costa es el hecho de que la vida sea tan incierta, tan volátil. Cuando gano, hay un breve espacio de tiempo en el que no estoy preocupada porque vayan a quitármelo todo en cualquier segundo.

Ha habido tantas veces en las que aquello que creí que era real se dio vuelta por completo, y sentí que todo mi mundo se desmoronaba. Saber que en cualquier segundo me pueden quitar todo lo bueno que tengo es lo que me hace trabajar tan duro.

El camino de Los Ángeles, California, a Minot, Dakota del Norte, no es la típica ruta migratoria norteamericana. Pero cuando yo tenía tres años, mi hermana Maria vio desde el ómnibus del colegio cómo le disparaban a un hombre en la cabeza. Mis padres lo vieron como un signo de que era hora de largarnos de allí. Nos mudamos a Dakota del Norte, en el medio de la nada.

Mamá había terminado su doctorado y una de las ofertas de trabajo que recibió fue de la universidad estatal de Minot. Minot tenía un programa excelente de fonoaudiología y, como parte de las prestaciones del trabajo, la universidad me ofrecía un tratamiento fonoaudiológico intensivo. Cuando nos mudamos papá se jubiló de su puesto de gerente de planta aeroespacial. El costo de vida en Dakota del Norte era mucho menor al de California, y mis padres decidieron que solo necesitábamos un ingreso. Así que en el verano de 1990 nos mudamos a una casa de campo con cinco hectáreas, que estaba a treinta kilómetros de Minot.

Mis hermanas y yo podíamos jugar libremente. En California jamás nos habían dejado salir solas sin un adulto. Pero acá, lejos de los elevados índices de criminalidad y niveles de smog que afectaban a Los Ángeles en ese momento, andábamos a toda velocidad en nuestras bicicletas de un lado a otro sobre el camino de entrada. Explorábamos el pequeño terreno boscoso detrás de nuestra casa; juntábamos capullos hasta que mamá lo prohibió: uno terminó siendo un saco de huevos de araña, que nacieron en la casa y echaron a andar en todas las direcciones. Instalamos un tobogán deslizante en la colina de nuestra casa, y pasábamos horas resbalándonos cuesta abajo por la lona de plástico amarillo.

Yo estaba obsesionada con coleccionar rocas y reuní una selección impresionante. Papá me enseñó a identificar el cuarzo, la pirita, la madera petrificada, la piedra caliza y el pedernal. En agosto mamá comenzó a viajar a la ciudad a diario para prepararse para su clase. Mis hermanas no estaban tan fascinadas con la vida de campo como yo, y solían ir con ella, dejándome a mí y a papá solos. Esos días me abrochaba el cinturón de seguridad en el asiento delantero de nuestro Ford Bronco marrón y blanco y salíamos a pasear por los caminos buscando el lugar ideal para juntar rocas. Andábamos a través de los campos y entre los árboles que servían de rompevientos, saltando sobre rocas y raíces. Después de un rato, llegábamos a un claro que jamás habíamos visto y papá decía: "Este parece ser el lugar". Me pasaba horas cavando en la tierra y trayéndole especímenes para que examinara mientras se recostaba contra el coche, con sus gafas de aviador, fumando un cigarrillo.

Fue durante una de esas aventuras que descubrí que mi padre era el hombre más fuerte del mundo. Una tormenta eléctrica había pasado por la zona la noche anterior, y mientras andábamos en el coche, el lodo salió volando hacia todos lados. Llegamos al lecho de un arroyo que normalmente estaba seco y ahora tenía unos pocos centímetros de agua. Papá se detuvo y se volvió para preguntarme: "¿Qué te parece, Ronnie? ¿Cruzamos el río?".

Asentí con la cabeza.

—Entonces, allá vamos, muchachita —dijo, tocándose burlonamente el ala del sombrero a modo de saludo militar.

Sonrió de oreja a oreja y aceleró. Un chorro de agua fangosa roció el parabrisas como si hubieran arrojado un balde sobre él. La Bronco saltó hacia delante, y luego nada. Papá volvió a apretar el acelerador. Hubo un zumbido de ruedas que giraban, pero no nos movimos. Puso el auto en reversa. Nos sacudimos hacia atrás, pero no pasó nada. En el espejo retrovisor del lado del acompañante, vi el lodo volando hacia todos lados mientras las ruedas giraban en el vacío.

—Qué mierda —dijo papá. Salió del auto; me desabroché el cinturón de seguridad y salí tras él. Estaba en cuclillas al lado de las ruedas traseras.

—Lo que tenemos acá es un problema —dijo—. Ahora lo que tenemos que hacer es encontrar una solución.

Inspeccionó el área.

—Este parece ser un lugar tan bueno como los demás para encontrar piedras —dijo, como si fuera todo parte de su plan—. Pero vamos a buscar rocas diferentes de las que solemos buscar. Lo que necesito es que me encuentres algunas rocas bien grandes, como del tamaño de tu cabeza, ¿sí?

Asentí y ambos paseamos la mirada sobre el suelo buscando rocas grandes. Encontré una del tamaño de una toronja. Me agaché y puse las manos alrededor de ella para levantarla. No se movió. Volví a intentarlo, con toda la fuerza de mis tres años. Nada.

—Acá —le grité a papá.

Se acercó con dos rocas del tamaño de melones en un brazo. Me quedé boquiabierta ante la hazaña. Le señalé la roca que había estado tratando de levantar. La levantó como si apenas pesara.

—Qué buen ojo —dijo, sonriendo. Sonreí con orgullo.

Tomó las rocas y las puso lo más cerca que pudo debajo de la llanta, y nos pasamos la siguiente media hora repitiendo el proceso: yo, señalando rocas y observando, fascinada, mientras que él las levantaba como si nada.

—Veamos si esto funciona —dijo.

Nos volvimos a subir a la Bronco. Puso en marcha el motor y apretó el acelerador. Movió la palanca de cambio de adelante hacia atrás. El vehículo se sacudió en ambas direcciones, pero no se zafó.

—Vaya —dijo—. Ese fue un buen intento. Supongo que vamos a tener que caminar. Voy a tener que pedirle a John Stip que saque su camioneta y me ayude a salir más tarde.

Los Stip vivían en la granja contigua a la nuestra. Volvimos a salir de la camioneta. Hacía calor y estaba cansada. Nos pusimos caminar. Aún podía ver la placa del auto cuando levanté la mirada hacia papá con el rostro rojo y sudoroso.

—No puedo caminar más —dije.

Me levantó sin esfuerzo alguno como lo había hecho con las rocas. Apoyé la cabeza sobre su hombro mientras atravesaba la hierba alta y pronto me quedé dormida. Me desperté con el crujido de los pies de papá sobre el camino de grava que conducía hasta nuestra casa. La Bronco era apenas un punto en la distancia.

Mientras el sol se ponía en la pradera, cenamos sobre el porche, sin ver otra cosa que el campo hasta donde nos alcanzaba la vista.

Esa noche, mientras recorríamos el medio kilómetro de camino sin asfaltar para revisar el buzón, miré a mi mamá.

—Dakota del Norte me gusta más que California —dije. Era la primera oración completa que pronunciaba.

El verano aislado del mundo en Dakota del Norte es hermoso. El invierno en Dakota del Norte es otra historia. No hay nada sino temperaturas bajo cero y nieve. Mucha nieve. Pero aquel primer invierno, todavía no nos habíamos cansado de ella. Así que un día completamente ordinario de enero mamá y papá nos abrigaron bien, y salimos caminando como patos para conocer la nieve. Los Stip se unieron a nosotros.

Papá se deslizó por una colina completamente ordinaria sobre un trineo de plástico naranja completamente ordinario. Bajó primero para estar seguro de que mis hermanas y yo pudiéramos hacerlo sin correr ningún peligro. Me reí al mirarlo lanzarse colina abajo. Chocó contra un montículo, un tronco común tapado con un poco de nieve. El trineo se deslizó hasta detenerse al pie de la colina, pero papá se quedó en el lugar en donde se había caído. Mamá creyó que era una broma. Esperamos, pero no se puso de pie. Mis hermanas y yo nos sentamos en la cima de la colina observando mientras mamá corría colina abajo y luego se arrodillaba junto a papá.

Hubo un movimiento borroso de nieve y luces parpadeantes. Apareció una ambulancia, pero se quedó atascada en la nieve. Vino otra ambulancia. Transcurrió alrededor de una hora hasta que llegó el equipo médico junto a papá.

Mamá viajó junto a papá en la ambulancia. Nuestros vecinos nos llevaron de regreso a su casa para que bebiéramos chocolate caliente. Esperamos que mamá llamara.

Las noticias no eran buenas. Papá, la persona más fuerte que conocía —me refiero a que tenía la fuerza de un superhéroe—, se había quebrado la espalda. La primera vez que vi a papá después del accidente, estaba acostado en una camilla de hospital, incapaz de moverse. Yo seguía esperando que, la próxima vez que entráramos en la habitación del hospital, estuviera levantando, parado delante del espejo del baño, echándose colonia Old Spice y mirándonos con una sonrisa como si nada hubiera pasado y anunciando —como lo había hecho todas las mañanas desde que tenía memoria— "Es hora del show". Seguía esperando que se levantara de un salto de la cama. Pero no sucedió. Lo sometieron a un sinfín de cirugías, y estuvo varias veces a punto de morir sobre la mesa de operaciones.

La primera vez que mamá nos llevó a verlo después de una cirugía, las luces de la habitación de terapia intensiva estaban atenuadas.

—Tienen que hacer silencio —nos dijo mientras esperábamos fuera de la habitación—. Papá está muy cansado.

Asentimos con solemnidad y entramos en silencio detrás de ella como patitos. El pitido incesante del monitor cardiaco llenaba la habitación. Cada treinta segundos más o menos se encendía una máquina que echaba un pitido.

—Ron, vinieron las chicas —dijo mamá con la voz suave que tiene reservada solo para cuando realmente estás enfermo.

Papá estaba tendido boca arriba. Abrió los ojos. No podía mover el cuerpo, pero dirigió los ojos hacia nosotras.

—Hola, chicas —dijo casi con un susurro.

Me acerqué un poco hacia la cama. Papá estaba vendado alrededor del torso, donde los médicos lo habían abierto para operarle la columna quebrada. Había una enorme bolsa de sangre conectada con un tubo intravenoso que le entraba por goteo dentro del brazo. Colgada del otro lado de la cama había otra bolsa. Un tubo conectado con algo debajo de la manta, que no alcanzaba a ver, llenaba esa bolsa con sangre a medida que se le escurría del cuerpo.

Una enfermera entró en la habitación y al acercarse a papá me arrojé sobre ella. Mamá me atrapó en el aire mientras yo le gritaba con todas mis fuerzas, "¿Por qué cortaste a mi papi por la mitad? ¿Por qué?". La odié. La odié por hacerle daño a mi papá. La odié por todo el dolor que él estaba sufriendo. La odié por el dolor que yo estaba sufriendo.

Golpeé los puños en el aire y sacudí las piernas al tiempo que mamá me llevaba en brazos al corredor y me cerraba el paso a la habitación. Tomé una bocanada de aire. Un torrente de lágrimas cayó por mis mejillas, mientras mamá intentaba explicarme que, en realidad, estaban ayudando a papá.

—Papá se lastimó —me dijo mamá—. Las enfermeras y los médicos están haciendo lo posible para que se recupere. Intentan ayudarlo a sanar.

No estaba segura si debía creerle.

—Puedes preguntarle a papá —dijo—. Pero nosotros también tenemos que intentar ayudarlo. Eso quiere decir que tenemos que hacer silencio cuando estamos en su habitación, ¿sí?

Asentí.

—Bueno, entonces, vamos. —Me volvió a conducir a la habitación.

Papá estuvo más de cinco meses en el hospital. Todos los días, después del colegio, mamá nos metía en el auto y recorríamos los doscientos kilómetros de Minot a Bismarck, ya que el hospital local no estaba equipado para tratar una lesión tan severa como la de papá.

Durante el invierno no hay mucho para ver desde la ventana de un auto en el medio del campo de Dakota del Norte; solo interminables extensiones de blanco. De hecho, el blanco es lo que más recuerdo de ese periodo de mi vida. Los corredores blancos del hospital. Los suelos de azulejos blancos. Las luces fluorescentes blancas. Las sábanas blancas. También recuerdo la sangre; había mucha sangre.

Papá tenía un raro trastorno hemorrágico, llamado síndrome de Bernard-Soulier, que afectaba la correcta coagulación de la sangre, y la coagulación es una función básica para que el cuerpo deje de sangrar. Las heridas leves pueden terminar siendo complicaciones hemorrágicas, y las lesiones traumáticas pueden desencadenar graves problemas. Las personas que padecen el trastorno a menudo sufren hemorragias prolongadas durante y después de las cirugías. Papá había sufrido una lesión traumática y largas operaciones; la cantidad de sangre era enorme.

Mamá cuenta que había momentos en que los signos vitales de papá comenzaban a decaer. Entonces, las enfermeras entraban corriendo a su habitación con las bolsas de sangre que se suelen ver colgando de soportes intravenosos y que pasan la sangre al brazo del paciente por medio de un goteo lento. Una enfermera le conectaba la bolsa al brazo, ponía la bolsa sobre la mesa y arrojaba todo el peso del cuerpo sobre ella para inyectar la sangre con fuerza dentro de las venas.

Las enfermeras nos hacían salir de la habitación antes de cambiar las sábanas y vendas, con la esperanza de que no las viéramos. Pero es imposible ocultar tal cantidad de sangre. Saturaba los vendajes, manchaba las sábanas. Me quedaba mirando fijo la sangre que se desparramaba. Eran puntos rojos que se expandían hasta convertirse en enormes círculos. Toda esa sangre me hacía sentir inútil. Solo tenía cuatro años, pero sabía que si había tanta cantidad de sangre las cosas no podían estar marchando bien.

Hubo muchas cirugías más. Muchas bolsas de sangre más. Los médicos le insertaron a papá una varilla de metal en la espalda. Pasábamos mucho tiempo en la sala de espera. Las enfermeras nos ponían dibujitos en la TV. Tomé un montón de sopas en la cafetería del hospital. Hice un montón de dibujos.

Durante todo el invierno y la primavera hicimos aquel largo viaje. En el camino de ida, miraba hacia fuera a través de las ventanas heladas del auto y hacía dibujos sobre los vidrios empañados. De regreso, mis hermanas y yo dormíamos mientras mamá manejaba en silencio.

Papá nunca volvió a ser el mismo después del accidente. Nadie en mi familia volvió a serlo.

NUNCA SUBESTIMES A TU OPONENTE

El momento en que dejas de ver a tu oponente como una amenaza es el momento en que te entregas a la posibilidad de que te ganen. Comienzas a pensar que no tienes que entrenarte tanto. Comienzas a tomar atajos. Te pones cómoda. Te atrapan.

Cuando era pequeña, las personas no me tomaban en serio porque apenas lograba articular una oración. Cuando competía en judo, me subestimaban porque era estadounidense, y los estadounidenses son pésimos judocas. Cuando entré en las MMA, las personas me ninguneaban, primero, por ser una niña, y después, me trataban como si fuera un poni de circo que tiene un solo truco. He tenido que soportar la falta de confianza que las personas tienen en mí durante toda mi vida. Incluso cuando soy la favorita por 11 a 1, siento que llevo las de perder. Cada segundo de cada día siento que tengo que demostrar algo. Tengo que demostrar algo cada vez que entro en un gimnasio diferente, un set de filmación nuevo, una reunión de negocios y en cada pelea.

Siempre ha habido personas que me han subestimado; no se irán a ningún lado. Aprovecho eso para motivarme a mí misma. Me propongo demostrarles lo equivocados que están.

El hospital le dio el alta a papá a fines de la primavera de 1991. Había una montaña de facturas médicas que se debían pagar, así que tenía que volver a trabajar. Encontró un empleo, solo que en una planta de manufactura en la otra punta del estado. El arreglo suponía vivir a dos horas de casa y regresar los fines de semana.

A esas alturas, yo ya me expresaba con bastante claridad. Bueno, tal vez esté exagerando un poco, pero ya me podía hacer entender más allá de mi familia. Las sesiones de fonoaudiología habían dado frutos, y pasé de estar casi dos años atrasada (un retraso significativo cuando no tienes siquiera cuatro años) a entrar en la media del grupo, aunque fuera en el rango más bajo. Sin embargo, para mi familia no alcanzaba con estar en la media.

Mi fonoaudióloga sugirió que recibiera atención más personalizada para obligarme a ejercitar aún más el habla. Como suelen hacer las personas cuando se enfrentan con limitaciones físicas o neurológicas, encontré una solución alternativa. De alguna manera, mis hermanas siempre me entendían, y cuando era necesario intervenían para traducir el sentido de mis palabras.

"Ronda está llorando porque quiere usar la camiseta roja, no la azul que le estás poniendo".

"Ronda quiere espaguetis para la cena"

"Ronda está buscando a su Balgrin".

Mi fonoaudióloga creía que esta ayuda me estaba impidiendo progresar. Cuando tenía una dificultad para hacerme entender, solo tenía que mirar a una de mis hermanas para que inmediatamente me ayudara. Mi terapeuta le dijo a mamá que lo que más me convenía era estar en una situación en la que no tuviera más opción que hablar por mí misma.

Por mucho que mis padres odiaran la idea de que nuestra familia tuviera que vivir en lados opuestos del estado, este sistema me daría una oportunidad para encontrar mi voz —literalmente. Todavía no había empezado la escuela primaria, así que me fui a vivir con papá, mientras que mis hermanas se quedaron con mamá.

En el otoño de 1991, papá y yo nos mudamos a una casa con un solo dormitorio en el diminuto pueblo de Devils Lake, Dakota del Norte. Nuestra casa era pequeña y vieja, la alfombra estaba raída y el linóleo de la cocina tenía una capa de mugre imposible de quitar. Teníamos una de esas TV con una antena en forma de orejas de conejo, que recibía cuatro canales "nevados", así que alquilábamos un montón de videos. Veíamos películas animadas sobre animales que hablaban y películas prohibidas para menores que mamá hubiera censurado, porque tenían un montón de malas palabras, muchos muertos y cosas que explotaban en pedazos. Todas las noches antes de ir a dormir, mirábamos *Wild Discovery*, uno de los motivos por los que aún hoy sé tanto sobre todo tipo de animales. Había un sofá cama en la sala donde se suponía que debía dormir, pero solo lo usábamos cuando mi mamá y mis hermanas venían de visita. De lo contrario, me metía en la cama con papá y me quedaba dormida en mi pijama enterizo.

La vida doméstica no era el fuerte de papá. Si abrías nuestro refrigerador, solo encontrabas leche, jugo de naranja, un par de cenas congeladas para adultos, una caja o dos de cereales, y varios menús congelados para chicos (los que tienen el dibujito de un pingüino en la tapa). Papá les quitaba el envoltorio de plástico, metía las cenas en el microondas, y unos segundos después me pasaba una pequeña bandeja negra con compartimentos de pizza gomosa, choclo viejo y un bizcocho de chocolate seco. Otras noches comprábamos comida rápida, y pasábamos a comprar pizza en Little Caesars o un menú infantil en Hardees.

—Sé que tu mamá está preocupada por tu forma de hablar —me dijo papá un día al detener el coche en el autoservicio de Hardees.

Encogí los hombros.

—Pero no te preocupes. Algún día les demostrarás lo contrario. Tú eres una dormilona. ¿Sabes lo que es una dormilona?

Sacudí la cabeza.

—Una dormilona es alguien que espera y. cuando llega el momento, sale al ruedo y sorprende a todo el mundo. Esa eres tú, muchachita. No te preocupes.

Se volvió para mirarme.

—Eres una chica inteligente. No es que estemos ante una maldita idiota. Tu mamá cree que tienes un problema porque estás demorando en hablar. Deja que te muestre lo que es ser estúpido de verdad.

Detuvimos el coche al lado de la ventanilla.

—Hola, bienvenidos a Hardees —se oyó el sonido de la voz distorsionada por el parlante.

—Hoooolaa —dijo papá, empleando la voz lenta y fuerte que reservaba solo para el parlante del autoservicio de Hardees. Se volvió para mirarme—. Mira esto. Arruinarán este pedido. A estos idiotas jamás les sale bien un pedido —luego se volvió hacia el parlante y dijo—: Me gustaría un menú infantil con bastoncitos de pollo y un café pequeño.

—¿Algo más? —preguntó la voz.

—Sí, ¿me puede repetir el pedido? —preguntó papá.

—Un menú infantil de bastoncitos de pollo y un café —dijo la voz—. Adelante, por favor.

Papá me miró.

—No hay manera de que les salga bien este pedido.

Seguimos adelante. El hombre en la caja registradora abrió la ventana y extendió la bolsa.

—Dos hamburguesas de queso y una porción chica de papas —dijo.

Papá me entregó la bolsa y me miró como diciendo "Te lo dije". Al salir del estacionamiento, se volvió para mirarme.

—Ronnie, recuerda: agradece que eres una dormilona y no una maldita idiota.

Abrí el envoltorio de la hamburguesa de queso y asentí con la cabeza.

PERDER ES UNA DE LAS EXPERIENCIAS MÁS DEVASTADORAS DE LA VIDA

De nada me sirven los triunfos pasados. Siempre necesito uno nuevo, y por eso cada pelea lo es todo para mí.

Me olvido de los triunfos todo el tiempo. Me olvido de los torneos y de países enteros, pero las derrotas se quedan conmigo para siempre. Siento cada derrota como si un pedazo de mi alma se muriera. Nunca soy la misma después de una derrota.

Para mí, lo único peor que una derrota es que se te muera un ser querido. Cuando pierdo, hago un duelo por el pedazo de mí que se muere. Lo único peor es hacer el duelo por la muerte de otra persona.

La columna de papá se estaba desintegrando. El doctor deslizó los rayos X sobre la pantalla y les dijo a mis padres que cada vez estaba más deteriorada y que solo seguiría empeorando. En poco tiempo no iba a poder caminar.

Seguidamente, sería cuadripléjico. Después se iría desgastando hasta morirse. No había ninguna cura milagrosa, ninguna operación de punta. Solo un par de años más —tal vez menos— de terrible dolor y parálisis.

Aunque nos ocultara su dolor, papá había estado sufriendo desde el accidente; su espalda se estaba deteriorando y el dolor crónico se estaba volviendo peor. Mamá consiguió un trabajo en una pequeña universidad en la otra punta del estado, en Jamestown, Dakota del Norte. Nos volvimos a mudar todos juntos —mamá, papá, María, Jennifer y yo.

Papá dejó su trabajo, alegando que el viaje de ciento cincuenta kilómetros de ida y ciento cincuenta kilómetros de vuelta era demasiado, pero eso era solo parte de la verdad. La realidad es que el dolor se estaba volviendo insoportable y estar sentado todo el día solo lo empeoraba. El doctor le había recetado medicamentos para el dolor, que mi padre se rehusó a tomar y que, de cualquier manera, no hubiese podido tomar si manejaba. Yo era solo una niña; no me preguntaba por qué se quedaba en casa. Estaba feliz de tener a papá cerca.

El verano anterior a que yo empezara tercer año, papá estaba siempre en casa. Se sentaba en los escalones de la entrada mientras andábamos en bici por nuestra cuadra, nos hacía las meriendas y en los días de calor encendía el regador para que pasáramos corriendo y nos refrescáramos. Mientras mamá trabajaba, él nos metía en el coche y nos llevaba a nuestras diversas actividades y a las casas de amigos. Cuando se sentía con ánimos, se dirigía al sótano donde guardaba sus herramientas de carpintería. Si me aburría de mirar dibujos animados, me sentaba en los escalones y echaba un vistazo hacia abajo mientras la sierra eléctrica zumbaba y hacía volar el aserrín, que quedaba suspendido en los rayos de sol. Algunos días, cuando éramos solo él y yo, íbamos manejando a nuestro lugar "especial", un estanque a un lado del camino donde jugábamos a hacer sapito con las piedras.

El 11 de agosto de 1995, Jennifer y yo estábamos en casa con papá, mirando dibujos animados en Nickelodeon. Era un día de verano de esos que se confunden con todos los demás.

Papá llamó a mamá y le dijo que volviera a casa. Después salió.

Me gusta pensar que nos abrazó a Jennifer y a mí más fuerte de lo normal y que nos dijo que nos amaba y que iba a salir pero, honestamente, no lo recuerdo. Durante años, me odié a mí misma por haber sido una niña de ocho años tan egocéntrica que no tenía ni idea de lo que estaba pasando. He intentado recordar algo de la parte *anterior* de ese día —lo que papá tenía puesto, cómo se veía, el sonido de su voz. Si nos abrazó. Me gustaría poder recordar las palabras que me dijo antes de salir por la puerta de casa. Pero no puedo. Solo recuerdo lo que pasó después.

Mamá entró corriendo por la puerta de entrada.

—¿Dónde está papá? —preguntó.

Jennifer y yo nos encogimos de hombros. No teníamos idea de que nuestras vidas estaban a punto de cambiar radicalmente. Mamá, vencida, se sentó frente a la mesa del comedor.

Papá había bajado los cuatro escalones que conducían al camino de entrada. Se metió en la Bronco. Condujo hasta el lugar cerca del estanque donde hacíamos rebotar las piedras, un lugar tranquilo. Estacionó el auto, sacó una manguera y puso un extremo en el caño de escape, y el otro al costado de la ventanilla del conductor. Se metió en el coche. Subió la ventana. Se reclinó en el asiento. Cerró los ojos y se echó a dormir.

Unas horas más tarde, la policía apareció en nuestra puerta. Mi mamá y el oficial se pusieron a hablar, susurrando en la entrada por varios minutos. Cuando mamá volvió a la sala, nos sentó en el sillón. Podía darme cuenta por su cara de que se trataba de algo serio. Jen y yo nos miramos de reojo, esa mirada entre hermanos que en realidad significa: "¿Sabes de qué se trata todo esto? No, yo tampoco".

—Papá se fue al cielo —dijo mamá.

Por primera vez en mi vida, mi madre empezó a llorar. No sé qué dijo después. La habitación empezó a girar muy rápido.

Todo lo que sucedió en mi vida a partir de esas palabras es parte del *después*. Intenté ponerme de pie. Quería salir de ahí. Necesitaba dejar atrás esa habitación, dejar atrás ese momento, pero sentía que las piernas me colapsaban, como si no pudiera soportar mi propio peso. Todo lo que siguió se vuelve borroso.

María había estado fuera de la ciudad, visitando a familiares, y se apresuraron por traerla de regreso a casa.

En las horas y los días que siguieron, la casa se llenó de gente. Algunos se quedaban a dormir, para ayudarnos a mamá y a nosotras. Otros solo dejaban comida. Había tantas fuentes con comida, y todo el mundo susurraba. Parecían creer que eso era lo adecuado. Escuché a una mujer preguntar con voz apagada si papá podía tener un velorio católico a pesar de haberse suicidado. El cura nunca titubeó.

—Los funerales son para los vivos —dijo—. Los muertos están en paz con Dios.

El director de la casa funeraria estaba casado con mi maestra de segundo año, la señora Lisko. Ella acompañó a su marido cuando vino a discutir el velorio y los detalles del entierro. Era raro verla en mi casa.

Me acuerdo de estar sentada con Jennifer y María en las escaleras y escuchar que le preguntara a mamá qué tipo de ataúd hubiese querido mi papá.

—No creo que le importe —dijo mi mamá—. Está muerto.

Mamá trató de no llorar delante de nosotras, las niñas. Solía salir de su habitación con los ojos rojos e hinchados. María y yo lloramos un montón. Yo lloraba tan fuerte que sentía que se me iban a acabar las lágrimas. Pero Jennifer no quería llorar. Yo la miraba y deseaba poder parar. Me decía a mí misma que debía imaginar que papá estaba en un largo viaje de negocios.

La noche anterior al funeral nos sentamos en la sala de la funeraria. El lugar estaba casi vacío; la mayoría de los visitantes ya se había retirado y el lugar estaba en silencio. Una mujer que yo no conocía nos dijo a mis hermanas y a mí que mi papá parecía estar en paz, y salió.

Miré el cajón. Mi papá estaba echado ahí, con una expresión completamente natural. Sus ojos estaban cerrados, pero no parecía estar durmiendo. Debajo del bigote, le habían acomodado la boca en una sonrisa y parecía que en cualquier momento se echaría a reír, como si estuviera jugándonos una broma, ya no pudiera aguantar, y estuviera a punto de levantarse del ataúd y estallar en una carcajada. Esperé. Miré el cajón. Recé por que sucediera eso mismo, incluso después de que mamá me tomara de la mano y me alejara de ahí.

El servicio era una misa católica. La iglesia, sin aire acondicionado, era un horno en pleno mes de agosto. Nos sentamos en el primer banco. Escuchaba al cura hablando en el altar, pero no podía enfocarme en sus palabras. Una mosca zumbaba sobre el cajón. Aterrizó en la punta de la nariz de papá. Yo quería saltar y espantarla, pero mamá me estaba sosteniendo la mano con demasiada fuerza. Odié esa mosca.

Fuimos al cementerio en una limusina blanca. Al salir del coche con ventanas polarizadas, me protegí los ojos del sol con la mano. Nunca había ido a un funeral, pero siempre me había imaginado que ocurrían en días oscuros y lluviosos. En lugar de eso, era un bochorno y el sol estaba pegando fuerte. Me quedé parada, sudando, con el vestido negro que me habían comprado para el funeral. Traté de abanicarme con la mano, como si sirviera de algo. Era de esos días en que papá hubiera encendido el regador para que lo saltáramos corriendo. Pero estaba muerto.

Mi papá recibió un entierro militar por prestar servicios en el Ejército. Un soldado ejecutó *Taps*, la pieza musical, con una trompeta, y hubo una descarga de disparos según el tradicional saludo. Me tapé las orejas por el ruido. Fijé la mirada en el cajón. Mientras observaba el ataúd de papá hundiéndose lentamente en la tierra y desapareciendo de la vista, me sentí vacía por dentro. Ese sentimiento nunca me abandonaría del todo. Los hombres doblaron la bandera de los Estados Unidos que había cubierto el ataúd de mi papá en un triángulo perfecto y se lo entregaron a mi madre.

La bandera se mantuvo doblada durante los siguientes trece años.

LA TRAGEDIA PRECEDE AL ÉXITO

Mi bisabuela siempre decía: "Dios sabe lo que hace, incluso cuando tú no". Estoy de acuerdo con ella. No hay nada en mi vida que volvería atrás en el tiempo para cambiar, ni siquiera los peores momentos. Todos los éxitos y las alegrías más grandes de mi vida son el resultado de las peores cosas. Cada oportunidad desaprovechada tuvo su lado positivo.

Una pérdida conduce a una victoria. Ser despedido de un empleo te lleva al trabajo de tus sueños. La muerte conduce a la vida. Me consuela pensar que una tragedia depara cosas buenas.

Los primeros meses después de la muerte de papá, me despertaba y me sorprendía que el sol siguiera saliendo por el este; que las personas siguieran jugando y yendo al colegio. Nada parecía haber cambiado.

Hice lo posible simplemente por seguir viviendo. A veces parecía que papá no había llegado del trabajo todavía; como si estuviera a punto de cruzar la puerta en cualquier momento, con el bigote cubierto de copos de nieve, gritando: "Afuera está más frío que la teta de una bruja".

En otros momentos, su ausencia me abrumaba. El paquete de su goma de mascar Wrigley a medio terminar, alojado entre los cojines del sofá, o un recibo con su firma, enterrado en una pila de papeles, me sacudían, quitándome el aliento. Pero después de un tiempo, el hecho de que no estuviera allí comenzó a parecer normal. Todavía extrañaba a mi papá, todavía pensaba en él todos los días —sigo pensando en él todos los días—, pero sabía que no debía esperar que entrara por la puerta.

El segundo invierno tras la muerte de mi padre, mamá comenzó a salir de nuevo. Conoció a Dennis por Internet. Dennis era un científico espacial que trabajaba con cohetes (si le preguntas, te dirá que en realidad no era un especialista en cohetes, sino que trabajaba con el radar que se usaba para los cohetes; aparentemente hay una gran diferencia entre ambos). Dennis le envió a mamá un fractal rosado para el Día de San Valentín. Mamá se sintió halagada. Yo ni siquiera sabía lo que era un fractal.

Unos meses después, Dennis le pidió a mamá que se casara con él. Mamá estaba feliz, y eso me puso feliz a mí. Nos mudamos de nuevo a California y en marzo de 1998, justo cuando cumplí once años, nació mi hermana Julia.

Cuando nos mudamos a Santa Monica, mamá se volvió a conectar con algunos de sus viejos amigos de judo en el área de Los Ángeles. Eran hombres con los que había entrenado en la época en que estaba en el equipo mundial. Fue la primera norteamericana en ganar el campeonato mundial de judo, pero eso fue antes de que yo naciera. Ahora uno de esos amigos tenía su propio club e invitó a mamá a entrenarse allí. Un día pregunté si podía ir a probarlo.

El miércoles siguiente por la tarde, me metí en el auto para ir a judo. Nunca pensé que sería un momento que me cambiaría la vida para siempre.

La muerte de papá desencadenó una serie de hechos que jamás habrían ocurrido si hubiera estado vivo. No nos hubiéramos mudado de vuelta a California. No tendría una hermana menor. No habría empezado a hacer judo. Quién sabe lo que estaría haciendo o cómo habría terminado mi vida.

Pero no hubiera terminado acá.

NO TE CONFORMES CON MENOS DE LO QUE PUEDES DAR

Mi hermana Jennifer dice que crecimos en una familia donde lo excepcional era considerado algo normal. Si te sacabas un boletín con puras A y una A-, mamá preguntaba por qué no te habías sacado todas A. Si ganaba un torneo, mamá preguntaba por qué no había obtenido todos los combates por *ippon*, la versión en judo de un nocaut. Jamás esperaba más de lo que pudiéramos dar, pero jamás aceptaba menos.

La primera vez que pisé un tatami de judo me enamoré del deporte. Me sorprendió lo complejo que era el judo, lo creativo que había que ser. Hay tantas partecitas, y hay que pensar un montón cada movimiento y cada técnica. Me encanta todo lo que tiene que ver con la solución de problemas en la lucha. Se trata de sentir y comprender, y de quebrar a un oponente. No es solo una cuestión de "ser más veloz".

Había estado un par de años en un equipo de natación. Pero después que murió papá, ya no quería nadar. Nadar es muy introspectivo. Te hace pensar, y yo no quería pensar sobre mi vida. El judo era lo opuesto a nadar. Había que estar cien por ciento enfocado en el momento presente. No había tiempo para la introspección.

Ni siquiera habíamos salido del estacionamiento después de esa primera práctica de judo cuando le pregunté a mamá cuándo podría regresar.

Mi primer torneo de judo cayó el día en que cumplí once años. A esas alturas ya hacía un mes que iba a judo. En realidad, solo sabía una técnica de inmovilización y una de proyección, pero solo era un pequeño torneo local.

Entramos en el edificio donde se llevaba a cabo el torneo. Seguí a mamá a la mesa de inscripción. Los tatamis instalados alrededor del gimnasio parecían mucho más grandes que los de la práctica. Los ojos se me agrandaron. Di pequeños tirones del cinturón blanco que me sujetaba el *gi* (la chaqueta blanca).

Mamá advirtió mi temor. Después de terminar de inscribirme, me hizo a un lado. Yo esperaba una breve charla acerca de que lo importante no era ganar, que solo debía hacer lo mejor que pudiera, que se trataba de ir y divertirse. En cambio, me miró a los ojos y dijo tres palabras que me cambiaron la vida: "Tú puedes ganar".

Gané todo el torneo por ippon (una victoria instantánea). Me sentía eufórica. Jamás había ganado nada en mi vida, y me gustó la sensación de triunfar.

Dos semanas después, perdí mi segundo torneo de judo. Alcancé el segundo lugar, perdiendo contra una chica llamada Anastasia. Después, su entrenador me felicitó:

—Hiciste un gran trabajo. No te sientas mal, Anastasia es campeona nacional junior.

Me sentí consolada durante aproximadamente un segundo hasta que advertí una mirada de desagrado en el rostro de mamá. Le hice un gesto con la cabeza al entrenador y me alejé caminando.

Una vez que estuvimos lo suficientemente lejos como para que no nos pudiera oír, mamá comenzó a reprenderme.

—Espero que no te vayas a tomar en serio lo que te dijo. Podrías haber ganado ese combate. Tuviste la oportunidad de ganarle a esa chica. El hecho de que sea campeona nacional junior no quiere decir nada. Para eso hay torneos, para ver quién es la mejor. No te dan medallas sobre la base de lo que ya ganaste. Si hubieras hecho lo mejor que podías, si no hubieras sido capaz de hacer nada más, entonces habría sido suficiente y podrías estar contenta con el resultado. Pero si podías rendir más, si podías tener un mejor desempeño, entonces deberías estar decepcionada. Deberías estar enojada porque no ganaste. Deberías irte a casa y pensar en lo que podrías haber hecho diferente y luego, la próxima vez, hacerlo diferente. Nunca dejes que alguien te diga que te puedes conformar con no dar lo máximo de ti. No es suficiente. Eres una rubia flacucha que vive al lado de la playa, y salvo que hagas lo imposible por convencerlos, en este deporte nadie va a esperar jamás nada de ti. Demuéstrales que están equivocados.

Sentí vergüenza de haber estado tan dispuesta a aceptar la derrota y a que sencillamente hubiera otra mejor que yo. El remordimiento me duró solo un segundo antes de ser reemplazado por una emoción aún más intensa. Lo que sentí entonces fue un profundo deseo de ganar, una motivación para demostrarle a todo el planeta que nadie debía volver a dudar de mi capacidad de ganar.

A partir de ese momento, cada vez que pisaba un tatami quería ganar. Esperaba ganar. Jamás volvería a aceptar perder.

SOLO PORQUE SEA UNA REGLA NO SIGNIFICA QUE ESTÉ BIEN

En los deportes hay reglas que te protegen. En la vida existen reglas que evitan que el mundo sea un caos absoluto. En ambos existen reglas que la gente inventa para ocultarse detrás de ellas o para su propio beneficio. Tienes que ser lo suficientemente listo como para darte cuenta de la diferencia.

Cuando era chica había cuatro reglas fundamentales en mi casa.

Regla 1: No quitar nada de la mano de nadie.

Regla 2: Solo está permitido pegarle a alguien si te pegó primero a ti.

Regla 3: No se puede estar desnudo en la mesa del comedor.

Regla 4: No está permitido comer nada más grande que tu cabeza.

La regla 4 se estableció porque yo siempre quería esos chupetines gigantes en el Chuck E. Cheese que eran como cuatro veces más grandes que mi cabeza. Las reglas 1 y 2 fueron instituidas para combatir las peleas que suelen ocurrir cuando tienes tres hijos en cuatro años. La regla 1 estaba puesta para evitar las peleas de las que se ocupaba la regla 2. Pero dado que la regla 2 estaba diseñada para que solo pudieras pegarle a alguien si

te pegaba primero a ti, todo llevaría a pensar que se trataba de una impo-
sibilidad lógica. Pero no funcionaba así.

Las personas suelen identificar los juegos bruscos con los hermanos varones, pero nosotras tres podíamos tirar puñetazos, patadas, codazos y aplicar
estrangulaciones que no tenían nada que envidiarle a los de cualquier chico del
barrio. No solo usábamos nuestros cuerpos, nos valíamos de todo lo que estuviera a nuestro alcance. Nos arrojábamos de las escaleras o de los muebles para
ganar ventaja, y nos aprovechábamos de las leyes de la física cuando podíamos.

Una vez, durante una pelea —yo tenía como cuatro años— le arrojé una
lata entera de Coca-Cola al ojo de Jennifer, y le provoqué un enorme tajo.

—¿Qué explicación tienes? —me preguntó mamá.

—¡Viva! —dije, apretando el puño en señal de victoria.

Y aunque odie admitirlo, no siempre salía victoriosa. Yo era la más
pequeña, así que por mi tamaño no contaba con ventaja. (Irónicamente,
ahora soy la más alta de todas. A mis hermanas mayores les gusta bromear
que están entre las pocas mujeres del planeta que pueden decir que me han
ganado una pelea. Aunque también dicen que ahora ya estamos demasiado viejas y maduras como para que les exija una revancha).

Recuerdo la pelea entre María, Jennifer y yo en la que usamos cada uno
de los treinta y dos tomos de la *Enciclopedia Británica* (de la A a la Z) como
proyectil o como arma para golpearnos unas a otras en la cabeza. Si alguna
salió victoriosa de esa pelea, la alegría del triunfo fue rápidamente acallada
por la ira que desató mamá sobre las tres cuando vio los daños en la sala.
Después de un duro regaño, nos puso en penitencia a todas y nos asignó una
larga lista de tareas para hacer en la casa durante varias semanas.

Una de nuestras últimas peleas fue, tal vez, la más memorable. Fue entre
Jennifer y yo. No me acuerdo por qué empezó, pero estoy segura de que fue
culpa de Jennifer. Yo había empezado judo, pero sabía muy bien que no podía
usar los movimientos que había aprendido con mi hermana. La verdad es que
tenía más miedo de la ira de mamá que de Jennifer. Estábamos en el vestíbulo
estrecho de la casa, que tenía estantes de libros contra una de las paredes. Yo
estaba trepada sobre la espalda de Jennifer y la tenía inmovilizada con la llave
de cabeza. Le llevaba una indudable ventaja y era evidente que estaba ganando.

—No te quiero lastimar, Jennifer —le dije, con cautela. Sabía que
mamá se pondría furiosa si enviaba a mi hermana a la sala de emergencias.

—Vete a la mierda —dijo Jen, con mi antebrazo todavía alrededor del cuello.

—Te voy a soltar —le informé. Me deslicé para bajarme de su espalda
y lentamente le saqué el brazo de la tráquea. Jen volvió al ataque. Con una

velocidad y fuerza increíbles que ni siquiera sabía que tenía, me agarró de la cabeza tirándome del pelo. Antes de que yo pudiera entender lo que estaba pasando, me golpeó la cabeza contra el estante más cercano, repetidas veces.

La regla de solo pegarle a alguien si te pegaba a ti primero también debía cumplirse cuando jugábamos fuera de la casa. No estábamos obligadas a ignorar a un bravucón si nos arrojaba al suelo en el parque, pero no podíamos simplemente pegarle a un idiota que nos estuviera molestando.

Yo era una niña flacucha. Uno de los apodos que me dio mamá era "Poroto", porque era delgadita como un frijol; incluso después de empezar judo, nunca tuve pinta de luchadora. Cuando estaba en sexto año, un chico llamado Adrian se pasó todo el año hostigándome incansablemente. Un día se acercó con sigilo desde atrás, se lanzó sobre mí y me tomó de la garganta, apretándome con tanta fuerza que comencé a sentir dificultades para respirar. No me molesté en sacarle las manos; lo empujé con la cadera al suelo, y cayó directo sobre el cemento. La piel de la nuca se le abrió con el impacto.

El chico sentía tanta vergüenza que simplemente fue a su próxima clase sin decirle nada a nadie, hasta que su maestra se dio cuenta de que estaba sangrando. Al final, le tuvieron que dar varios puntos.

A mí me enviaron a la oficina, y llamaron a mamá. Yo lloraba como una histérica.

—No estamos totalmente seguros de lo que sucedió —le dijo el director a mamá cuando llegó—. Parece que hubo algún tipo de altercado entre los dos. Él dice que se tropezó, pero otros están diciendo que ella lo empujó.

—Bueno, suena a un accidente —repuso mamá, rápidamente.

—No fue… —empecé a protestar pero mamá me tapó la boca con la mano.

—Ronda está *muy* arrepentida —insistió.

El director no parecía saber muy bien cómo seguir la conversación. En lugar de eso, se miró las manos y nos dejó ir. Caminamos al coche sin decir una palabra.

Me gustaría poder decir que a partir de ese episodio se corrió el rumor de que podía patearle el trasero a cualquiera y que nadie volvió a molestarme, pero unas semanas después, cuando estaba esperando que mamá me recogiera, una chica de octavo año me dio un empujón. La chica debía de pesar el doble que yo y me había estado provocando constantemente. Se burlaba de mí cuando llevaba mi fagot por los pasillos o me arrojaba hojas o pequeños trozos de papel. Un día me amenazó con molerme a golpes. "Vamos", le dije.

Supongo que decidió que ese debía ser el día. Yo estaba inspeccionando la hilera de coches, intentando ubicar la camioneta de mamá cuando sentí un empujón. Me di vuelta y quedé cara a cara con la chica que me hostigaba. Me empujó otra vez.

Arrojé mi mochila a un lado y pocos segundos después la chica también cayó al suelo. El personal de la escuela salió corriendo para separarnos, pero no hacía falta. Yo estaba de pie y ella estaba en el piso. Nos condujeron a las dos a la oficina y nos dijeron que nos darían una suspensión a cada una. La secretaria de la escuela estaba levantando el tubo del teléfono para llamar a nuestros padres cuando mamá irrumpió en la oficina.

Yo ya había empezado a llorar desconsoladamente porque mamá me había dejado bien claro que si volvía a meterme en otra pelea en la escuela habría graves consecuencias. Abrí la boca para explicar, pero mamá me lanzó una mirada que me silenció. Los sollozos se me escapaban de la garganta. Mamá quiso saber quién estaba a cargo. La consejera salió de su oficina y empezó a explicar que la chica grandota y yo habíamos tenido una pelea. No sabía con quién se estaba metiendo.

—¿Acaso pudo ver lo que sucedió? —preguntó mamá en tono perentorio.

La consejera abrió la boca para decir algo, pero no hizo falta. Había sido una pregunta retórica.

—Porque yo sí —siguió mamá—. Estaba sentada en el coche esperando que saliera Ronda y vi toda la escena. Ronda estaba simplemente parada ahí cuando esta chica —mi madre la apuntó con el dedo— se le acercó y la empezó a empujar.

—Ella también será suspendida —dijo la consejera.

—¿También? —mamá no lo podía creer—. Se equivoca, Ronda no será suspendida.

—Tenemos una política muy estricta en contra de la violencia física —dijo la consejera.

—Y yo tengo una política muy estricta respecto de "no ser una mala persona con mis hijas" —agregó mamá—. Ronda no será suspendida. Solo se estaba protegiendo de alguien que recurrió a la "violencia física", como dijo usted. Estará acá mañana a primera hora de la mañana y asistirá a clase. Si alguien intenta impedir que entre, me verán acá de nuevo y tendrán que vérselas conmigo. Y lo que usted no sabe es que este que ve es mi lado amable y educado.

La consejera no supo qué decir.

—Vamos —dijo mamá, dirigiéndose a mí—. Larguémonos de acá.

Tomé mis cosas y salí de prisa de la oficina. Al día siguiente mamá me dejó en la escuela y fui a clase.

EL DOLOR ES SOLO UN DATO MÁS DE LA REALIDAD

Tengo la habilidad de desestimar toda la información que me da el cuerpo, incluso el dolor en general. Me disocio del dolor, porque yo no soy el dolor que estoy sintiendo; esa no soy yo, no es quien soy de verdad. Me niego a dejar que sea el dolor el que decida por mí. El dolor es solo un dato más. Mis nervios le están comunicando a mi cerebro que hay algo que sucede a nivel físico que tengo que saber. Puedo elegir darle lugar a esa información o puedo elegir hacer caso omiso de ella.

Si están considerando faltar a clase, que la siguiente historia les sirva de advertencia. Cuando estaba cursando el segundo año de la escuela secundaria, decidí que iba a faltar a clase. Jamás lo había hecho, solo quería probar y ver cómo era.

Mi escuela secundaria tenía un portón enorme y una cerca de alambre que rodeaba el campus, para mantener afuera a los visitantes no deseados y adentro a los delincuentes potenciales. No era difícil escalar la cerca, pero del otro lado había que saltar desde una altura considerable.

Mientras trepaba la cerca con mi mochila pesada, sentí una punzada de dolor en el dedo del pie derecho que me había lastimado en judo. Cuando salté hacia abajo, me di cuenta de que había subestimado la distancia hasta la acera de cemento que estaba abajo. Aterricé con todo mi peso, además del peso de la mochila, sobre el pie sano. Apenas golpeé el suelo, supe que me había roto el pie izquierdo.

Me negué a aceptar la derrota. Había faltado a clase para no asistir a clase, e iba a hacer algo durante ese periodo para que me valiera la pena. Caminé rengueando el medio kilómetro para llegar al Third Street Promenade, un shopping al aire libre. Me senté sobre una banca observando el flujo de compradores y turistas que salían de compras al mediodía, padeciendo un dolor insufrible en el pie.

Esto es una mierda, pensé. Sentí cómo se me hinchaba el pie dentro del zapato. Me puse de pie, enojada. Caminé arrastrando el pie el kilómetro y medio hasta casa, y me metí en la cama. Sabía que no había manera de ir a entrenar esa tarde. Por suerte, mamá estaba en Texas por trabajo. Esa tarde, le conté a mi padrastro Dennis que no me sentía bien. Con tal de no tener que padecer las dos horas de tráfico para llevarme al entrenamiento, no insistió.

Pero al día siguiente, tenía un torneo contra un club rival del Norte de California. Los Anthony, otra familia de mi club, me pasó a buscar para llevarme al torneo. Intenté caminar normalmente hasta su coche, pero cada paso que daba era como estar pisando trozos de vidrio.

Jamás había estado tan poco excitada ante la perspectiva de competir. Nos acercamos a la mesa de inscripción, y Nadine Anthony comenzó a llenar las planillas para sus hijos y para mí. El hombre detrás de la mesa levantó la mirada. Miró a Nadine, y luego a mí. Nadine es negra.

—Necesita a uno de sus padres o guardianes para inscribirse en el torneo —dijo, señalándome con un gesto.

Me inundó una ola de alegría, pero la expresión de Nadine se endureció.

—¿A qué te refieres con uno de sus *padres*? —espetó—. Yo soy su madre. ¿Tienes algún problema con eso?

Los ojos del hombre se agrandaron. Miró alrededor de la mesa de inscripción como esperando encontrar una vía de escape.

—De acuerdo, claro —dijo, tomando los formularios de inscripción.

El corazón se me hundió en el pecho.

Una vez, cuando tenía doce años y estaba entrenando, una de mis compañeras de equipo se torció el tobillo. Al alejarse rengueando del tatami, ambos padres corrieron hasta ella, preocupados. Su papá salió corriendo al coche y volvió con un cojín. Su mamá comenzó a hacerle masajes en los hombros mientras mi compañera se sentaba con el pie en alto. Menos de veinte minutos después, me golpeé el pie haciendo *randori*, el equivalente en judo al sparring. Caminé cojeando hasta donde estaba mamá, que estaba a cargo del entrenamiento.

—Me lastimé el dedo —dije—. Creo que se me quebró.

—Es un dedo —se limitó a decir.

—Pero me duele —dije llorando—. ¿Tienes un cojín para mí?

Mamá me miró como si me hubiera vuelto loca.

—¿Para qué mierda quieres un cojín? —preguntó.

—A ella le dieron un cojín —dije, señalando a mi compañera.

—Olvídate de que tendrás un maldito cojín —dijo—. Ve a correr.

Me alejé rengueando, pero más que correr saltaba.

—Dije correr, no saltar —dijo mamá —. Corre.

Me arrastré alrededor del tatami; el dedo gordo me estallaba de dolor.

Al regresar a casa en el auto, me quedé mirando por la ventana con mala cara, porque tenía una madre tan cruel.

—¿Sabes por qué hice eso? —preguntó mamá.

—Porque me odias.

—No, fue para mostrarte que puedes hacerlo —dijo mamá—. Si quieres ganar como dices, tienes que ser capaz de competir, incluso cuando sientes dolor. Necesitas poder aguantar. Ahora saber que eres capaz de hacerlo.

En los años que han transcurrido desde entonces, he competido con dedos rotos y esguinces de tobillos —por no mencionar resfríos y bronquitis—, pero un pie roto ha sido mi mayor desafío hasta la fecha. Tuve que hacer un esfuerzo enorme para bloquear el dolor, y eso me quitaba concentración en cada combate. Lo único que me guiaba en la competencia era el instinto. A medida que pasaba el día, el dolor se hizo más intenso. Cada vez que los oficiales del torneo me llamaban para competir el sudor me cubría la frente. Gané el torneo de doble eliminación a pura determinación, pero en el camino perdí un combate. Mi única derrota fue a manos de Marti Malloy. Marti llegaría a ganar una medalla de bronce en las Olimpíadas de 2012.

Mamá me llamó esa noche para ver cómo me había ido. Cuando se enteró de que había perdido a manos de Marti, quedó shockeada. Yo jamás perdía, menos aún en un torneo local de poca monta.

—¿Qué pasó? —preguntó.

En vista de que mi capacidad de mentir es un desastre, no tuve más remedio que explicárselo.

—Mamá, salté de la cerca de la escuela cuando intentaba escaparme clase, y me quebré el pie —dije.

—¿Y en lugar de contárselo a alguien hiciste como si nada y competiste? —No sabía si el tono de mamá era de furia o de incredulidad.

—No me quería meter en problemas —dije en voz baja.

—Vaya, eso es lo más estúpido que he escuchado en mi vida —dijo mamá—. Pero competir con un pie roto es un castigo bastante apropiado.

—¿Entonces no estoy castigada? —pregunté.

—Oh, sí, estás absolutamente castigada —dijo.

Mi castigo duró un mes. Aprender que podía resistir el dolor y ganar de todas formas me ha durado toda una vida. El dolor fue simplemente algo a lo que me acostumbré como parte de la vida. Si eres un atleta y quieres ganar, siempre te estará doliendo algo. Siempre estarás sufriendo moretones y lesiones. Estarás probando hasta dónde exigirle al cuerpo, y quienquiera que pueda exigirle más será el ganador. Desde la primera vez que me subí al tatami, estaba decidida a ser la ganadora.

TRANSFORMA LAS LIMITACIONES EN OPORTUNIDADES

He sacado algún tipo de beneficio de todas las cosas negativas que me pasaron en la vida —incluidas las lesiones. Mi carrera ha estado llena de lesiones, pero no por eso se ha descarrilado. Para muchas personas la lesión es algo que les impide progresar. Yo he aprovechado cada revés físico para desarrollar otra área que de lo contrario no habría trabajado. Cuando me rompí la mano derecha, dije: "Voy a tener un gancho de izquierda letal cuando haya acabado todo esto". Cuando acabé con puntos en el pie a días de un combate, hice todo lo posible por terminar ese combate de modo rápido y definitivo.

No pongas el foco en lo que no puedes hacer; pon el foco en lo que sí puedes hacer.

En aquel momento entrenaba en mi club, el Venice Judo, que a pesar del nombre está situado en Culver City, California. Un día apareció un chico que venía cada tanto a practicar. Tenía mi edad, pero era mucho más grandote físicamente. Hacía años que ambos veníamos al mismo club, y siempre practicábamos juntos. De pronto, tuvo el clásico estirón de la escuela secundaria, y pasó a medir doce centímetros más que yo y a pesar treinta kilos más. Seguíamos practicando juntos, pero ahora el entrenamiento era una batalla entre dos adolescentes por defender su orgullo.

Yo seguía con el pie izquierdo un poco sensible. La fractura se había curado en gran parte, pero el pie me seguía doliendo. Nos acercamos al borde del tatami. (En un combate real, si te acercas al borde del tatami, sigues peleando. Pero en una práctica te detienes, porque no quieres que nadie se lastime sobre el suelo). Esto era justamente lo que estábamos haciendo: practicando. Yo paré; él no.

Él se lanzó para realizar una proyección, pero como yo me había detenido al borde del tatami, en lugar de dirigirse directamente a mi pierna, entró de costado. Su intención era barrerme el pie, pero me atrapó la rodilla. Todo su impulso chocó contra mi rodilla derecha, que estaba inmóvil. La articulación colapsó en el acto. En seguida me di cuenta de que era grave.

Intenté ponerme de pie, pero me derrumbé sobre el suelo. Sentía la rodilla como si fuera de gelatina. Me senté sobre el tatami, sin saber qué debía hacer al tiempo que mamá y el entrenador acudían corriendo a mi lado. Entonces comencé a llorar.

—Me duele.

—Siempre estás llorando por algo que te duele —me dijo mamá completamente indiferente—. Ponle hielo cuando lleguemos a casa.

Terminé la práctica, apoyándome sobre la pierna izquierda.

La rodilla me seguía molestando cuando mamá me llevó a entrenar a la mañana siguiente. Estaba peor que el día anterior, y no podía entrenar así. Le pedí a otro de mis entrenadores, Hayward Nishioka, que la revisara. Me levanté el pantalón del gi para dejar al descubierto la pierna lastimada.

—AnnMaria, será mejor que la lleves al médico —le dijo a mamá.

La tarde siguiente, estaba sentada sobre el arrugado papel blanco que cubre la camilla del médico, esperando los resultados de la resonancia magnética. Sería uno de muchos otros turnos que tendría con el doctor Thomas Knapp, cirujano especialista en reparación de rodillas como pocos. Sacó la imagen en blanco y negro, y la apoyó sobre el negatoscopio iluminado.

—Bueno, definitivamente se te rompió el ligamento cruzado anterior—dijo el doctor Knapp.

Sentí que el estómago se me subía hasta el corazón, comencé a sentir un escozor en los ojos y de pronto rompí en llanto. Parada a mi lado, mamá me dio una palmadita en el hombro. Había esperado que fuera algo así, pero escuchar el diagnóstico en voz alta fue como una patada en el estómago.

—La buena noticia es que es algo bastante sencillo de arreglar —dijo—. Es una lesión que veo todo el tiempo en el consultorio. Te lo dejaremos como nuevo y estarás cero kilómetro antes de que te des cuenta.

—¿Cuánto tiempo? —pregunté.

—Depende del tiempo que demores en recuperarte, pero como regla general, diría que no puedes competir por seis meses.

Comencé a hacer las cuentas en mi cabeza. Estábamos en abril. El Campeonato Nacional Senior a fines de ese mes quedaba descartado. El Abierto de Estados Unidos en categoría junior —el torneo juvenil más competitivo del país— ese verano era una preparación para mi debut a nivel internacional en la categoría senior, cuando competiría en octubre, en el Abierto de Estados Unidos.

—¿Qué pasa si tengo una recuperación rápida? El Abierto de Estados Unidos en categoría junior es en agosto... —pregunté con tono esperanzado.

—¿Agosto, dijiste? —preguntó el doctor Knapp—. Sabes lo que significa, ¿verdad?

Levanté la mirada. Me había estado mirando fijo la rodilla, como si pudiera curarla con la sola voluntad.

—No podrás ir.

Se suponía que ese debía ser mi gran año. Se suponía que iría a la competencia nacional de escuelas secundarias y a la competencia nacional de la categoría senior. Ya soñaba con las Olimpíadas del 2008. Una sensación insoportable de incertidumbre se apoderó de mí. ¿Sería ese el fin de mi carrera de judo? ¿Volvería a estar físicamente perfecta algún día? Si no, ¿sería aún lo suficientemente buena como para triunfar? Me preocupaba el tiempo en que estaría fuera de competencia, cuánto camino recorrido perdería y cuántas destrezas lograrían mis competidoras mientras que yo permanecía postrada en la cama. Me enfrenté al descubrimiento de que no era invencible.

Cuatro días después, estaba acostada sobre una camilla, conectada a una vía intravenosa y lista para ser conducida al quirófano. El anestesiólogo entró en la sala con su ambo azul y me comenzó a administrar el goteo intravenoso.

—Ahora, cuenta hacia atrás desde el diez —me dijo.

Apoyé la cabeza sobre la almohada y cerré los ojos. Recé una oración en silencio para que la cirugía saliera bien y para que mi vida entera no hubiera cambiado cuando volviera a abrirlos.

—Diez, nueve, ocho, siete… —Caí en un sueño profundo sin sueños. Me desperté bajo los efectos de la anestesia, toda revuelta. Me dolía la rodilla. Sentía la boca reseca. Oí el zumbido de la máquina refrigerante, que bombeaba agua helada a través de una férula que me envolvía la rodilla. Oí el pitido de los monitores. Me miré la pierna dentro de la enorme rodillera negra, y una vez más sentí que las lágrimas comenzaban a descender por mis mejillas.

—A partir de este momento, las cosas solo se ponen mejor —dijo la enfermera.

Después de la cirugía, mi médico me dijo que la mejor opción para recuperarme era hacer toda la rehabilitación y ninguna estupidez como intentar volver al tatami antes de lo conveniente.

Comencé la terapia física esa misma semana, y mi fisioterapeuta me aseguró que haría todo lo posible para que volviera a competir y quedara como nueva. "Todo" abarcaba una cantidad de ejercicios de amplitud de movimiento y estiramientos simples. Los "entrenamientos" estaban a años luz de lo que eran mis sesiones de ejercicios, pero al principio me dejaban cansada y dolorida. Mi entrenador, Trace, me dijo que no era el fin del mundo, aunque lo pareciera. Me dije a mí misma que volvería al ruedo, que esto era solo un contratiempo pasajero. Pero fue mamá quién me salvó.

Durante los primeros días después de regresar a casa del hospital, me quedaba sentada en el sofá, con un paquete de hielo sobre la pierna, el pie en alto y sintiendo lástima por mí misma. Miraba *Animal Planet* y jugaba juegos de Pokemon. Pero una semana después de la cirugía, mamá entró en la sala y me dijo: "Se acabó".

—Acabo de operarme de la rodilla —dije a la defensiva.

—Ya pasó una semana —dijo—. Ya es hora de que dejes de sentir lástima por ti misma.

—¿No escuchaste lo que dijo el doctor? —le respondí bruscamente—. Se supone que no tengo que hacer demasiada fuerza con la rodilla.

—Sí, claro, pero ¿qué pasa con la otra pierna? —preguntó retóricamente—. Haz algunos ejercicios de levantamiento de piernas. ¿Y los abdominales? Tengo entendido que para hacer abdominales no se necesita usar las rodillas. Haz algunos ejercicios de bíceps. Para esos se necesitan los brazos, que tengo entendido no son rodillas.

Dos semanas después me llevó a Hayastan, un club en Hollywood donde me solía entrenar, para hacer ejercicio. Mi amigo Manny Gamburyan nos abrió la puerta del gimnasio. El dojo olía a armenios sudorosos y a desodorante Axe. Al sentarme sobre las colchonetas azules y verde agua las sentí firmes y familiares. Toda la ansiedad que me había estado torturando desde el día en que me lastimé la rodilla desapareció.

He vuelto, perras, pensé para mí misma.

Todos los días cojeaba para llegar hasta el coche y para entrar en el club. Mamá me hacía practicar con Manny técnicas de inmovilización, técnicas de estrangulación y llaves de brazo (una técnica de sumisión en la que se hiperextiende la articulación del codo del oponente). Poco a poco mejoró mi cojera y mi trabajo sobre el tatami.

El dolor también comenzó a desaparecer, pero había muchas noches en las que me despertaba con un dolor punzante en la rodilla. Me tomaba dos aspirinas, rengueaba escaleras abajo a la cocina para buscar una bolsa de hielo, volvía a cojear escaleras arriba, y me metía en la cama, tratando de olvidarme del dolor el tiempo suficiente como para volverme a dormir. Unas horas después, me volvía a despertar, sintiendo el dolor de nuevo y con un charco en la cama en donde el hielo se había derretido y escurrido de la bolsa.

Antes de mi lesión, me había granjeado una reputación como luchadora de pie. No es que no pudiera hacer trabajo de suelo, pero si eres realmente buena derribando a tus oponentes, puedes ganar enseguida y no tienes que terminar haciendo *grappling*. Yo me pasé todo aquel año haciendo trabajo sobre el tatami. Hice miles de llaves de brazo.

Seis meses después de que me hubieran operado los ligamentos cruzados, hice mi debut internacional en categoría senior y terminé en el segundo lugar en el Abierto de Estados Unidos. Solo me faltaron unos segundos para ganar el combate, habiendo inmovilizado a Sarah Clark, pero Clark escapó y finalmente me ganó por pocos puntos. De todos modos, terminé siendo la mejor finalista norteamericana de mi categoría. Le había ganado a Grace Jividen, la número uno de mi categoría, por ippon. A fines de la semana siguiente, gané el Rendez-Vous (el Abierto de Canadá). Esas dos actuaciones me catapultaron al puesto número uno del país en los sesenta y tres kilos de mujeres.

Todo ese año produjo un cambio en mí. Pero más que la perfección de mi llave de brazo, lo importante fue el cambio de mi modo de pensar acerca de mi técnica, de mi cuerpo y de mí misma. Sabía que podía salir de la adversidad más fuerte que antes. También sabía que era una luchadora de verdad. A finales de ese año terminé creyendo en mí misma.

CONFÍA EN EL CONOCIMIENTO, NO EN LA FUERZA

A la hora de pelear, la fuerza física tiene muy poco que ver con la pelea. Uno de los principios en los que se basa el judo es "máxima eficiencia, mínimo esfuerzo". Eso realmente ha definido mi carrera. Es la base de todas las técnicas y de todo lo que hago. Es una de las razones por las que no me canso. Es una de las razones por las que soy capaz de pelear con chicas que me llevan una cabeza o con chicas que toman esteroides. La gente que hace trampa o toma drogas carece de la única cosa que todo campeón verdadero debe tener: la confianza en sí mismo. No hay droga, ni suma de dinero, ni favoritismo alguno que pueda darte esa confianza.

Después del Abierto de Estados Unidos, me convertí en la competidora más joven de judo del equipo de los Estados Unidos. Tenía dieciséis años. El equipo nacional está integrado por los atletas más destacados del deporte y representa al país en competencias internacionales. (Los equipos olímpicos y mundiales son las versiones del equipo nacional que compiten

en las Olimpíadas y en las competencias mundiales, respectivamente).
Competir a ese nivel significaba que había mucho más en juego, y una
cantidad de eventos obligatorios a los que tenía que asistir, incluidas
reuniones y campamentos de entrenamiento. La primera de esas sesiones
fue un campamento de entrenamiento en Colorado Springs, Colorado.

Durante la sesión sobre sustancias prohibidas, una representante del
Comité Olímpico de los Estados Unidos le dedicó varias horas a instruir-
nos acerca de la larga lista de sustancias consideradas potenciadoras del
rendimiento. La mujer nos entregó un documento de diez páginas que
incluía decenas de palabras que nunca había visto antes. Había un montón
de -inas, -ides, -oides, -atos y -anos. De hecho, algunos de los ítems nom-
brados ni siquiera eran palabras, sino compuestos químicos. (Yo todavía
estaba cursando Biología en la escuela secundaria. Ni siquiera había llegado a cursar Química).

—No se trata solamente de evitar los esteroides —nos dijo la mujer—.
Es responsabilidad de cada uno de ustedes, como atletas, poder responder
por cualquier sustancia que se metan al cuerpo. Eso incluye vitaminas,
suplementos, cremas, inyecciones o medicamentos con prescripción médica... Si no están absolutamente seguros de lo que están a punto de tomar,
deben averiguarlo. "No sabía" no es una defensa admisible en caso de no
pasar un control antidoping.

Levanté la mano. Todos los ojos de la sala se posaron en mí. La mujer
asintió con la cabeza.

—¿Y las vitaminas de los Picapiedras? —pregunté.

Se echó a reír. Toda la sala se echó a reír. Dos de mis compañeras del
equipo nacional pusieron los ojos en blanco. La experta en antidoping
siguió con su charla.

Volví a levantar la mano. De nuevo, la mujer asintió en dirección a mí.

—No, lo digo en serio —dije—. Yo las tomo. ¿Están aprobadas?

La mujer, un tanto desorientada, hizo una pausa.

—Sí —dijo—. No hay esteroides en las vitaminas de los Picapiedras.

—¿Pero tienen alguna otra cosa que no sea esteroides, que no debería
tomar? —pregunté.

Una de las mujeres que había puesto los ojos en blanco lanzó un reso-
plido. Yo ya tenía un mejor rendimiento que todas ellas en la competencia,
y esta conversación era un recordatorio de que también era considerablemente más joven. Esta vez la mujer que daba la clase no hizo ninguna
pausa para pensar su respuesta.

—No. Estoy muy segura en decirte que no hay sustancias prohibidas en las vitaminas de los Picapiedras —dijo.

Las vitaminas masticables con formas de los dibujos animados de los Picapiedras, ricas en hierro, son lo más cerca que he estado de consumir una sustancia desconocida.

El doping es una de las cosas más egoístas que puedes hacer en el deporte. Pero la realidad es que las drogas que potencian el rendimiento forman parte del mundo de los deportes de combate. En judo, el doping arruina el deporte al robarles el éxito a los atletas que están compitiendo por honor. En las MMA, el doping es casi un homicidio culposo. La premisa de las MMA es meterse dentro de una jaula cerrada con otra persona y tratar de ganarle por sumisión o dejándola inconsciente. Una persona que está tomando una sustancia que la vuelve mucho más fuerte de lo normal realmente podría matar a alguien.

Los atletas que consumen drogas no creen en sí mismos. Yo entreno para ganarle a cualquiera. Aspiro a ser lo suficientemente buena como para ganarles tanto a competidoras que se drogan como a las que no lo hacen. Nunca nombraría públicamente a una oponente que haya dado positivo en el control antidoping, pero he tenido rivales que sabía con certeza que consumían sustancias prohibidas. Hubo rivales de las que tuve una fuerte sospecha que consumían sustancias prohibidas, y otras que luego fueron descubiertas por hacerlo. Solo hay que fijarse en la prevalencia del doping en los deportes; luchar contra alguien que emplea drogas que potencian el rendimiento es inevitable. Me rompe las pelotas. Pero de todos modos he vencido a esas chicas.

Lo único que no podían inyectarse en el trasero era la confianza en sí mismas.

APRENDE CUÁNDO ES HORA DE DAR EL SIGUIENTE PASO

Dar el siguiente paso no siempre es fácil. Las personas se quedan en empleos en los que ya no se sienten motivadas porque temen nuevos desafíos. Las personas eligen quedarse en relaciones infelices porque tienen miedo de estar solas. Los atletas se quedan con un entrenador que no los puede ayudar a mejorar porque tienen miedo de ser puestos a prueba, de no estar a la altura de las exigencias de otra persona, o porque temen decepcionar a alguien a quien le tienen cariño. Dejan que el miedo los paralice.

Si no estás dispuesto a dejar un lugar en el que ya no te sientes motivado, nunca llegarás a desarrollar todo tu potencial. Para ser el mejor, tienes que estar constantemente desafiándote, subiendo el listón, empujando los límites de lo que puedes hacer. No te quedes quieto, da un paso hacia delante.

La primera vez que conocí a Jim Pedro, alias Big Jim, fue en el Campeonato Nacional de categoría senior de 2003. Estaba a menos de un mes de haberme operado los ligamentos cruzados y todavía estaba en muletas.

No podía competir, pero el torneo era en Las Vegas, a solo cuatro horas de Los Ángeles. Ya teníamos una habitación reservada en un hotel y, como mínimo, podía echarles un vistazo a las mujeres contra las que estaría compitiendo cuando me recuperara de mi lesión.

Pero una vez allí, sentada en la silla plegable de metal, en el Hotel Riviera, me pareció que asistir al torneo había sido la peor idea del mundo. Mamá había pensado que ir hasta allí podría motivarme para volver a practicar judo. Pero fue insoportable ver triunfadoras a chicas a las que sabía que podía ganarles. Esa debió haber sido mi medalla.

Los ojos se me llenaban de lágrimas de ira.

—¿Qué diablos te pasa? —me preguntó una voz grave.

Miré hacia arriba. El hombre parado al lado mío parecía una cruza entre Papá Noel y un tipo rudo con el que te podrías cruzar en la costa de Jersey. Tenía rulos blancos y un bigote tupido. Llevaba una camisa polo y un mechón de vello blanco le asomaba por el cuello.

—Se supone que debería estar allá afuera —dije lagrimeando—. Podría haber ganado.

Miró la pierna extendida cubierta por la enorme rodillera negra.

—Es medio difícil competir con esa cosa en tu pierna —tenía el fuerte acento de la región de Nueva Inglaterra.

Asentí con la cabeza. Después le conté que se suponía que ese iba a ser mi año, que ese torneo debía ser mi debut en la categoría senior, y cómo se había descarrilado todo mi plan. Para cuando terminé de contarle todo, las lágrimas me resbalaban por el rostro.

— Bueno, en mi opinión tienes dos opciones —dijo el tipo—. Puedes sentarte aquí y llorar: esa es una posibilidad. Pero si yo fuera tú, iría al gimnasio y entrenaría y me pondría más fuerte que un buey. Te será más fácil vencer a todas estas chicas cuando vuelvas. Después, cuando te hayas recuperado, puedes venir a entrenar conmigo.

Me erguí un poco en la silla. Tenía razón.

—¿Cuál es tu nombre? —me preguntó.

—Ronda Rousey —dije. Extendió la mano.

—Encantado de conocerte Ronda. Soy Jim Pedro, pero puedes llamarme Big Jim.

Todo el mundo de judo había escuchado hablar de su hijo —Jimmy Pedro o Little Jim—, que había ganado los campeonatos mundiales en 1999. Big Jim fue su entrenador.

Cuando volví de Las Vegas, estaba más motivada que nunca para volver al tatami. Iba a regresar más fuerte de lo que cualquiera pudiese imaginar. En mi debut en el Abierto de Estados Unidos impresioné a prácticamente todo el mundo, excepto a mamá y a mí misma. Siempre supe que iba a ser la mejor atleta estadounidense de mi categoría. Era simplemente cuestión de tiempo. Ahora, mi momento había llegado.

Trace Nishiyama, con quien había estado entrenando desde los once años, es un entrenador increíble. Nunca fue una persona posesiva. La mayoría de los clubes de judo solo tienen entrenamientos dos veces por semana. Pero yo necesitaba —y quería— practicar más, así que mamá trazó un plan con los clubes que eran buenos y marcó las noches en que cada uno tenía entrenamiento. Las dos nos subíamos al coche, casi siempre a la hora pico, y nos movíamos entre el denso tráfico a paso de tortuga para que yo pudiera entrenar todos los días. Pasábamos las tardes de la semana cruzando de un lado a otro toda la ciudad de Los Ángeles para entrenar en distintos dojos y, los fines de semana, competir en torneos.

Mamá y yo pasábamos más de treinta horas a la semana en el coche yendo o viniendo de los entrenamientos. Nuestras conversaciones solían centrarse en el judo, pero incluían desde observaciones sobre mi entrenamiento hasta estrategias mentales. Mis historias favoritas eran de cuando ella competía, muchas de los cuales involucraban versiones mucho más jóvenes y divertidas de entrenadores que yo conocía.

Mientras algunos entrenadores se sentían amenazados por ver a sus atletas entrenar en otros clubes, Trace no tenía problema. Trace sabía, por ejemplo, cómo hacer un tiro de hombro tremendo y me enseñó a hacerlo, pero también sabía que había entrenadores que entendían algunos movimientos mejor que él. Me animó a aprender de ellos también, y lo hice. Pero para cuando cumplí quince años, era evidente que necesitaba más de lo que Trace, o cualquier otro entrenador de Los Ángeles, podía ofrecer. Ese era el momento para el que mamá me había estado preparando desde que comencé a mostrar una extraordinaria combinación de talento y ganas a los trece años.

—En algún momento vas a tener que avanzar —me dijo mamá—. Ese es un error que cometen muchas personas. Se sienten cómodas y se quedan en el mismo lugar por mucho tiempo. Pero después de un tiempo, las personas se quedan sin cosas nuevas para enseñarte. A la larga terminarás sabiendo el noventa y nueve por ciento de lo que un entrenador te puede enseñar. Cuando eso sucede, lo mejor que puedes hacer es irte a otra parte. El nuevo entrenador tal vez no sea mucho mejor que el que tuviste, pero será capaz de enseñarte algo que no sabías. Eso es lo que se necesita para mejorar. Siempre tienes que estar mirando hacia delante para dar el próximo paso.

Para cuando tenía dieciséis años, ya estaba lista para dar ese paso. Justo después del día de Acción de Gracias de 2003, caminé al centro comunitario donde estaba ubicado el club. Como siempre, el lugar olía a deliciosa comida japonesa, que venía de las clases de cocina que se tomaban en uno de los salones al lado del gimnasio. Había llegado un poco temprano, y la sala todavía estaba bastante vacía.

Trace estaba acomodando los tatamis. Levantó la mirada, sorprendido de verme. Yo nunca llegaba temprano.

—Hola, Ronda —me dijo.

Sonreí, débilmente.

—Hola, Trace.

—¿Qué hay? —me preguntó—. ¿Todo bien?

Lo ayudé a acomodar las colchonetas azules. Mi voz se quebró y todo salió a borbotones. Le expliqué que desde el Abierto de Estados Unidos sentía que se había acelerado el curso de mi vida. Las cosas se estaban moviendo mucho más rápido de lo que había esperado. Le dije que había sido un honor formar parte de su club por tantos años y que nunca podría haber logrado todo lo que logré si no hubiera sido por él, pero que había llegado a un punto en el que necesitaba más. Le dije que me iría a Boston en un par de semanas y que tal vez terminaría entrenando en el club de los Pedro. Le dije a Trace que no quería que él estuviera molesto por mi partida. Para cuando terminó la conversación, yo estaba llorando.

Trace me envolvió con el brazo.

—Tienes que irte para crecer, chiquita.

Sentí que me levantaban un peso de encima, como si yo fuera una pequeña paloma cuya jaula se hubiera abierto para ponerla en libertad.

Siempre voy a querer y apreciar a Trace, no solo por lo que me enseñó, sino también por haber reconocido, cuando llegó el día, que no podía enseñarme más.

El entrenamiento que siguió fue muy emotivo. Al ayudarlo a acomodar los tatamis, miré alrededor: en la sala estaban mis entrenadores, mis compañeras de equipo, sus padres, sus hermanos. Y ahí me di cuenta de que pronto saldría caminando por las puertas del club por última vez y probablemente jamás volvería a ver a muchos de ellos. Me puse a llorar.

El hecho de que nadie me preguntara por qué estaba llorando fue aún peor, no porque quisiera que alguien me preguntara, sino porque aquello demostraba que estas personas realmente me conocían. Yo lloraba todo el tiempo —cuando me derribaban, cuando me frustraba en el entrenamiento, cuando abría mi bolso de judo y veía que me había olvidado el cinturón, cuando se me colaban en la fila del bebedero. Ahora estaba a punto de marcharme a un lugar nuevo, donde no iban a saber que lloraba todo el tiempo y me iban a preguntar por qué lo hacía. Iba a sentir la presión de dejar de llorar, lo que solo me haría llorar más.

En el camino hacia el coche, me detuve delante de la vitrina con los trofeos del club. Varios de mis trofeos y medallas estaban expuestos. Vi el trofeo de Jugador del Año que se le entregaba al mejor atleta del club. Lo había ganado cuatro años seguidos. De pronto, no pude soportar la idea de que nunca más lo volvería a ganar. Todo iba a cambiar. Aunque sabía que estaba tomando la decisión correcta, aunque contaba con la bendición de mi entrenador y aunque se trataba del paso obligado para el que me venía preparando, seguía siendo duro.

A la mañana siguiente, mamá me mostró un e-mail que Trace les había escrito a los Pedro. Les decía que me estaba encomendando a su cuidado, que yo tenía un enorme potencial, y que si alguna vez yo necesitaba algo, debían avisarle. Este es un ejemplo de una persona que realmente quiere lo mejor para ti.

Mamá sabía lo que hacía falta para ser una atleta de nivel mundial; sabía que necesitaba a un nuevo entrenador que pudiera llevarme al siguiente nivel como competidora internacional de élite; y sabía que para eso, yo iba a tener que marcharme de casa. Pero dejó que fuera yo quien tomara la decisión.

—No existe el mejor entrenador, existe el mejor entrenador para ti —me dijo mamá—. No puedes elegir a tu entrenador para complacer a tu mamá o a tus amigos o a las personas que dirigen USA Judo. Tienes que elegir al entrenador que será la mejor persona para entrenarte a ti. (USA Judo es el organismo que gobierna el deporte en el país).

Mamá me había empezado a enviar desde los trece años a los mejores clubes de todo el país, para participar de campamentos o clínicas, y conocer los clubes y entrenadores con la mira puesta en el futuro. Y si bien me hice nuevos amigos por todo el país, en ninguno de los clubes que visité me sentía a gusto. En ninguno tuve esa sensación inexplicable de pertenencia.

En enero de 2004 abordé un avión a Boston. Más allá de nuestro breve encuentro en el Campeonato Nacional de categoría senior, no sabía mucho de Big Jim. Era conocido por su experiencia en el trabajo de suelo. Además de entrenar a Little Jimmy para obtener un campeonato mundial, había entrenado a una media docena de olímpicos y a cerca de cien campeones nacionales de las categorías junior y senior. Pero lo más importante era que mamá lo aprobaba, y el sello de aprobación de mamá es más difícil de ganar que un premio Nobel.

Big Jim es duro. Puede ser peludo como un osito de peluche, pero ahí terminan las comparaciones entre él y alguien tierno. Tiene una voz muy fuerte y una intensidad feroz. Te dirá sin ningún titubeo cuando piensa que estás haciendo un trabajo de mierda. Ha admitido abiertamente haber cacheteado a un referí. Por su personalidad, se convirtió en una figura controvertida dentro del judo, pero nadie cuestionó jamás su conocimiento ni su habilidad como entrenador.

Partí al club de los Pedro para pasar un tiempo a título de prueba. Al bajarme del avión en el aeropuerto Logan, sentí una ola de excitación nerviosa. Big Jim me había dejado impresionada.

También estaría entrenando con Jimmy Pedro. Alrededor de un mes después de haber conocido a Big Jim, Jimmy había viajado a Los Ángeles a dar una clínica. Yo estaba recuperándome de mi cirugía de rodilla, pero decidí asistir. Jimmy Pedro era uno de los atletas estadounidenses más condecorados de la historia del judo. Y yo lo admiraba enormemente cuando practicaba el deporte de pequeña. No veía la hora de conocer a Jimmy, pero me decepcionó el hecho de que mi lesión limitara mi posibilidad de participar.

Pasé el día relegada en lo que llamé "el rincón feliz de Ronda en el tatami", donde estuve haciendo grappling todo el tiempo. No podía usar la pierna en absoluto. Cuando terminó la sesión de la tarde, el organizador del evento hizo un anuncio.

—Al final de esta sesión, les pedimos a todos que se queden porque Jimmy Pedro va a entregar unos premios —dijo—. Estos son premios que Jimmy eligió él mismo. Después, Jimmy firmará autógrafos.

Toda la decepción que había sentido camino a la clínica regresó con aún más intensidad.

—¿Podemos irnos? —le pregunté a mamá.

—Pensé que querías que te firmara el cinturón —me dijo.

—Solo quiero irme —dije.

—De acuerdo —se encogió de hombros.

Me dirigía renqueando hacia mi bolso cuando Jimmy caminó a la parte de adelante de la sala.

—En primer lugar, muchas gracias por venir hoy—dijo Jimmy. Todo el mundo vitoreó—. Quedé realmente impresionado con todos —continuó—. Veo mucho potencial cuando miro alrededor de esta sala.

Las decenas de niños sentados con las piernas cruzadas sobre los tatamis de pronto se enderezaron en sus lugares. Sentí un escozor en los ojos. Había más de cien niños de los alrededores de Los Ángeles en esa clínica, y yo sabía que era mejor en judo que cualquiera de ellos. También sabía que no había manera de que me dieran un premio.

—El primer premio es uno que espero tener muy pronto cerca del corazón —dijo Jimmy con una sonrisa—. Es el premio de "Futuro Campeón Olímpico".

La sala estalló en risas, como si Jimmy hubiera contado un chiste hilarante. Habiendo sido un olímpico tres veces y ganado el bronce en 1996, Jimmy estaba haciendo un último intento por alcanzar el oro olímpico.

Jimmy llamó el nombre de un chico que saltó, vitoreando como si realmente hubiera ganado los Juegos Olímpicos.

Metí todo en el bolso lo más rápido que pude.

—El próximo premio que hoy quiero entregar es uno que ciertamente está cerca de mi corazón; se trata del "Futuro Campeón del Mundo" —dijo Jimmy.

Al mencionar el campeonato mundial, la sala estalló en aplausos.

—Y la ganadora es… —hizo una pausa para darle efecto dramático— Ronda Rousey.

Quedé helada, y aventé mi bolso a un lado. Sentí que se me sonrojaban las mejillas al ver que todas las cabezas giraban hacia mí.

—Ve, sube —me urgió mamá por encima de los aplausos de toda la sala.

Caminé rengueando hasta el frente de la sala para darle la mano a Jimmy. *Me eligió a mí como futura campeona mundial*, pensé. *A mí.* Estaba encantada y halagada y no lo podía creer.

Al final de la improvisada ceremonia, esperé en la fila para recibir su autógrafo.

—Ronda Rousey —dijo, sonriendo, cuando me tocó acercarme a la mesa.

No podía creer que supiera mi nombre.

Tomó una de las fotos que los organizadores del evento habían provisto para que firmara.

Garabateó un mensaje con el marcador indeleble y me entregó la hoja de papel. Miré la foto que tenía en las manos.

Para Ronda. Sigue entrenando duro y nos vemos en la cima. Jimmy Pedro.

Leí y releí las palabras "nos vemos en la cima" todo el camino a casa. Me sentía emocionada porque Jimmy Pedro creyera que yo realmente tuviera tanto potencial que algún día estaría en la cima del deporte como lo estaba él.

Cuando volvimos a casa, pegué la foto en la pared de mi habitación, donde la miré durante toda mi recuperación.

Ahora una ráfaga de aire frío me golpeó al salir por la manga del avión y me trajo al presente. Pero la realidad parecía surreal. Si esto salía bien, Big Jim sería mi entrenador y estaría entrenando con Little Jimmy.

Después de dos semanas, llamé a mamá.

—Este es el lugar —le dije—. Big Jim es el entrenador para mí.

—De acuerdo —dijo mamá—. Ya pensaremos en algo.

BUSCA LA REALIZACIÓN PERSONAL EN LOS SACRIFICIOS

A la gente le encanta la idea de ganar una medalla olímpica o un título mundial. Pero lo que no advierte es que todos los segundos que llevan al triunfo en sí mismo resultan incómodos, dolorosos e imposiblemente arduos, tanto física como mentalmente. La mayoría de las personas se equivoca respecto de dónde pone el foco. Se concentra en el resultado, no en el proceso. El proceso es el sacrificio; son todas las partes que más cuestan: el sudor, el dolor, las lágrimas, las derrotas. Los sacrificios se terminan haciendo de todos modos. Aprendes a disfrutarlos o al menos a aceptarlos. Al final del día, son los sacrificios los que te deben dar satisfacción.

No quería mudarme lejos de mi familia a los dieciséis años. Y ciertamente no me quería mudar a un pueblito en el límite entre Massachusetts y New Hampshire para vivir con personas que no conocía. Pero algún día quería ganar las Olimpíadas. Quería ser campeona mundial. Quería ser la mejor judoca del mundo. Y estaba dispuesta a hacer lo que fuera para lograrlo.

Mamá, Big Jim y Jimmy decidieron que lo mejor sería quedarme con Little Jimmy y su familia.

—Ronda será como tu nueva hermana mayor —les dijo la esposa de Jimmy, Marie, a sus tres hijos pequeños el día que llegué a su casa.

Dormía sobre un futón en la oficina que tenían en su casa, lo cual debió ser una advertencia de que el arreglo no duraría mucho tiempo. Al principio, comía demasiado. Así que mamá le pagó a Jimmy más dinero para comprar más comida, pero la situación se volvió aún peor, no mejor. El armario donde guardaba todas mis cosas era considerado demasiado desordenado; dejaba demasiada agua en el suelo después de ducharme; me olvidaba de poner los platos en el fregadero. Hacía todo lo posible, pero parecía que cuanto más lo intentaba peor me salían las cosas. Todos los días llamaba a mamá hecha un mar de lágrimas.

La gota que colmó el vaso sucedió tres semanas después cuando el hijo de un amigo de la familia de los Pedro le preguntó a Jimmy si podía quedarse en su casa una semana mientras venía a entrenar al gimnasio. El tipo, Dick el Diminuto (puede que este no sea su nombre real) tenía poco más de veinte años y nos habíamos conocido en un campamento en Chicago, justo antes de mudarme a Massachusetts. A mamá no le gustaba la idea de que un tipo de veintitantos años viviera en la misma casa que yo. A Big Jim también le parecía una mala idea. Aun así, Little Jimmy y Marie seguían discutiendo si lo dejaban quedarse hasta que Marie le envió a mamá un e-mail preguntándole qué haría ella.

Mamá tipeó una respuesta: *Me preguntaste qué haría. Jamás en un millón de años lo permitiría. Es una idea de mierda.* Luego pulsó enviar.

La noche siguiente Jimmy vino a verme, junto a Marie.

—El arreglo no está funcionando.

Me quedé mirándolos, sin decir nada y muerta de vergüenza. Era una chica de dieciséis años que solo quería hacer judo. Tenía el corazón destrozado. Por fin había encontrado mi lugar, mi entrenador, y ahora me lo arrancaban sin más. Volví a llamar a mamá hecha un mar de lágrimas.

—No te preocupes —me dijo mamá—. Ya pensaremos en algo.

Terminó alojándome Big Jim. Mamá ofreció pagar mis gastos, como lo había hecho con Jimmy, pero él se negó a aceptar dinero alguno. Big Jim vivía en una casita sobre un lago en una zona rural apartada de New Hampshire, justo fuera del área metropolitana de Boston. Vivir en casa de Big Jim era terriblemente aburrido. Pero más que nada, me sentía sola.

Big Jim sabe más sobre el entrenamiento de judo que posiblemente cualquier otra persona en el país, pero no es el tipo más sociable del mundo y de cualquier manera no teníamos demasiadas cosas en común. Él era un bombero de Nueva Inglaterra que se había divorciado varias veces y a quien le gustaba fumar cigarros (o *cig-ahs*, como les decía). Tenía una mancha de tabaco permanente en su bigote blanco. Yo era una muchacha que leía ciencia ficción y hacía dibujos en un cuaderno de bocetos.

Los días con Big Jim se confundían unos con otros. Los ocho meses que pasé allí en 2004 estuvieron marcados por el aburrimiento, el dolor, el silencio y el hambre.

Para competir en la categoría de los sesenta y tres kilos, tenía que pesar no más de sesenta y tres kilos antes de cada torneo. Prácticamente no existe un atleta que compita en una categoría que equivalga a su peso real. La mayoría de los atletas van por la vida considerablemente más pesados que el peso que figura en el torneo. En la UFC, yo peleo en la categoría de los sesenta y un kilos, y durante alrededor de cuatro horas por año peso sesenta y un kilos. Mi peso real está más cerca de los sesenta y ocho kilos. Puedo alcanzar los sesenta y un kilos porque el proceso de pesaje es muy diferente en las MMA. Solo peleo cada tantos meses y me peso la noche anterior. Luego tengo una chance de recuperarme de la exigencia física de bajar de peso antes de volver a pelear. Cuando hacía judo, estaba compitiendo constantemente. Tenía que tener el peso adecuado hasta cuatro fines de semana seguidos y tal vez tuviera únicamente una hora entre el pesaje y la hora de la pelea.

Como siempre estaba batallando para bajar de peso, Big Jim limitaba la comida que teníamos en la casa, lo que empeoraba aún más las cosas. Cuando hacía calor, la familia de Big Jim y los miembros del club venían a la casa del lago para hacer una barbacoa y para nadar en el lago. Se suponía que yo no debía comer, pero me escabullía con un paquete de galletas integrales y me las iba a comer al sótano. Por la mañana Big Jim advertía las migas.

—No tienes ningún tipo de disciplina —me decía entonces.

Comencé a negociar conmigo misma en lo referente a la comida. Hacía el cálculo de las calorías exactas que comía y luego calculaba qué necesitaba hacer para quemarlas. Pero llegó un punto en que me daba un atracón y no salía a correr: había comido demasiado para poder quemar todas las calorías corriendo. Una vez que llegó al punto en que comía tanto y sentía que no podía compensarlo con el ejercicio, directamente vomitaba.

La primera vez que lo intenté, me fue mal. Mientras Big Jim estaba en el trabajo, me comí una rosquilla, un poco de pollo, un bol enorme de avena y una manzana, pero en lugar de estar contenta de por fin no sentir hambre, me sentí abrumada por la culpa. Me metí en el baño y me introduje los dedos en la garganta. Hice una arcada, pero no sucedió nada. Volví a intentarlo una y otra vez, pero nada.

Supongo que no lo estoy haciendo bien, pensé.

Las siguientes veces que me di un atracón intenté provocarme vómitos, pero no tuve suerte. Luego, una semana después, hubo una barbacoa en casa de Big Jim. Comí hasta quedar satisfecha: dos hamburguesas, un trozo de sandía, un montón de mini zanahorias, papas fritas y un par de cookies.

Bajé al baño del piso inferior, decidida a deshacer el daño que acababa de provocar. Justo aquel día había comido tanto que me sentía increíblemente culpable y terrible de no poder ponerme un freno.

Me hallé parada, doblada sobre el retrete, con la mano metida en la garganta. El sudor me cubrió la frente al tiempo que mi cuerpo se tensó. El estómago se me contrajo, tratando de retener su contenido. Lo intenté una y otra vez, metiéndome cada vez más adentro la mano. Las lágrimas se me salían de los ojos y los mocos se me escurrían de la nariz. Y luego sucedió. Finalmente, funcionó. El contenido del estómago salió eyectado hacia arriba. Qué alivio.

La siguiente vez que me obligué a vomitar fue más fácil.

Seguía atenta a restringir mi ingesta de alimentos, pero mi peso no se modificaba. Cada vez que me miraba en el espejo, veía hombros enormes, brazos gigantes, el reflejo de un cuerpo corpulento. Comencé a provocarme vómitos más seguidos. Un par de veces por semana; algunas veces, día por medio.

Me daba miedo que me atraparan. Una vez, cuando Big Jim tenía a un par de atletas de visita, que habían venido a quedarse en el apartamento de abajo, oí un ruido fuera de la puerta del baño y me quedé helada. Prendí el agua del lavabo para amortiguar el sonido inevitable de las arcadas.

El hambre constante que sentía era el resultado de intentar mantener un peso poco realista mientras me sometía a un programa de entrenamiento extenuante. Me despertaba entre las ocho y las nueve de la mañana. Tenía los músculos lastimados del día anterior. El cuerpo siempre me dolía. Levantaba los brazos por encima de la cabeza y me daba impulso para salir de la cama. Big Jim siempre se levantaba antes que yo y, cuando salía de mi habitación, había una cafetera sobre la hornalla y mi taza estaba colocada justo al lado.

Las mañanas estaban dedicadas a ejercicios para tonificar el cuerpo. Todo lo que tenía cabía en mis dos bolsos de lona, cuyo contenido solía estar desparramado por mi habitación. Hurgaba entre las pilas de ropa buscando algo lo suficientemente limpio como para poder hacer ejercicio.

En su sótano Big Jim había instalado el gimnasio más pequeño del mundo. No debía tener más de un metro cuadrado, en donde había logrado meter un par de mancuernas, un press de banca, una cinta para correr, una máquina elíptica y algunas otras máquinas para hacer ejercicios que parecían más viejas que yo. Me creó un circuito que incorporaba ejercicios cardiovasculares, entrenamiento con pesas y ejercicios de judo.

La elíptica y la cinta para correr eran tan viejas que no tenían visor digital. Para esas partes del circuito, tenía que contar entre cuatrocientos y ochocientos pasos, y luego pasar al siguiente puesto. El cielorraso era tan bajo que cuando me subía a la elíptica, tenía que agachar la cabeza. Cuando hacía los *cleans* (levantamiento de pesas), tenía alrededor de ocho centímetros de espacio libre a cada lado: si el ejercicio no salía perfecto, terminaba pegándole a la pared o golpeando una máquina cardiovascular. Lo único que no estaba dentro de esa habitación diminuta era la cuerda de *bungee* para hacer *uchikomis* (una técnica de proyección del judo). Esa estación estaba ubicada justo fuera del gimnasio, al lado del lavarropa y el secarropa. Durante todo ese tiempo, Big Jim estaba arriba con el cronómetro en la mano.

No había reloj alguno en el gimnasio, lo cual era parte de la estrategia de Big Jim. Se suponía que cada día debía completar el circuito un poco más rápido que el día anterior. Si no mejoraba mi tiempo, entonces al día siguiente Big Jim añadía otra serie más al final del circuito y mi tiempo volvía a foja cero. Sin una manera de tomarme yo misma el tiempo, tenía que tratar de llevar el tiempo en la cabeza. El primer día de un nuevo circuito lo hacía lo más humanamente lento posible. Pero a medida que pasaban los días, no tenía otra opción que ir más ligero. Cuando terminaba, regresaba arriba, donde Big Jim jamás me decía mi tiempo, solo por cuánto lo había superado o cuánto me había faltado para alcanzarlo.

El tiempo que me llevaba hacer el circuito fue subiendo de media hora a casi una hora a medida que Big Jim añadía repeticiones. Sentí que me volvía más fuerte y más veloz. Los hombros se me volvieron más robustos, las pantorrillas más firmes. De chica solía quedarme mirando las venas de los antebrazos de mamá, que seguían siendo musculosos desde sus días de judo. Ahora los míos lucían igual que los suyos. Los brazos me acomplejaban desde la escuela secundaria cuando los chicos se burlaban de mí, llamándome "Miss Macho" por el tamaño de mis bíceps y mis hombros. Pero cada vez que miraba los cambios que sufría mi cuerpo en el espejo, me recordaba que me estaba entrenando para ganar las Olimpíadas, no un concurso de belleza.

En la cocina, Big Jim me daba las instrucciones para salir a correr. Siempre corría la vuelta de casi cinco kilómetros alrededor del lago que estaba detrás de la casa, pero él mezclaba la rutina. Algunas mañanas podía trotar todo el camino. Otras mañanas, me daba intervalos: trote a un poste de luz, correr hasta el siguiente, o trote a un poste de luz, correr los dos siguientes, o trotar dos, correr cuatro.

La mayoría de los días, Big Jim se sentaba en el porche, con un pedazo de cuerda que usaba para practicar diferentes nudos, y me observaba mientras corría alrededor del lago. Había otros días en que, una vez que llegaba a la mitad, se metía en el coche y manejaba por el camino para asegurarse de que no estuviera arrastrando el trasero. Yo ponía los ojos en blanco cuando veía su todoterreno aparecer por el sendero, pero valoraba que se saliera de su camino para venir a buscarme y asegurarse de que estuviera corriendo.

Cuando regresaba de mi sesión de jogging, era hora de ir a presupuestar la poda de árboles. Big Jim era bombero, pero durante la semana, trabajaba para una empresa local que podaba árboles e iba de acá para allá haciendo presupuestos. Ambos nos metíamos en el coche y andábamos durante horas, parando en pueblitos alrededor de New Hampshire y Massachusetts. Big Jim le daba caladas a su cigarro, y yo me sentaba en el auto inhalando humo de segunda mano. No hablábamos, solo escuchábamos la emisora de viejos éxitos que Big Jim siempre tenía puesta. Cuando estacionaba delante de una casa, Big Jim evaluaba la altura del árbol en cuestión, mirándolo de arriba abajo, en ocasiones dando la vuelta alrededor de él, y luego tomaba notas en un sujetapapeles y le entregaba el presupuesto al propietario.

—Eso le va a salir doscientos dólares, señora —decía entonces.

Después nos dirigíamos en el coche a la siguiente casa.

Alrededor de las tres de la tarde, cruzábamos a Massachusetts. Antes de enfilar hacia el club de judo de los Pedro en Wakefield, nos deteníamos en Daddy's Donuts, donde Big Jim se encontraba con su amigo Bobby, un tipo pelado y corpulento del club de judo. Big Jim pedía una taza de café y un muffin integral. Siempre nos sentábamos en la misma mesa al lado de la ventana. Big Jim le quitaba el envoltorio al muffin, y me pasaba la parte de abajo, deslizándolo hacia mi lado. Yo vivía con hambre por estar permanentemente luchando contra mi peso, y ese pequeño tocón de muffin era el placer más grande de mi día.

Después abríamos el dojo a las cuatro de la tarde. Quedaban algunas horas antes del entrenamiento de los mayores, y yo me quedaba sentada con un libro de texto abierto, fingiendo que estudiaba mientras Big Jim se ocupaba de las clases de los niños menores.

Había alrededor de diez de nosotros que éramos considerados parte del grupo de atletas senior del club. Era un alivio salir de lo que yo cariñosamente llamaba la cabaña del Unabomber, pero eso no quería decir que mi vida social fuera tan activa en el club. El judo es un deporte en el que los atletas alcanzan su máximo nivel entre los veinticinco y los treinta años, lo cual me hacía por lo menos una década menor que mis compañeros de entrenamiento. Además no había mucho tiempo para la charla durante la práctica. Apenas daban las siete, Big Jim comenzaba a ladrar órdenes y críticas.

—¿Por qué diablos lo estás haciendo así? —gritaba Big Jim cuando me veía haciendo mal una rutina.

—Yo solo... —comenzaba a responderle.

—Yo solo, yo solo —decía burlonamente en voz alta.

En esos momentos lo odiaba.

Otras veces, pasaba caminando al lado de mi tatami y sencillamente suspiraba con fuerza, sacudiendo la cabeza como si tuviera que resignarse a aceptar el hecho de que yo fuera una causa perdida. Pero yo sabía que era mejor ser criticada por Big Jim que ser directamente ignorada. Si no creía que tenías el potencial, ni siquiera te miraba.

Entrenábamos dos horas por día, realizando proyecciones, ejercicios y *randori* (un simulacro de combate) hasta que sentía que estaba a punto de desfallecer. Luego Big Jim nos hacía trabajar aún más.

Cuando llegaba a casa, Big Jim cocinaba pollo con arroz para ambos: mezclaba salsa de barbacoa en mi arroz, lo cual me parecía una combinación extraña, pero jamás dije nada. Solo me sentía feliz de poder comer al final del día. No hablábamos durante la cena. Mientras me metía la comida en la boca desaforadamente, pensaba en lo desdichada que era.

Agotada y dolorida del entrenamiento, arrojaba el gi sudoroso al suelo, me duchaba y caía en la cama, con el cabello aún empapado. El día siguiente era exactamente igual.

Los fines de semana, Big Jim iba a trabajar a la estación de bombero. Yo no tenía coche y ni siquiera me permitían salir de la pequeña cabaña. Me pasaba todo el fin de semana sin ver a nadie. Era posible que no hablara en voz alta ni una sola vez entre el viernes por la noche y el lunes por la mañana. Pasaba la película *Como si fuera la primera vez* una y otra vez solo para oír el sonido de voces humanas dentro de la cabaña. Cada tantas horas, hacía una incursión en la cocina para buscar comida.

Comía copos de salvado en una taza de café sin leche. Los trocitos secos dentro de mi taza tenían el mismo aspecto que la comida de los cobayos. Mientras masticaba, me imaginaba siendo secuestrada por extraterrestres, transformada en mascota y alimentada con copos de salvado.

Esa fue mi vida durante gran parte del año que culminó en las Olimpíadas de 2004. Tenía una existencia desgraciada, pero mi judo jamás había estado mejor.

En ese entonces seguía creyendo que cuanto más desgraciada fuera, más productiva sería. Odiaba cada día que pasaba, pero me prometí a mí misma que valdría la pena. No creí que fuera posible ser feliz todos los días y triunfar. Me llevó años acoger los sacrificios y el dolor como una parte grata de mi proceso.

Todo el mundo quiere ganar. Pero para triunfar de verdad —ya sea en un deporte, en tu trabajo o en tu vida— tienes que estar dispuesto a trabajar duro, superar los obstáculos y hacer los sacrificios que se necesitan para ser el mejor en lo que haces.

TIENES QUE SER EL MEJOR EN TU PEOR DÍA

Mi mamá siempre dice que para ser el mejor del mundo tienes que ser lo suficientemente bueno como para ganar en un mal día, porque nunca sabes si las Olimpíadas van a caer en un mal día.

Me enseñó que no alcanza con ser mejor que el resto. Tienes que ser tan bueno que nadie ponga en duda tu superioridad. Debes tener en cuenta que los jueces no siempre te van a dar el triunfo. Tu victoria debe ser tan evidente que no les quede otra opción que declararte el ganador. Tienes que ser capaz de ganar cada pelea dos veces en tu peor día.

Desde que tengo seis años sueño con ganar los Juegos Olímpicos. En ese entonces estaba en el equipo de natación local así que imaginaba ganar en los cincuenta metros de espalda. Soñaba con subir al podio con mi medalla de oro alrededor del cuello. Papá me había dicho que iba a brillar en la escena internacional. Soñaba con el clamor del público y con el sonido del himno nacional retumbando en la piscina. Cuando empecé judo, traje a cuestas mi sueño de ganar las Olimpíadas.

Mamá me dejó tener un gato. La llamé Beijing, en honor al país anfitrión de los Juegos en 2008. Nunca había imaginado que competiría en las Olimpíadas de Atenas 2004. Aunque había estado dominando en la categoría junior, todavía no calificaba para la categoría senior y me estaba recuperando de la cirugía de los ligamentos cruzados.

Pero después de recuperarme de mi lesión y catapultarme a los primeros puestos del ranking nacional, me di cuenta de que podía quedar en el equipo olímpico de 2004. No había nada que quisiera más. Después de ganar el Campeonato Nacional de Estados Unidos en categoría senior durante la primavera de 2004, al vencer una vez más a Grace Jividen, quien había ocupado el puesto número uno en la categoría de los sesenta y tres kilos, pasé de ser la candidata desconocida a la favorita. De pronto, el puesto para los Juegos Olímpicos estaba al alcance de mi mano y no estaba dispuesta a perderlo.

No todos estaban encantados con mi rápido ascenso. A los treinta y nueve años, Grace tenía más del doble de mi edad y de hecho había sido compañera de equipo de mamá seis años antes que yo naciera. Grace no estaba contenta de perder la punta del ranking a favor de una adolescente, pero siempre fue muy buena conmigo. No puedo decir lo mismo de algunas de mis nuevas compañeras del equipo nacional.

Varias de las candidatas al equipo olímpico entrenaban en el Centro de Entrenamiento Olímpico nacional, en Colorado Springs. La camarilla de judo del centro de Colorado Springs eran en su gran mayoría un grupo de fiesteras de entre veinticinco y treinta años que estaban persiguiendo el sueño olímpico sin la más remota posibilidad de conseguir el éxito internacional. Yo era una chica de diecisiete años que ya me estaba haciendo un nombre. Cuando me miraban, veían lo que nunca conseguirían. Pero cuando vencí a Grace por el puesto número uno de la categoría, ya tenían un claro motivo para ser abiertamente frías conmigo.

En las pruebas olímpicas de San José, pasé los primeros rounds con facilidad. Durante el lapso entre las semifinales y las finales, me sentaba a jugar con mi Game Boy en el frío linóleo de un pasillo repleto de atletas —algunos desilusionados por haber sido eliminados; otros, que trotaban de un lado a otro. Entrenadores y oficiales pululaban esperando la eliminatoria. Mamá y su amiga Lanny estaban paradas al lado mío, contando sus historias de guerra del judo.

Dos chicas del equipo del Centro de Entrenamiento Olímpico de Colorado Springs susurraron al pasar delante de mí. Escuché mi nombre pero no pude oír otra cosa. Unos minutos después, volvieron a pasar y esta vez me fulminaron con la mirada.

—Míralas —le dijo Lanny a mamá—. Tratan de poner nerviosa a Ronda antes de que salga a pelear contra Grace. Deberías decirle que se prepare mentalmente.

Mamá se rio e hizo un gesto en dirección a mí.

—No le diré nada. Ronda nunca se detiene a pensar en esas chicas que pasan al lado suyo tratando de intimidarla con la mirada, y no dejará que la asuste Grace ni nadie. En todo caso, estará pensando en si Big Jim la dejará comer una dona de chocolate si gana.

Miré hacia arriba.

—Big Jim nunca me dejaría comer una dona.

Seguí jugando con mi Game Boy. Después le gané a Grace por ippon, y aseguré mi lugar en el equipo olímpico.

Menos de dos meses después, estaba en el avión rumbo a Grecia.

Llegamos dos semanas antes de la competencia para entrenar y aclimatarnos a la diferencia horaria. Desde el momento en que aterrizamos en Atenas, mis compañeras de equipo estaban ansiosas por empaparse de la experiencia olímpica. Hacían planes para visitar la Acrópolis; aguardaban excitadas la ceremonia de apertura y revisaban el material promocional que venía en las bolsas que los sponsors entregaban a cada miembro del equipo estadounidense.

En cuanto a mí, lo único que tenía en la cabeza era la competencia. Me despertaba en el medio de la noche y salía a hurtadillas por la ventana para correr alrededor de la Villa Olímpica. Al salir por la ventana, lo hacía con la mejor de las sonrisas. Mi historia, mi aventura, recién comenzaba.

Todo estaba tranquilo cuando corría por la Villa, y pasaba por las residencias llenas de atletas que dormían. *Todos están durmiendo salvo yo,* pensaba. *Soy la única que está acá entrenando ahora, y es porque quiero esto más que nadie.*

A medida que se acercaba la competencia, tenía que bajar de peso. Mi compañera de equipo en Atenas, Nikki Kubes, que también compartía la residencia conmigo, tenía el problema opuesto. Como competidora de la categoría peso pesado, le costaba mantener el peso tan alto. Yo solía llegar al peso indicado por apenas unos gramos, así que directamente no comía nada, pero de todas maneras fui con Nikki a la cafetería.

Era el lugar más mágico de toda la Villa. La primera vez que entré me quedé tan deslumbrada al ver a todas esas personas diferentes y toda la comida que ofrecían que ni siquiera me enojé por estar cuidando mi peso y no poder comer.

La cafetería era como un galpón gigante con las puertas de una tienda de campaña. En el medio había suficientes mesas y sillas para por lo menos mil atletas. Había atletas olímpicos de todo el mundo charlando en miles de idiomas que no entendía. Había un puesto de comida tras otro, que ofrecían platos de donde te pudieras imaginar: china, italiana, mexicana, halal, japonesa. Había puestos de frutas, de ensaladas, de panes, de postres; hasta McDonald's tenía un puesto. La comida era ilimitada y gratuita.

Nikki y yo llenamos nuestras bandejas y nos sentamos, y le pasé mi bandeja.

—Tómala —le dije—. Disfruta.

Se le torció el rostro en una mezcla extraña de culpa y asombro.

—Adelante, come —le dije tratando de no odiarla—. Comienza con la pizza. Después eso...

—¿Qué es eso? —preguntó Nikki.

—No tengo ni idea —le dije—. Lo encontré en la sección de comida asiática. Parece delicioso. Asegúrate de ponerle *kimchi* encima.

Nikki levantó el tenedor. Miré su comida con anhelo. El estómago me hacía ruido. Tomé un trago de agua.

Cuando Nikki estuvo lista para su próximo plato, le deslicé uno lleno de pasteles.

—Pero de verdad solo quiero una ensalada —dijo Nikki. Su fuerte acento de Texas era aún más pronunciado cuando se quejaba.

—A la mierda con tu ensalada, come los pasteles —dije bruscamente. Nikki me miró a la cara para ver si estaba bromeando, pero ni siquiera yo sabía si estaba siendo sarcástica.

Unos días antes de que los Juegos hubieran comenzado, visitamos el estadio donde se realizaban las competencias olímpicas. Era la arena más grande que había visto jamás. La pista de competencia estaba dispuesta en un nivel inferior, y las gradas miraban hacia abajo. Cientos de hileras rodeaban el borde y seguían subiendo hasta donde se perdía la vista. Mis compañeros de equipo y yo nos quedamos parados, maravillados por la inmensidad del espacio. Miré hacia arriba a las vigas, donde se izarían las banderas de los ganadores. *Este es el lugar*, pensé. *Aquí es donde voy a impresionar al mundo*. No solo era la competidora de judo más joven del equipo estadounidense, era la competidora de judo más joven de todo el conjunto olímpico de Atenas. Nadie esperaba nada de mí. Les iba a demostrar que estaban equivocados.

Como siempre, la noche antes de competir me fui a la cama con hambre y sed.

Unas horas después, me desperté de golpe. El sueño pareció tan real. Estaba parada en una habitación, pero no la de la residencia, sino una habitación desconocida. Estaba acostada boca arriba y balanceando una botella de Pepsi en la boca. La botella estaba abierta y el líquido se derramaba por mi garganta, y yo tragaba con una sed furiosa, sin manos.

Me desperté sintiendo que había hecho algo que no debía. Después me di cuenta de que había sido solo un sueño y me volví a quedar dormida, pero estaba agitada, con hambre y deshidratada.

Por la mañana, la sombra del sueño se había ido. Me sentía preparada. Era hora de salir al ruedo. Iba a ganar.

Fui directo al baño para obligarme a hacer pis. Estaba deshidratada así que no tenía mucho líquido dentro, pero necesitaba deshacerme de cualquier gramo en exceso que pudiera tener mi cuerpo. Me paré en la balanza y retuve el aliento. Exhalé.

No iba a arriesgar ducharme y tener el pelo húmedo para que eso me sumara más peso. Me puse unas sudaderas, arrojé un par de botellas de agua y una banana en mi bolso, y luego metí algunas botellas de agua más. Me fijé dos veces para ver si tenía mi tarjeta de identificación, solo para comprobar, ambas veces, que la tenía colgada del cuello. Miré el reloj: 7:43.

Caminé por una franja de tierra que probablemente debió haber sido un patio con jardín. Era evidente que había quedado sin acabar en el apuro por terminar todos los edificios más importantes para los Juegos. El aire estaba caliente y el sol batía fuerte, pero estaba tan deshidratada que incluso caminando a un paso apurado no transpiré ni una gota. Registré mi llegada, y advertí que las únicas que estaban allí eran unas chicas de mi categoría. Nos ignoramos mutuamente mientras esperamos. Me saqué el jogging del equipo estadounidense, el sujetador y la ropa interior, caminé a hacia la balanza y me subí, completamente desnuda. Sesenta y tres kilos exactos. Una oficial mujer con una tabla portapapeles registró mi peso y me hizo una señal de aprobación con la cabeza.

Salté de la balanza, me puse la ropa interior, tomé una botella de agua y me la bebí toda. Me bebí otra botella más mientras me subía los pantalones de ejercicio. Me devoré la banana en dos bocados y después me dirigí al patio de la Villa tomando otra botella de agua. Mi fastuosa cena de tenedor libre debía esperar hasta después de competir, pero la avena que comí esa mañana nunca estuvo tan deliciosa.

En el autobús hacia la arena, escuché el tema *Waiting*, de Green Day, en repetición, y pensé en que mi espera ya estaba por terminar.

Los oficiales nos condujeron desde el garaje del subsuelo por un túnel de cemento iluminado con luces fluorescentes. La sala de precalentamiento era grande, abierta y estaba llena de tatamis.

Por lo general, el equipo de los entrenadores siempre asigna a un compañero que peleó el día anterior para que te ayude a precalentar, pero en mi caso esa persona era Ellen Wilson, y como integrante del equipo del Centro de Entrenamiento Olímpico, no vendría a ayudarme. En lugar de eso, hice el precalentamiento con Marisa Pedulla, una de nuestras entrenadoras. Después de un precalentamiento rápido, me dormí una siesta. Fue un sueño reparador, pero poco profundo.

Estaba lista.

—Ronda Rousey —un hombre con una tabla portapapeles me estaba llamando por mi nombre. Mi pelea era la siguiente. Caminé con Marisa hasta donde estaba el voluntario con la canasta donde pondría mi sudadera, mis pantalones de ejercicio y mis zapatos en el momento de pelear.

—Encantada de conocerte —le dije, entregándole al portador de la canasta mis cosas—. Muchas gracias.

Nos paramos esperando en la fila. Mi oponente, Claudia Heill, de Austria, estaba justo al lado mío. Ni nos miramos.

Y así es como comienza, pensé.

El oficial nos condujo a la arena. Era temprano, así que solo una cuarta parte del estadio estaba lleno, pero el público era realmente ruidoso.

—¡Vamos Ronda! ¡Sí, Ronda! —no miré alrededor, pero podía oír a mamá y a mi hermana María desde la tribuna. Por más grande que sea el estadio, mi familia grita tan fuerte que se los oye desde todos lados.

Pisé el tatami e incliné la cabeza. Golpeé el suelo dos veces con fuerza con el pie izquierdo. Después con el derecho. Salté. Avancé unos pasos, sacudiendo los brazos. Me pegué en el hombro derecho, después en el izquierdo, después los muslos. Toqué el suelo. Era hora.

Perdí en la primera ronda. Fue un invento del referí. La arrojé al suelo y los oficiales hicieron como si nada hubiera sucedido.

Como si estuviera parada a una gran distancia, vi al referí que estaba al lado mío levantar la mano en dirección a mi oponente. Me sentí desorientada. No entendía qué hacer o dónde ir o cómo procesar lo que estaba pasando. *Así no es como se supone que tiene que ser*, pensé. Era como si el mundo estuviera patas para arriba. Estaba en estado de shock. Me bajé del tatami, tratando de contener las lágrimas.

Mi oponente sabía que el referí había tomado una decisión injusta, pero se quedó con la victoria y eventualmente ganó la medalla de plata. Yo aún no era lo suficientemente buena como para ganar dos veces en un mal día.

Después tuve que esperar. En la competencia internacional de judo, si pierdes contra alguien que llega a la semifinal, te hacen entrar en un repechaje, un grupo de competidores que busca el premio consuelo de pelear por la medalla de bronce. Como Heill había llegado a semifinales me pusieron en ese grupo. Intenté recuperar la concentración y tranquilizarme. *Aún tienes que pelear*, me recordé a mí misma. *Tu día aún no terminó.* Pero tenía el corazón partido.

Gané mi primer combate de repechaje contra Sarah Clark, de Gran Bretaña, la misma chica que me había ganado en el Abierto de Estados Unidos. Estaba un paso más cerca de ganar una medalla olímpica. No sería oro pero un bronce podía ser un final bastante impresionante para una chica de diecisiete años. *Te conformarás con eso,* traté de convencerme a mí misma. Después perdí en el siguiente round contra Hong Ok-song, de Corea. No fue una derrota dramática. Ella ni siquiera se tuvo que esforzar. Me ganó por el puntaje mínimo gracias a una sanción que me impusieron por una falta menor. Seguí atacando hasta el final pero se acabó el tiempo: había quedado fuera del torneo.

Cuando sonó el timbre, estaba paralizada. Esperé que la emoción me inundara, que las lágrimas cayeran, que las rodillas me flaquearan. Pero ahí me di cuenta de que no podía sentir el dolor. Había perdido las Olimpíadas, aunque no en ese último combate. Lo había perdido cuando los oficiales le dieron mi triunfo a Claudia Heill. Había peleado dos combates más después de ese, pero nunca regresé. Con todo, terminé novena, la mejor posición que había obtenido el equipo de judo femenino de los Estados Unidos. Pero para mí no fue suficiente.

Después de ser eliminada reuní mis cosas. El gerente de prensa del equipo me condujo de nuevo por el laberinto de pasillos. Pasamos al lado de atletas, entrenadores, camarógrafos, guardias de seguridad, voluntarios vestidos en camisetas polo azul eléctrico, y varios oficiales de las Olimpíadas. Subimos dos tramos de escaleras de cemento. Mientras ascendíamos, nuestros pasos retumbaban en el hueco vacío y tenuemente iluminado de la escalera. Llegamos al segundo entrepiso y un guardia de seguridad abrió la puerta. La luz de la arena me hizo entrecerrar los ojos. Mamá y María estaban del otro lado de la puerta.

Mamá tenía la mirada de verdadera preocupación que solo se reserva para cuando estás realmente enferma. Su compasión me resultaba insoportable. Yo quería que me mostrara desilusión; quería que me demostrara furia. Quería que me dijera que me podría haber esforzado más. Su compasión significaba que creía que había perdido después de darlo todo. Bajé la mirada.

—Lo siento tanto —dije. Y al pronunciar las palabras, caí en la cuenta de lo que había sucedido. Había perdido.

Los sollozos me sacudieron el cuerpo. Caí en los brazos de mamá y lloré como nunca he llorado en mi vida. Mamá me sostuvo con fuerza y hundí la cara en su hombro.

—No tienes que pedir perdón —me dijo, acariciándome el pelo.

—Pero decepcioné a todo el mundo —protesté, ahogándome con los sollozos—. Te decepcioné a ti.

—No me decepcionaste —dijo mamá—. Solo tuviste un mal día.

Como atleta, construyes tu carrera pensando que las Olimpíadas van a ser el punto más alto de toda tu vida. Es cierto que el título de olímpico lo vas a tener para siempre; eres un olímpico incluso cuando mueres. Pero a veces aquellos momentos que otros te decían que serían los más decisivos de tu vida no lo son.

El entrenador olímpico me dijo que debía estar orgullosa de mí misma. Mis compañeros de equipo me felicitaron. Big Jim me dijo que había visto algunas cosas sobre las que tendríamos que trabajar. Superé las expectativas de todos, pero no alcancé las mías. La gente había esperado que participara, pero yo había esperado vencer.

Lo único que quería era marcharme a toda velocidad de Atenas, huir de mi fracaso. Tomé el primer vuelo a casa, una semana antes de que los Juegos terminaran. Había querido irme en el vuelo de mamá, pero todos los aviones que salían de Atenas estaban completamente llenos. En lugar de eso, me tomé sola un avión a los Estados Unidos. Con la mirada fija en el asiento de adelante, repasé una a una todas mis derrotas, analizando cada parte, volviendo sobre las oportunidades perdidas. Cada vez que revivía un combate, volvía a sentir el dolor de la derrota. Había perdido torneos, pero jamás me había sentido tan agobiada. Competir en el escenario más grande del mundo no era suficiente. Si había llegado hasta ahí era por una razón: estaba ahí para ganar.

NADIE TIENE DERECHO A DERROTARTE

Estoy decidida a probar que ninguna ventaja que una persona pueda tener sobre mí puede marcar una diferencia. Cuando empieza un combate, tú y tu oponente comienzan de cero. A partir de ese momento, depende de ti lo que suceda.

Las ventajas de otros no son una excusa para que pierdas; deberían ser una motivación para vencerlos. Solo porque una persona posea todos los recursos para formarse —todos los entrenadores, todos los *scouts*, todas las herramientas para entrenar en el más alto nivel—, solo porque una persona haya ganado las últimas Olimpíadas o te haya ganado la última vez que combatieron o esté llena de esteroides, no significa que empieza la pelea con puntos extra a su favor en el tablero.

El combate está allí para que tú lo ganes.

Mi primer torneo importante después de las Olimpíadas fue el siguiente otoño en Budapest: el Campeonato Mundial Junior de judo de 2004. Entré en el torneo ignorando lo importante que era en realidad. El mundial de categoría junior reúne a las mejores competidoras del mundo menores de veintiún años. Competir en los niveles internacionales junior y senior al mismo tiempo es algo raro; significaba que pasaba de enfrentar a deportistas olímpicos a enfrentar a futuros deportistas olímpicos.

Me tomé dos semanas de descanso tras Atenas, y durante ese lapso me dediqué a lamerme las heridas. Luego un día, mamá entró en mi habitación.

—Ya basta de sentir lástima por ti misma. Levántate, vas a entrenar —dijo—. Quedarte echada diciendo "pobre de mí, perdí las Olimpíadas" no va a cambiar nada. No deberías estar triste por perder, sino enojada.

Tenía razón. Fui a la práctica esa tarde y aniquilé a todo el mundo. Estaba furiosa y sentía vergüenza de mi desempeño en Atenas. Cuando regresé a casa de Big Jim tres semanas después, seguía enojada. Y llevé ese enojo conmigo cuando me dirigí al mundial junior de 2004 dos meses después.

Big Jim jamás habló de las Olimpíadas 2004 conmigo, pero dejó que Lillie McNulty, una amiga que había conocido en un campamento, viniera una semana para entrenar conmigo. Era su manera de reconocer lo difícil que debió ser la derrota para mí.

Para equilibrar los torneos de judo se realiza un sorteo en el cual los competidores son ubicados a ambos lados del tablero, y se los empareja un poco al azar. (La abrumadora cantidad de parejas de luchadoras estadounidenses y japonesas en la primera ronda de las competencias internacionales me hace sospechar respecto de lo "azarosos" que resultan, en realidad, estos sorteos). Algunos caminos a la final de la competencia parecen misteriosamente más fáciles que otros.

Muchas competidoras esperan que les toque alguien fácil. No quieren enfrentar a la número uno en la primera ronda; quieren llegar lo más lejos posible sin tener que hacer el esfuerzo. Esperan que sea otra persona quien le gane a la competidora a la que temen enfrentar. No quieren tener que pasar por las mejores para ser la mejor.

—No estés esperando que te sorteen con alguien fácil —solía decirme mamá—. Tú eres la persona difícil dentro del sorteo. Sé tú la persona a la que las otras chicas esperan no tener que enfrentar.

No hay que fijarse el orden de las parejas esperando que te toque una oponente sencilla para que te sea más fácil ganar. No importa con quién tengas que pelear y en qué orden lo hagas, para ser la mejor del mundo tienes que vencerlas de cualquier manera.

En el mundial junior salí sorteada con las competidoras más difíciles del torneo, pero no importó. Gané los tres primeros combates por ippon el primer día del torneo, y eso me catapultó a la semifinal. Mientras cenábamos esa noche, uno de mis compañeros de equipo dijo que los oficiales de judo de los Estados Unidos estaban buscando desesperados por Budapest una bandera norteamericana y una copia del himno nacional. Se supone que la delegación de cada país debe traer su propia bandera y una copia de su himno para la ceremonia de entrega de premios. Me reí.

—No —dijo—. Lo digo en serio: no tienen bandera.

Habían descontado que todos íbamos a perder, así que a nadie se le ocurrió traer una bandera.

A mí jamás se me cruzó por la cabeza que me iría del torneo sin otra cosa que no fuera una medalla dorada. El judo estadounidense ni siquiera lo había considerado una posibilidad.

Mientras me preparaba para enfrentar a una chica de Rusia, quise hacerle una pregunta a la persona asignada por el judo estadounidense para ser mi coach. No era mi verdadero entrenador. Para competiciones internacionales importantes, la asociación deportiva del deporte asigna un equipo de entrenadores para viajar con los atletas. Por lo general, el staff de entrenadores es puramente simbólico. El éxito no dependerá de lo que te diga una persona que apenas conoces rumbo al tatami. El éxito se origina en todo lo que te lleva a ese momento en que pisas el tatami. Antes de cada uno de mis combates, les pregunté a miembros del equipo estadounidense de entrenadores si alguna oponente era diestra o zurda para poder planear mi primer intercambio. En todas las oportunidades, me respondieron: "No lo sé. No le estaba prestando atención a su último combate, te estaba observando a ti".

Pero esta vez, ni me molesté en preguntar. Me lancé de lleno a precalentar con Lillie.

—Espera —me señaló mi entrenador asignado, luego de observarnos—. ¿Eres zurda?

Me quedé boquiabierta.

—Oye, el único motivo por el que no me podías decir si estas chicas eran diestras o zurdas era porque estabas concentrado mirándome, ¿y ni siquiera sabes si soy zurda?

Me alejé completamente indignada. Del otro lado del tatami, vi al entrenador de mi oponente dándole instrucciones. Vi que se acercaba hacia ella como para demostrarle lo que yo podía llegar a hacer. La miró y dio

unos golpecitos sobre su mano izquierda, indicando que yo era una luchadora zurda. Ella asintió. Toda la furia que había estado guardando dentro
afloró. Las Olimpíadas, la bandera norteamericana, el entrenamiento a
medias. Ya me tenían harta, y esta chica iba a pagar.

Salí al tatami y saludé. Mi falso coach me gritó algo desde su silla,
pero sin siquiera procesé sus palabras y decidí que se trataba de información superflua.

La chica rusa no tuvo ni la más mínima posibilidad de ganar. Anoté
tantos puntos contra ella que debió sentir vergüenza. Salimos del tatami
y el coach estadounidense intentó darme un abrazo. Mantuve los brazos
rígidos a mis lados.

Para ganar la final, demolí a la chica de China. El match entero duró
cuatro segundos (no se trata de una errata: fueron cuatro segundos, es
decir, menos tiempo de lo que demora leer esta oración).

Me transformé en la primera estadounidense de mi generación en ganar un mundial junior. Me paré en el podio y observé la bandera norteamericana izada hasta el techo. Aunque no sabía exactamente por qué, la
bandera tenía un aspecto extraño, como si hubiera sido una bandera falsa,
comprada en una tienda de baratijas, y claramente más pequeña que las
otras banderas. Puede que haya tenido nada más que cuarenta y nueve
estrellas, pero no podría asegurarlo. Estaba demasiado distraída por el
sonido rasposo del himno nacional: sonaba como si alguien lo estuviera
transmitiendo desde el micrófono de un Walkman.

Unos meses después del Mundial junior, volé a España para un campamento de entrenamiento anual en Castelldefels, una ciudad costera
situada justo a las afueras de Barcelona. De todos los campamentos de
entrenamiento a los que asistía, Castelldefels era mi favorito. No solo se
hallaba en un lugar hermoso, sino que era el único campamento de entrenamiento importante que no estaba pegado a un torneo, así que nadie
venía decepcionado por haber perdido o preocupado por dar el peso. Era
una oportunidad para enfrentarse contra las mejores del mundo en tanto
yo buscaba ser considerada una de ellas.

También fue en ese campamento de entrenamiento, y en los campamentos a los que iría después, que vi la enorme disparidad entre los recursos que se les proveía a los atletas de otros lugares del mundo y lo que
recibíamos nosotros como miembros del equipo de judo de los Estados
Unidos. En Castelldefels, el judo estadounidense enviaba un coach, lo cual
excedía lo que normalmente teníamos. Otros equipos tenían una propor-

ción de un entrenador por cada competidor. Veía a los entrenadores de mis competidoras observándolas con atención, tomando notas no solo sobre sus propias atletas, sino sobre las oponentes de sus atletas.

Y no era solo el coaching. Hubiera cambiado a nuestro único coach por un poco de vendaje y hielo. El equipo francés contaba con un fisioterapeuta de dedicación exclusiva, que tenía decenas de rollos de vendajes y una hielera llena. Los alemanes, los españoles y los canadienses también tenían fisioterapeutas. Los estadounidenses no. Miré dentro de mi bolso al único rollo de venda blanca que había traído, ya agotado, y advertí que iba a tener que pedirle a alguien de otro país que me prestara vendaje.

—Mira eso, es tan injusto —se lamentó una de mis compañeras de equipo mientras observaba al fisioterapeuta francés envolviendo los tobillos de sus atletas con precisión profesional.

—Si tuviéramos eso… —Sus palabras se apagaron, pero la implicancia era clara: si tuviéramos eso, seríamos mejores.

Al diablo con eso, pensé. *Pueden quedarse con su vendaje y sus hieleras llenas y sus novecientos entrenadores, de todos modos les voy a patear el trasero.*

Las prácticas de entrenamiento fueron las sesiones de ejercicios más extenuantes que tuve en mi vida. Hacíamos diez rounds o más de *randori* en la mañana. Daba todo de mí en todos los rounds, todos los días. Entre sesiones, me quedaba echada sobre el tatami, sin saber si alguna vez volvería a tener energía para moverme. Luego traían el almuerzo, me volvía hacia un lado y me ponía de pie lentamente para comer.

—Ojalá sea pescado —susurraba. Cuando era *jamón y melón*[2] solo comía pan y queso.

Por la tarde hacíamos otros quince rounds de *randori*. El nivel de competencia era tan alto que en todos lados se veían rounds de práctica con el nivel de una final olímpica. Cuando terminaba el campamento, salíamos todos a un bar a beber sangría y a conversar en un inglés entrecortado, un español mutilado o directamente con gestos.

A medida que transcurría la semana, había una diferencia notable que se iba detectando con cada día que pasaba: el olor era cada vez más fuerte. Al estar alojados en un hotel en donde no había ningún lugar donde lavar los gi después de entrenar de la mañana a la noche, el mal olor corporal se iba haciendo cada vez más insoportable. Todo el mundo olía a sudor y

2   En castellano en el original.

a humedad salvo yo. Yo olía a sudor, a humedad y a Febreze, el desodori-
zante de tejidos que empacaba para todos los campamentos y usaba para
rociar mi gi todas las noches antes de colgar la tiesa chaqueta de algodón
fuera de la ventana para que se secara.

Mi actitud implacable me ganaba el respeto de los demás. Yo era una
persona contra la que otras chicas querían pelear porque sabían que podía
desafiarlas. Aprendí a usar eso a mi favor. Me memoricé todas sus tendencias, todos los movimientos que les funcionaban especialmente bien, todas
las técnicas que empleaban. No tenía un coach que lo hiciera por mí, así
que tuve que hacerlo sola.

Noté que un miembro del equipo de entrenadores británicos usaba
un pequeño anotador en donde apuntaba observaciones y garabateaba
estrategias.

"No necesita escribir esta vez —me daba ganas de decirle—. Cuando
terminemos esta pelea, esa perra se acordará de mí".

La mayoría de los atletas que van a los campamentos de entrenamiento solo tratan de completar la rutina de ejercicios del día. Yo intentaba
dejar una impresión en cada una de las personas de mi categoría. Aproveché cada campamento de entrenamiento no solo para aprender acerca
de mis oponentes, sino para molerlas a golpes. Quería intimidar a mis
adversarias. Quería que todas las demás competidoras de mi categoría se
marcharan pensando: "Maldita sea, esta chica es buena en serio. Hoy me
derribó quince veces". Quería que se acostumbraran a que yo les ganara.

Ellas podían pensar: "Fue solo un campamento de entrenamiento",
pero la próxima vez que me vieran, se acordarían de que yo las había derribado quince veces.

Tal vez no tuviera al alcance las herramientas que tenían mis oponentes, pero sabía crear mis propias ventajas.

JAMÁS GANARÁS UNA PELEA HUYENDO

El judo viene del Bushido, que en japonés significa "el camino del guerrero". El arte marcial del Bushido fue incorporado a las tácticas de guerra de los samurái; era un medio de supervivencia. Para mí, el judo consiste en pelear, y la persona que gana la pelea debe ser el mejor peleador.

Pero hay muchas figuras de élite que no pelean dándolo todo de sí. Simplemente, pelean por puntos. Obtienen una ventaja con un puntaje mínimo, y después intentan, durante el resto de la pelea, hacer de cuenta que están peleando cuando, en realidad, están huyendo. Es como pelear contra un abogado. Para ellos, no se trata de quien tiene o no tiene razón, no se trata de hacer justicia, se trata de encontrar un vacío legal y ganar como sea.

No soporto a los peleadores por puntos. Pelear por puntos es de cobardes. Pelear por puntos es pelear sin honor. Cuando peleas por puntos, no peleas en absoluto. Los peleadores por puntos solo van para competir, incluso si eso significa huir y esconderse durante toda la pelea. Deberías dar el cien por ciento de ti todo el tiempo.

No se trata solo de ganar, se trata de cómo ganas. Y no se trata de ganar prolijamente, sino de ganar con honor. Yo no voy para competir. Yo voy para pelear.

Conocí a Dick el Diminuto en el año 2002, en un campamento en Chicago, pero en ese momento no me causó ninguna impresión. (Conociendo a este tipo, probablemente aún encuentre satisfacción en que lo nombre aquí. De todas maneras, me consuela el hecho de que, para que pueda admitirlo, tendrá que decir: "¿Viste aquel novio traidor que constantemente menospreciaba a Ronda? ¡Ese soy yo! Yo soy Dick el Diminuto). Un año después, algo había cambiado en mí. Había triunfado en el Abierto de Estados Unidos, pero todavía me estaba recuperando de la cirugía de rodilla. El desafío más grande no era el dolor físico sino el bloqueo mental. En algún lugar de la mente, estaba preocupada por volver a lastimarme la rodilla. Mi lesión me había mostrado que no era tan invencible como creía. Antes de lesionarme, era especialista en el *uchi mata* por el lado izquierdo, una técnica que equivale a una proyección del muslo interior, porque se planta la pierna derecha, y luego se barre la pierna izquierda entre las piernas del oponente, subiendo por su muslo interior, y mientras se gira, se lo arroja por encima de la cadera. Se trata de una de las proyecciones más eficaces en judo, y es difícil defenderse contra un *uchi mata* bien hecho. Mamá se dio cuenta de que yo estaba protegiendo la pierna derecha. Había momentos en la práctica en los que no realizaba la proyección. O intentaba hacer una proyección menos efectiva, en la que no tuviera que poner todo mi peso sobre la rodilla derecha. Cuando uno compite, ese tipo de titubeo marca la diferencia entre llegar al podio y ser eliminado. Mamá llamó a Nick, un compañero de sus días de judo que estaba dirigiendo el campamento, y le contó lo que había visto.

—No le voy a decir nada a ella, pero hará mil *uchi matas* en el curso de la semana —le dijo Nick a mamá—. La haremos ejercitar ese movimiento con todo tipo de personas. Grandes, pequeños, viejos, jóvenes, chicos, chicas, cualquiera que entre al club. Y al final verá que, si se tenía que volver a lesionar la rodilla, habría sucedido en esas primeras mil veces.

El primer día me lo tomé con calma, y la rodilla lo resistió. Ya al tercer día, estaba empezando a tomar velocidad, aunque solo fuera para terminar de una vez por todas con las proyecciones. Para el final de la semana, mis proyecciones sonaban como una ametralladora, al golpear a una persona tras otra sobre las colchonetas azules. *Bam. Bam. Bam. Bam. Bam.* Cuando me fui de Chicago, había recuperado mi nivel de confianza.

Estaba acostumbrada a estar rodeada de chicos en judo, pero siempre me veían como a una hermana. Dick no estaba interesado en mí como un hermano. Al principio, no pensé que podía significar algo; apenas un poco de flirteo en el campamento. Después intentó besarme. Me quedé helada.

Desestimó el momento incómodo con una carcajada y nos mantuvimos en contacto.

Dick fue insistente (claro, es más fácil ser perseverante cuando te acuestas con varias personas a la vez), y después de que me fui de Chicago, me enviaba mensajes online y mensajes de texto constantemente. Me sentí halagada.

Dos semanas después de volver de Chicago, mamá y yo íbamos al entrenamiento cuando me dijo:

—Me enteré de que tú y Dick el Diminuto se llevaron bien —aunque su tono era relajado, no me engañaba; esta conversación no tenía nada de relajado.

—Es *cool* —le dije, y me encogí de hombros.

—¿De verdad? Me dijeron que es una basura —repuso mamá.

—Eso no es verdad.

Mamá me dirigió una mirada cargada de escepticismo.

—Por lo que he escuchado, duerme con cualquier cosa que tenga una vagina —dijo—. A pesar de no tener ningún tipo de encanto, parece que consigue más traseros que un asiento de retrete. Supongo que no es tan selectivo.

—Esas son mentiras que inventan las chicas que están celosas de él porque no les presta atención —le di la explicación que me había dado Dick.

Mamá me miró fijo como diciendo: *No puedes ser tan estúpida*.

Me deslicé un poco más abajo en el asiento del acompañante y miré por la ventana. Me pregunté si abrir la puerta y lanzarme a la autopista desde el coche no sería mejor que seguir con esa conversación.

—Ronda, ¿sabes por qué un tipo de veintipico busca a chicas de dieciséis años? Porque son lo suficientemente tontas como para creer en todas sus mentiras. Me gustaría creer que eres más lista que eso. De verdad, es asqueroso.

—Ok, suficiente con el sermón —le dije, exasperada—. Ni que hubiera sucedido algo o vaya a suceder. Cambiemos de tema.

—Más vale que no pase nada —dijo mamá.

Dos semanas después me mudé a la costa Este para entrenar con Big Jim. Había limitado mis comunicaciones con Dick cuando estaba en lo de mamá, pero ahora empezamos a enviarnos mensajes de texto con más frecuencia. Un día, en pleno entrenamiento, simplemente entró al club.

Me quedé con la boca abierta. Sentí un vuelco en el estómago. Una parte de mí quería saltar y bailar de alegría, pero el resto sabía que esto no iba a terminar bien.

Mamá estaba enojada. Y por la forma en que Big Jim trataba a Dick me di cuenta de que no era amigo de *ninguno* de la familia Pedro. Big Jim le tenía muy poca paciencia a las personas que decían que estaban entrenando para ser atletas de élite pero que no hacían el esfuerzo necesario. Dick era una de esas personas. Y si bien Big Jim nunca lo hubiese admitido, se había vuelto muy protector conmigo. Big Jim quería que Dick se marchara de ahí tanto como mamá. Me dejó bien claro que bajo ninguna circunstancia debía acercarme a ese muchacho.

—No hagas nada estúpido —me dijo.

Pero Big Jim no podía tenernos vigilados las veinticuatro horas del día. El fin de semana, mientras estaba trabajando en la estación de bomberos, su hijo más chico, Mikey, decidió hacer una barbacoa.

Mientras Mikey hacía el fuego en la parrilla, Dick encendió uno de los jet skis. Me subí detrás de él y partimos a toda máquina al medio del lago, donde quedamos fuera de la vista de las personas que estaban en la orilla. Bajamos la velocidad hasta frenar y entonces Dick se inclinó hacia mí y me volvió a besar. Me quedé helada, como un ciervo encandilado. Fue un poco raro, pero también era algo emocionante y prohibido.

Dos noches después, cuando Big Jim todavía estaba trabajando, Dick se aseguró de que yo estuviera borracha y me besó de nuevo. No recuerdo mucho más, pero esa vez no me quedé helada. Después se volvió a Chicago, y toda mi atención se centró en los Juegos Olímpicos.

De todas maneras nos mantuvimos en contacto, y nos volvimos a ver en diferentes torneos. Nos creíamos muy listos, pero era un secreto a voces. En febrero de 2005, fuimos a Hamburgo al Mundial Otto de judo, donde ambos competíamos. Perdí en las preliminares. Quedé atrapada en una llave de brazo y no palmeé para rendirme. La chica me dislocó el codo, que se me hinchó del tamaño de un pomelo. Gané la pelea, pero perdí la siguiente en el primer intercambio. Entré en la repesca, donde gané una pelea dura y dolorosa, para después perder la siguiente y quedar eliminada del torneo. Me volví al hotel y Dick el Diminuto, que había quedado eliminado del torneo antes que yo, me acompañó. Sabía que no era una buena idea, pero estaba deprimida por la derrota y por la lesión del brazo, y quería estar acompañada. Estábamos echados en la cama, encima de un edredón blanco, cuando oí que la puerta se abría con una tarjeta de acceso.

—¿Qué mier…? —No tuve tiempo ni de pensar las palabras cuando la puerta se abrió de lleno y Big Jim apareció de pie en la entrada de la habitación.

—¿Qué carajo te pasa? —gritó Big Jim—. ¿No puedes simplemente escuchar, no?

Tenía la mirada enloquecida. Dick saltó de la cama e intentó explicar la situación, pero solo logró un balbuceo.

—Tú cierra la maldita boca —Big Jim le gritó a Dick, aunque sin quitarme los ojos de encima. Dick se calló.

—Ya está —dijo Big Jim—. Terminé contigo. A partir de ahora eres responsabilidad de tu madre.

Se me hizo un nudo en el estómago. Big Jim me miró con asco y desilusión, y luego salió de la habitación.

El torneo había terminado, pero a continuación había un campamento de entrenamiento de élite. Tuve que volver a ver a Big Jim todos los días de la siguiente semana.

—¿Qué carajo es el problema? —me ladraba durante las prácticas. Me estaba costando mantener a mis oponentes a raya cuando venían a imponer un agarre o hacer una proyección a causa de la lesión de mi brazo.

—Me lesioné el codo —le dije.

—Basta —dijo—. No tienes el codo lesionado. Simplemente eres demasiado débil para mantener la distancia con ellos. No eres lo suficientemente fuerte.

No podía decirle nada que le hiciera cambiar de opinión, así que hice lo que siempre hacía cuando Big Jim se enojaba: me mordí la lengua y me esforcé aún más. Soporté el dolor en silencio mientras seguía peleando.

El dolor no era nada comparado a lo que sucedería después. Big Jim le contó todo a mamá. Me pasé todo el vuelo a Los Ángeles paralizada de miedo. Nunca había querido *no ver* a alguien con tantas ganas. Me quedé parada en la acera del aeropuerto de Los Ángeles buscando el auto de mamá y a la vez rezando para que se hubiera olvidado de venir a buscarme. Por primera vez en mi vida, mamá llegó puntual.

—Entra —dijo por la ventana abierta del acompañante. Me preparé para lo peor.

No habíamos dejado el borde de la acera cuando mamá comenzó:

—¿En qué carajo estabas pensando?

Abrí la boca.

—Ni me respondas —me dijo, cortándome en seco—. No quiero ni escuchar lo que puedas decir, porque no hay respuesta que pueda justificar esa falta de respeto tan absoluta, ni hablar de la estupidez.

Su tono de voz se elevó, pero no gritó.

El silencio era la mejor táctica. Me miré las manos, intentando contener las lágrimas.

Dobló a la derecha en el boulevard Sepulveda. Estaba aliviada de ver que había poco tránsito. Lo único que podía empeorar ese momento era que se extendiera por un embotellamiento en Los Ángeles.

—¿El imbécil de Dick el Diminuto? —preguntó mamá incrédula—. ¿Acaso es tan maravilloso? ¿Tanto que estarías dispuesta a arruinar tu relación con tu entrenador e ir en contra de lo que Big Jim y yo te dijimos explícitamente que no hicieras? Por favor. Ese tipo se acostaría con cualquiera. Es un depravado total.

La parte de atrás del cuello me hervía. Sentía que no podía respirar. Bajé la ventanilla, pero el aire fresco no me alivió. Tenía *jetlag*, estaba con hambre, el codo me dolía, y mi entrenador me había echado. Recosté la cabeza hacia atrás sobre el apoyacabezas beige.

—Las cosas van a empezar a cambiar –seguía mamá—. No sabes lo bien que la tenías, chiquita. Tienes dieciocho años, es decir que, técnicamente, eres una adulta, incluso si te comportas como una malcriada. Tienes que comenzar a ser responsable. Las Olimpíadas ya terminaron. Hicimos muchas excepciones y dejamos que te salieras con la tuya, pero ya no más. Durante un año no practicarás judo. Necesitas terminar el secundario, conseguirte un empleo, empezar a pagar el alquiler. Es tiempo de que vivas en el mundo real. Y el mundo real va a ser un verdadero llamado de atención.

Mantuve la mirada fija hacia delante, al parabrisas, deseando estar en cualquier otro lado. Pero no tenía ningún otro lugar adonde ir y no sabía qué iba a hacer. Lo que sí sabía era que si tenía que pagar el alquiler, seguro que no iba a ser para vivir en la casa de mamá.

Nuestra casa estaba a menos de veinte minutos en coche del aeropuerto, y nunca estuve tan contenta de llegar a nuestra calle. Apenas estacionamos, abrí rápidamente la puerta del auto, marché dentro de la casa y subí las escaleras a la habitación que compartía con Julia. Cerré la puerta de un portazo y me tiré encima de la litera de abajo. Una foca me miraba desde el mural marino que había pintado en la pared de nuestro dormitorio.

Me sentí terrible de que me hubieran expulsado de la casa de Big Jim. Me sentí humillada de haber sido descubierta con Dick en mi habitación. Lamentaba haber decepcionado a mamá y a Big Jim. Estaba furiosa con ellos por meterse en mi vida personal y tratarme como una chiquilina que no pudiera tomar sus propias decisiones.

Al mirar hacia los listones de la cucheta que estaba encima, empecé a llorar histéricamente. Había pasado los primeros años de mi vida sin poder comunicarme por un trastorno del lenguaje. Ahora, una década y media después, aunque ya podía hablar, me encontraba haciendo un enorme esfuerzo para expresar lo que quería decir. No sabía cómo hablarle a mamá ni a Big Jim. Sentía que cada vez que lo intentaba me ignoraban. No contaba con la suficiente confianza en mí misma como para defender una posición en una discusión.

Una parte de mí sentía que no iban a respetar mi opinión, pero además no sabía si tenía suficiente experiencia para tomar decisiones por mí misma. No se trataba solo de Dick; él era solo el catalizador de algo que hacía años bullía en mi interior. Mi vida estaba fuera de mi control. La sensación había avanzado lentamente, pero ahora sentía que me abrumaba, como estar parada en una habitación que se llena de agua y descubrir que no tiene puertas.

Necesitaba hacerme cargo de mi vida. Quería probarles que sí sabía un par de cosas y que mamá y los entrenadores deberían escucharme. Pero parecía mucho más fácil mudarme al otro lado del país en el medio de la noche que ir a la sala y tener una conversación real.

Empecé a planear mi "gran" escape. Como papá había muerto, recibía un beneficio de la Seguridad Social. Continuaría recibiéndolo hasta que cumpliera dieciocho años o me graduara de la escuela secundaria, lo que sucediera después. Técnicamente, como estaba tomando clases a distancia, todavía estaba anotada en la secundaria. Había cumplido dieciocho años dos semanas antes, así que ahora los cheques estaban llegando a mi nombre. Entonces fui al banco, abrí mi cuenta e hice que los cheques se depositaran directamente ahí.

Apenas reuní suficiente dinero, me compré un pasaje de avión al norte del estado de Nueva York. Se me ocurrió que podría entrenar en el club de Jim Hrbek mientras me alojaba en casa de mi amiga Lillie y su familia. Hrbek había sido unos de los mejores entrenadores del país desde la época en que mamá había estado compitiendo. Al menos, esperaba que todos estuvieran de acuerdo con recibirme una vez que me apareciera por allá. No podía arriesgar que mamá se enterara del plan, así que solo le conté a Lillie.

El enojo de mamá se apaciguó durante las dos semanas siguientes. Y de pronto una mañana —dos semanas después de haber vuelto y menos de una semana antes de mi fecha de partida— mamá me despertó y me dijo que ya no estaba enojada conmigo.

—Vayamos al Promenade —me propuso.

—Ok —le dije, feliz de no tener que escuchar sus gritos.

Caminamos las seis cuadras hasta la misma zona comercial a la que yo había ido el día que me escapé de la escuela y me rompí el pie. Mamá me sugirió probar Armani Exchange. Ahí, entre los percheros de ropa, se detuvo delante de una chaqueta de cuero blanca.

—Creo que esto te podría gustar —me dijo mamá. Era una chaqueta estupenda—. Pruébala —me insistió.

Me la puse. Me quedaba perfecta. Se sentía increíble.

—Tienes que llevarla —me dijo mamá.

Me fijé en el precio de la etiqueta.

—Por favor, es demasiado —le dije. Mamá me dio un abrazo.

—Te lo mereces—dijo—. Además pasaste tu cumpleaños en lo de Big Jim. Te debíamos un regalo.

Se llevó la chaqueta a la caja, donde el cajero la envolvió en papel tisú y la metió dentro de una bolsa. Los ojos me ardían, el pecho me apretaba, sentía que no iba a poder llevar adelante mis planes. Pero después me volví a acordar de que mamá no me entendía para nada. Yo quería estar a cargo de mi vida, y sobre todo quería demostrárselo a mamá y Big Jim. Sabía que tenía que irme. Pero me hubiese gustado que mamá siguiera enojada conmigo; me hubiese sido más fácil marcharme.

La noche en la que partí esperé a que toda la familia estuviera dormida. Hice las maletas al tiempo que me sobresaltaba con cada sonido. Después me senté en la cama, esperando que pasaran las horas. A las 4:55 de la madrugada, me deslicé fuera de mi habitación y bajé las escaleras. Le dejé una nota a mamá, en la que le explicaba que esto era algo que tenía que hacer y que esperaba que ella entendiera. Después abrí la puerta y me fui.

Afuera el mundo estaba en silencio. El sol todavía no había salido, y el aire estaba fresco y húmedo por la brisa que soplaba del océano a pocas cuadras de casa. Quería sacar mi chaqueta nueva del bolso para ponérmela, pero tenía miedo de detenerme. Me arrojé el bolso azul de las Olimpíadas de 2004 sobre el hombro y levanté mi bolso negro, llevándolo al costado. Me obligué a mirar solo hacia delante, como si echar una mirada atrás pudiera despertar a mamá, y seguí caminando.

Cargué mis bolsos cuatro cuadras y me senté en la parada del autobús, pero el servicio no empezaba hasta más tarde, así que llamé a un taxi, y unos minutos después un taxi amarillo frenó delante de mí. Al dirigirnos al aeropuerto, esperé sentir alivio, la sensación de liberación que estaba tan segura que acompañaría esta huida. Pero no me sentí victoriosa. Me sentí como una cobarde. Me había escapado. Había ganado la pelea, pero había estado compitiendo por puntos, no peleando con honor.

NO DEPENDAS DE LOS DEMÁS PARA TOMAR TUS DECISIONES

Solía tener una compañera de equipo que siempre necesitaba que su entrenador le dijera lo que debía hacer. Ejecutaba la instrucción casi de manera perfecta. El problema era que para ser buena dependía de que la persona que la entrenaba fuera buena, y que también fuera buena la información que recibía.

Mi mamá siempre me enviaba a propósito a los torneos sin un entrenador. Cuando estaba sobre el tatami, tenía que pensar por mí misma. Si había un error en el marcador, no había nadie que lo corrigiera por mí. Si el árbitro tomaba una decisión que me perjudicaba, no había nadie para defenderme. Solo podía mejorar y volver a hacerlo. Si me encontraba en una situación difícil, tenía que resolver el problema y encontrar la solución por mí misma.

Había planeado meticulosamente mi escape de Los Ángeles, pero no había pensado demasiado en lo que vendría después. La familia de Lillie se sorprendió cuando aparecí de repente en la puerta de su casa, pero sus padres dejaron que me quedara. Así que subí a rastras mis dos bolsos a su habitación.

Apenas llegué a Nueva York, comencé a hablar un montón sobre la injusticia de mi situación, sobre lo arbitrarios que eran mamá y Big Jim, sobre lo regimentada que estaba cada parte de mi vida por otra persona —desde lo que comía hasta cómo entrenaba—, sobre el hecho de que a nadie le interesaba saber mi opinión y cómo todos me trataban como una niña. Ya era una persona adulta, tal como lo reconocía el gobierno de los Estados Unidos. Maldición, era una maldita competidora olímpica. Lillie escuchaba. Muchas noches, nos quedábamos hablando hasta tarde, compartiendo una cama. Otras noches, me daba la impresión de que éramos solo dos chiquilinas en una fiesta de pijamas cuando nos quedábamos viendo comedias románticas hasta tarde y riéndonos de bromas que solo nosotros entendíamos.

Lillie iba a Siena College, y yo la acompañaba al campus los días que iba a clase. Me compré una sudadera en la biblioteca y la llevaba para ir al gimnasio, donde me dejaban entrar suponiendo que era una estudiante. Mientras Lillie estaba en clase, yo entrenaba. Me subía a la cinta elíptica y, al ejercitarme, trataba de entender en qué momento se había ido todo a la mierda, por qué me había escapado de casa, si regresaría algún día, cómo podría probarle a todo el mundo que no me había ido por Dick. También me preguntaba lo que nos deparaba el futuro a él y a mí, cuál era el siguiente paso que debía tomar... No tenía ninguna de las respuestas.

El tercer jueves desde mi llegada, Lillie y yo íbamos al entrenamiento cuando Marina Shafir me llamó y me dijo que no iba a llegar. Marina era una de las mejores chicas de su división y, junto con Lillie, una de las pocas que realmente me agradaban en el ámbito del judo. Era una de las pocas competidoras de élite que no estaban interesadas en el aspecto político del deporte. Estábamos a medio camino del club cuando Nina, otra chica del club, llamó y dijo que no iba a poder llegar.

—No va a ser un entrenamiento demasiado arduo si prácticamente no hay nadie —dijo Lillie.

—Maldición. No vayamos a entrenar.

—Entonces, ¿qué quieres hacer? —preguntó Lillie.

Fuera de la ventana vi el letrero familiar naranja y rosado.

—Vamos a Dunkin' Donuts —dije.

Las ruedas chirriaron, Lillie hizo una curva cerrada para doblar a la derecha y aparcamos en un estacionamiento desierto.

—Me gustaría cuatro docenas de Munchkins —le dije al empleado.

—¿De cuáles? —preguntó, señalando los canastos de alambre que tenía detrás.

Hice una pausa. Sentía que estaba tomando una decisión muy importante.

—No importa, solo dame de todas las variedades —dije.

—¿Algo más?

Miré a Lillie. Se encogió de hombros.

—Y dos leches chocolatadas —dije, tomándolas de la vitrina refrigerada junto al mostrador.

Pasó todo por la caja y luego me entregó dos cajas de cartón con manijas que contenían mis cuarenta y ocho donas o más. Lillie y yo nos sentamos en una de las mesas, y cada una abrió su caja.

Me metí una dona en la boca. Era blanda y deliciosa. Me reí a carcajadas. Lillie me miró con curiosidad, como si no hubiera entendido la broma.

Pero estando allí, sentada en un Dunkin' Donuts mientras el empleado del mostrador trapeaba el suelo alrededor de nosotros, encontré la libertad que había estado buscando. Por primera vez en mucho tiempo sentí que tenía el control de mi vida.

Sentí una oleada de motivación, seguramente debido a la carga de azúcar de veinticinco donas que me recorría el torrente sanguíneo. *Me encanta el judo. Y quiero hacer judo porque me encanta. Quiero hacerlo por mí.* Una sensación de certeza se apoderó de mí. Era un sentimiento que no había tenido en mucho tiempo. Al día siguiente fui a practicar porque quería hacerlo. Me entrené más duro de lo que lo venía haciendo en mucho tiempo.

No solo tenía ganas de entrenar, sino que quería entrenar lo más posible. Además de Hrbek's, uno de los mejores clubes de la zona estaba a cargo de Jason Morris. Jason había ganado la medalla de plata en las Olimpíadas de 1992. Era un miembro del equipo de entrenadores del equipo nacional de los Estados Unidos. Abrió su propio "club", donde competidores olímpicos aspirantes iban a vivir y entrenar. O, al menos, eso es lo que les decía a los padres.

El dojo era en realidad el sótano de su casa, donde había arrojado un tatami. Había tan poco espacio que, cuando todo el mundo estaba sobre el tatami, te chocabas constantemente con otras personas y tenías que cuidar que no te arrojaran contra una de las paredes. Aun así, el nivel de entrenamiento era decente y practicaban todos los días.

Jim Hrbek había sido el coach de Jason, y lo había ayudado a crecer y triunfar. Luego la relación entre ellos se vino abajo.

Un día, después del entrenamiento, Jim me llamó a un lado:

—Sé que estás entrenando en el gimnasio de Jason —dijo—. Esa es tu decisión. Pero si entrenas allá, no puedes entrenar acá.

Era un ultimátum. Y a mí no me iban los ultimátum.

—Como quieras —dije, sin agregar gran cosa. Pero lo único que se me cruzó por la cabeza fue: *Voy a entrenar en donde mierda quiera hacerlo.*

Terminé la práctica.

Le conté a Jason lo que me había contado Jim.

—Yo no te voy a decir dónde entrenar —dijo Jason.

Dos días después, estaba entrenando en el gimnasio de Jason cuando pasó Lillie. Me miró incómoda.

—¿Qué pasó? —le pregunté.

Lillie bajó la mirada a su calzado Converse.

—Es solo el asunto de Jim y Jason y todo eso. Hace mucho tiempo que venimos entrenando con Jim —parecía que estuviera pidiéndome perdón.

—Tengo tus cosas en el coche —me dijo.

—¿Me estás echando de tu casa? —pregunté.

—En realidad, no sabíamos cuánto tiempo te ibas a quedar, y mamá… —la voz se le fue apagando.

—Entiendo —dije.

Saqué mis cosas de su coche y las dejé en el club de Jason. Eché una mirada alrededor. No tenía ningún otro lugar adonde ir ni tenía idea de lo que iba a hacer.

LAS PERSONAS QUE TE RODEAN CONTROLAN TU REALIDAD

Cuando tú y todos los que te rodean están metidos en una pequeña comunidad, es fácil confundirse y creer que ahí acaba el mundo. Pero una vez que logras escapar de la comunidad, adviertes que a nadie que está fuera de tu minúsculo círculo le importa un carajo todas aquellas estupideces que eran el centro de tu pequeño mundo. Cuando lo entiendes, descubres que allá afuera hay un mundo mucho más grande y mejor.

Después que Lillie se alejó en su coche, arrastré mis bolsos a casa de Jason.

Se trataba de una casa de tres niveles. Jason y su esposa vivían en el tercer piso. Había un par de dormitorios en el segundo piso, con dos o tres atletas alojados en cada uno de ellos, y luego dos o tres personas más dormían en la sala de estar. La sala de judo estaba en el sótano.

Como el miembro más nuevo de la casa, me asignaron la sala de estar; dormía en un futón sobre el suelo.

Jason promocionaba su club como un centro de entrenamiento de élite. Para entrar había que tener un potencial elevado (opcional) y padres con bolsillos holgados (obligatorio). Mis compañeros de vivienda eran un grupo de buenos atletas, aunque no llegaran a la talla de élite, que querían ser aceptados en el equipo olímpico, pero no con las mismas ganas con que deseaban salir, beber y pasarla bien. En mi opinión, eran una manga de aprovechadores. Aunque, por otra parte, era como si todo el mundo estuviera aprovechándose de alguien. Jason y yo nos estábamos aprovechando mutuamente —como yo estaba ganando a nivel internacional, mi afiliación con su club le daba prestigio y, a cambio, yo tenía un lugar para vivir y entrenar.

Tampoco era que me saliera gratis. Recibía un pequeño estipendio del Club Atlético de Nueva York, del cual era socia apadrinada, y un estipendio aún menor de la organización USA Judo.

Todo el correo pasaba primero por Jason. Tenía un abrecartas largo de plata con el que abría todas las cartas dirigidas a todos los residentes de la casa.

—Lo hago para que los sobres entren planos en el recipiente del reciclado —explicaba Jason—. Si rompen los sobres para abrirlos, entonces no se apilan de forma compacta.

Por la mañana los atletas que vivían en la casa salían corriendo a toda velocidad para buscar el correo, tratando de llegar antes a sus propias cartas. Pero a menudo Jason nos ganaba. Cualquier cheque que entraba para mí, lo tomaba como pago por el alojamiento y otros gastos. Jason interceptó y depositó absolutamente todos los cheques de USA Judo y del Club Atlético de Nueva York durante todo el tiempo que estuve allí. Yo ni siquiera sabía lo que entraba o cuáles eran los gastos. Solo podía confiar en su palabra.

Pero lo peor es que no sentía que estuviera mejorando en casa de Jason. Él quería que todos los luchadores combatieran exactamente igual a él: esa era su estrategia de entrenamiento. Hacía un judo rígido y de pie, con poco trabajo de suelo y un énfasis en la sincronización por encima de la fuerza. Yo me destacaba en el trabajo de suelo y usaba mi fuerza como una ventaja sobre el tatami. Trataba de encontrar un equilibrio entre nuestros dos estilos, pero el de Jason no encajaba con mi tipo de cuerpo ni con mi personalidad. Directamente no tenía nada que ver conmigo.

Cuando vivía con Big Jim, cualquier comentario mío era desestimado. En casa de Jason, no solo desestimaban mis comentarios, sino que los ridiculizaban. Me trataban como si fuera una estúpida de mierda.

—¿Qué haces? —me gritó Jason un día durante una práctica.

Dejé de hacer lo que estaba haciendo, un *o-goshi*, que es una proyección relativamente básica de cadera y que, como luchadora zurda, me
funcionaba bastante bien cuando me enfrentaba con oponentes que eran
diestras.

—El *o-goshi* —dije.

—Ooooh, el *o-goshi* —dijo con condescendencia. Adoptó una voz
cantarina y aguda con una sonrisa malévola en el rostro y comenzó a sacudir las manos en el aire—. Vuelve a hacer el *o-goshi*. Vuelve a hacerlo.
Haz *o-goshis* todo el día.

Los otros luchadores se rieron.

Al diablo con todos, pensé. Y me pasé el resto del día haciendo las
proyecciones.

En casa de Jason, rara vez estaba sola, pero sentía una increíble soledad. No había hablado con mamá desde. que me marché de casa tres
meses antes. Dick el Diminuto y yo seguíamos juntos, pero él estaba a mil
seiscientos kilómetros, en Chicago. Tenía a Lillie, pero las cosas se habían
vuelto un poco tensas después que su familia me echó de la casa. Una de
las chicas del club de Jason, Bee, había sido muy cariñosa conmigo desde
mi llegada, pero no era Lillie.

Mi relación con mis compañeros de la casa era cordial, pero no cálida.
En realidad, nunca llegué a encajar del todo. Era más chica que todos y
mejor atleta, además de más dedicada, y mi éxito ponía de manifiesto sus
defectos. Pero la lista de clubes en los que no era bienvenida crecía rápidamente: los Pedro, Hrbek's, mi casa. Así que no me quedaba otro remedio
que seguir en casa de Jason.

Aquel mes de mayo, Dick se mudó de Chicago a Nueva York para
entrenar en el club de Jason. Yo estaba en el gimnasio de una escuela secundaria vecina donde estábamos instalando tatamis para la Copa Morris,
un torneo anual al que Jason había bautizado con su propio nombre. De
pronto, vi entrar a Dick. Me sobrevino una ola de alivio. Una enorme
sonrisa se dibujó en mi rostro, y sentí que me ruborizaba.

Dick compartió el futón de la sala conmigo. Se instaló rápidamente
en casa de Jason, y se convirtió en el puente entre el resto de los atletas de
la casa y yo.

Un mes después de que llegara Dick, fui a Planned Parenthood para
proveerme de anticonceptivos. Algunos días más tarde sonó mi teléfono.

—Los resultados de tu test tienen algunas anomalías —dijo la enfermera.

Sentí que la cara me ardía.

—¿Me está diciendo que tengo una enfermedad venérea? —pregunté. Apenas conseguí que me salieran las palabras de la boca.

—Podrían ser varias cosas.

—¿Como una enfermedad venérea?

—Necesitamos que regreses al consultorio para un examen de control.

—Claro —dije. La mano me temblaba mientras anotaba la hora y el día de mi próximo turno.

Después de colgar el teléfono, entré hecha una furia en la otra habitación. Dick estaba sentado en el sofá.

—¿A quién has estado follando? —grité.

Su cara de pánico confirmó el peor de mis temores. La ira me recorrió el cuerpo. Todos mis músculos se tensaron.

—Eh... eh... eh —tartamudeó.

—Pregunté a quién has estado follando.

—Fue cosa de una sola vez. Lo siento tanto. No significó nada. Fue hace meses. Desde que estoy acá, no ha pasado nada. Lo siento tanto. —Respiraba tan agitado que estaba a punto de ahogarse.

—¿A quién has estado follando? —Mi voz era un témpano de hielo.

—Lo siento, de veras. Perdón. Oh, cielos. Me quiero matar. Te amo tanto.

No estaba de humor para tener que volver a repetir la pregunta.

—¿Quién? —mi voz era apenas un susurro.

—Bee —dijo.

Sentí que se me resecaba la boca. El rostro me ardía. La furia se mezcló con la vergüenza.

—Todo el mundo lo sabe, ¿no es cierto? —pregunté.

Asintió.

Me tuve que ir de la habitación. Me quedé parada en el patio. Lo último que quería era volver a entrar en esa casa, pero no tenía otro lugar adonde ir. Había quemado todas las naves y estaba atrapada en una isla.

Durante días, Dick me rogó que lo perdonara. Sentí que no tenía opción; sentí que era todo lo que tenía. Al poco tiempo estábamos compartiendo el futón una vez más como si nada hubiera pasado. Pero jamás volvió a ser igual. Esta vez yo sabía que no valía nada, y sabía que me estaba mintiendo a mí misma.

Una semana más tarde, después de mi consulta de control, llamé para me dieran los resultados del test.

—Al final no era nada —dijo la enfermera—. Algunas veces estos test vuelven con irregularidades, y luego los repetimos y salen bien.

Respiré aliviada. Me había salvado por un pelo, pero mi vida estaba lejos de estar encarrilada.

El único respiro de la vida en casa de Jason era cuando me iba a los torneos y campamentos de entrenamiento. Gané el Campeonato Nacional de los Estados Unidos, el Campeonato Panamericano, el Rendez-Vous y el Abierto de los Estados Unidos, pero ganar no me estaba haciendo feliz. El peor momento fue cuando perdí el Campeonato Mundial de judo en El Cairo, Egipto, en 2005, contra una chica israelí que no tenía por qué haberme ganado.

Para peor de males, vivía luchando por dar el peso. Me estaba haciendo un lugar como una de las mejores luchadoras del mundo de mi división, pero había crecido cinco centímetros desde mi debut en la categoría senior a los dieciséis años, y cada vez era más difícil bajar hasta los sesenta y tres kilos. Hasta que una noche, mientras estaba acostada junto a Dick, y un tercer residente de la casa se hallaba recostado sobre el otro sofá, con la pierna colgando por encima del brazo del sillón, lo entendí finalmente. Estaba saliendo con un tipo que me engañaba en una casa llena de personas que lo sabían y no decían nada; me estaba entrenando con un coach que no soportaba y que se estaba quedando con mi dinero; me estaba muriendo de hambre, y no estaba mejorando.

—¿Qué diablos estoy haciendo acá? —me pregunté en voz alta.

Al día siguiente llamé a mamá.

—¿Hola? —Sentí ganas de llorar al oír el sonido familiar de la voz de mamá. En los ocho meses transcurridos hubo tantas veces que quise hablar con ella.

—Hola, mamá —dije como si nada—. Tanto tiempo.

—No me cabe duda de que has estado ocupada —dijo mamá.

A través de su red de informantes y chismosos del mundillo del judo, mamá había estado siguiendo mis movimientos desde el día en que me fui de casa. Se había enterado de las infidelidades de Dick; no me la iba a hacer fácil.

—Estaba pensando en las vacaciones —dije—. El Abierto de Ontario es el día después de Acción de Gracias, pero tal vez pueda ir a casa después.

—Siempre serás bienvenida en casa —dijo mamá. No estaba segura de si lo decía de verdad. Aun así, sentí una oleada de alivio. No me di cuenta de cuánto echaba de menos mi casa.

Unas semanas después, gané el Abierto de Ontario y me tomé un vuelo de regreso a Los Ángeles. Mamá me fue a buscar al aeropuerto. Había esperado que estuviera feliz de verme, pero en cambio tenía el ceño fruncido en señal de desaprobación.

—Gracias por venir a recogerme —dije.

—Claro. María tenía que tomarse el vuelo nocturno por el trabajo. Jennifer se tomará el avión de regreso a San Francisco para volver a la universidad, así que me toca hacer el viaje de nuevo —dijo.

—Afortunadamente, el tráfico no parece estar demasiado complicado —dije, tratando de hablar de cosas triviales.

—Pues el tráfico es considerablemente peor que cuando te escabulles de la casa en el medio de la noche, abandonas a tu familia y te vas al aeropuerto. Pero es cierto, no está tan pesado.

—Oye, me siento fatal respecto de eso, pero fue algo que sencillamente tenía que hacer.

—Oh, vaya, eso me deja más tranquila —dijo mamá con sarcasmo—. ¿Sabes lo horrible que fue despertarme y darme cuenta de que te habías ido? ¿Que nos habías dejado a todos? A mí, a tus hermanas, a tu gata.

—Beijing nunca me quiso, de todos modos —dije medio en broma.

—Tal vez supiera que estabas planeando abandonarla —dijo mamá sin vacilar.

En casa tomé mis dos bolsos y los llevé a rastras hasta la puerta de entrada.

—Estoy de vuelta —dije alegremente mientras abría la puerta de par en par.

Silencio.

Estaba esperando que mi hermanita Julia estuviera en casa. Me imaginaba que todo el resto estaría enojado conmigo, pero que Julia, que solo tenía siete años, estaría contenta de verme de regreso.

Jennifer estaba empacando su bolso en la sala. Se detuvo y me miró furiosa.

—Estás usando mi camisa, quítatela —dijo con frialdad.

—Qué gusto me da verte a mí también —dije con una carcajada forzada.

—Quítate mi camisa —repitió Jennifer.

—Cielos, Jen, ¿por qué tienes que ser tan antipática?

—Bueno, ¡por lo menos no tengo verrugas genitales! —dijo Jennifer. Los resultados adversos de mi test habían llegado a mi dirección permanente, y Jen había sacado sus propias conclusiones. Me dirigió una mirada de suficiencia, y algo dentro de mí explotó.

—¡No tengo verrugas genitales! —chillé.

Jennifer corrió en la única dirección en la que podía hacerlo, terminando en un callejón sin salida, en la cocina. Corrí tras ella. Jennifer gritó. Mamá, que estaba dos pasos más atrás que yo, al pasar por la puerta me aplicó una estrangulación desde atrás, dándole suficiente lugar a Jennifer para huir de la cocina. Arrojé a mamá por encima del hombro y fui tras mi hermana. La señora que limpiaba en casa desde hace años, Lucía, una mejicana menuda, entró con la ropa planchada. Soltó el canasto y me impidió seguir tras Jen. Mamá me alcanzó e intentó sujetarme mientras Jennifer corría escaleras arriba y se encerraba en el baño. Mamá me tomó el hombro con fuerza y me sacudió.

—¿Qué mierda te pasa?

—¿A mí? Ella es la que empezó —protesté—. ¿Sabes lo que me dijo?

—¿Y qué vas a hacer? ¿Molerla a golpes? No puedes atacar a las personas solo porque no te gusta lo que te dicen. —Mamá estaba furiosa—. Si fuera así, todo el mundo estaría dándose puñetazos en la cara todo el tiempo.

Lucía, que parecía en estado de shock, levantó el canasto de la ropa.

—Lo siento, Lucía —dije pasando al lado de ella.

Me miró, luego a mamá, luego me miró de nuevo como para confirmar que la pelea había acabado.

Más tarde mamá le relató lo que había sucedido aquella tarde a Dennis. Jamás lo había visto tan enojado.

—Tienes una suerte enorme de que Julia no haya estado acá para ver eso. Si vuelve a suceder, no puedes vivir acá.

Tienes razón, pensé. *No hay manera de que pueda vivir acá.*

Esa noche le mensajeé a Dick en Chicago.

—Ven acá —me respondió en seguida.

—Tal vez —respondí, aunque ya había decidido lo que iba a hacer.

Para Navidad nuestra familia se iba a St. Louis a visitar parientes. Dos semanas antes del viaje, le dije a mamá que de St. Louis volaría directo a Chicago.

Mamá estuvo con el ceño fruncido en señal de desaprobación hasta el momento en que me fui a Chicago. Pero esta vez viví la partida de un modo diferente. Por lo menos, había reunido el coraje de decirle a mamá que me marchaba aunque supiera que ella no quería saber nada con ello.

Me mudé a casa de los padres de Dick. (Ya sé, otra señal de alerta bastante evidente que no vi: cualquier tipo de más de veinticinco años que vive con su novia adolescente en el sótano de la casa de sus padres no es la clase de chico con el que quieres salir).

Sus padres me dieron la bienvenida con los brazos abiertos. Su mamá era peluquera y me llevaba al salón de belleza donde me peinaba. También me maquillaba y me vestía. Siempre estaba haciendo bromas pesadas y tenía un sentido del humor chabacano que resultaba muy divertido. No había un solo día en que no intentara sorprenderme bajándome los pantalones por detrás.

Su papá era igual de cálido y cariñoso, aun sufriendo un cáncer terminal.

—Seguro, yo te enseñaré a manejar —dijo. (Me lo tomé como "probablemente me esté muriendo de todos modos, así que no le tengo miedo a la muerte"). Me hacía llevarlo en el auto escuchando los Beach Boys por la radio. Incluso cuando casi choqué el auto contra otro que venía de frente o me equivocaba y doblaba en una calle de contramano, él no perdía la serenidad ni la tranquilidad. Me presentaba a todo el mundo como su futura nuera.

Estábamos por cumplir dos años de relación cuando comencé a advertir cosas sobre Dick de las que no me había dado cuenta antes. Por primera vez pude ver lo estúpido que era. Recuerdo pensar: *Soy una adolescente y tú tienes veintitantos años, pero, vaya, soy mucho más inteligente que tú*. No importa cuántas veces le explicara que había una diferencia entre *woman* (singular) y *women* (plural), no lo entendía y empleaba las dos palabras de manera indistinta. Me volvía loca. Luego advertí que no tenía bromas originales. Todo el tiempo citaba las películas, y repetía las mismas líneas una y otra vez. Tenía una *playlist* fija de historias que contaba, y las sacaba a relucir al segundo en que aparecía alguien que no las hubiera escuchado. Todo lo que decía me ponía los nervios de punta y no soportaba estar con él.

Entonces advertí algo nuevo: su veta cruel.

—Cielos, esa chica es hermosa —decía mientras estábamos mirando una película o, peor, cuando salíamos—. Mira su cuerpo —decía mientras pasaba una mujer hermosa al lado nuestro. Al principio no era una comparación directa, pero al poco tiempo comenzó a decirme que sus cuerpos eran mejores que el mío. Luego que eran más delgados. Luego que yo era gorda.

Me pellizcaba un trozo de piel de los costados y decía: "Vaya, realmente te estás poniendo gorda", y luego sonreía, fingiendo que se trataba de una broma inofensiva.

Yo ya me encontraba luchando para dar con el peso. Ahora Dick se aprovechaba de mis inseguridades. Jamás me había sentido linda. Tenía orejas deformes; sufría de tiña, una infección micótica asquerosa pero frecuente en la lucha libre y el judo (por algún motivo mi piel era particularmente sensible a padecerla); era gruesa y corpulenta, aunque fuera puro músculo. Había pasado de ser burlada en la escuela secundaria por tener bíceps que eran "demasiado grandes" a tener un novio que me decía que yo era "alrededor de un seis". Yo quería ser tan diminuta como esas chicas que sonreían desde las tapas de las revistas que abundaban en los kioscos del aeropuerto.

Pero lo que más me sulfuraba era lo hipócrita que era. A veces salíamos con personas con las que parecía estar pasándola muy bien, pero al minuto que se alejaban los criticaba. Llegó un punto en que no podía mirarlo sin pensar, *Cielos, eres un maldito imbécil.* Cuando comenzamos a salir, me había sentido especial; ahora solo me sentía estúpida. Había estado saliendo dos años con un cretino total, y seguía con él.

Hallé solaz en competir. Me entrenaba con intensidad, decidida a salir más aguerrida, más fuerte y más concentrada que nunca. Fue entonces que comencé a subirme al tatami con una seguridad que jamás había tenido.

En abril de 2006 gané la Copa del Mundo, en Birmingham, Inglaterra, la primera copa mundial que una estadounidense ganaba en nueve años. Regresé a los Estados Unidos y tres semanas después gané el Campeonato Nacional Senior en Houston. En mayo gané la medalla de plata en el Campeonato Panamericano de judo, en la Argentina.

En julio Dick y yo volamos a Florida para una serie de torneos, incluido el Abierto de Estados Unidos en categoría junior, en Fort Lauderdale, y el Campeonato del Mundo Junior en Miami. Ya hacía un tiempo que sabía que quería romper con él, pero no sabía cómo. Entonces en Florida se me presentó la oportunidad.

Dick y yo nos estábamos alojando en el hotel anfitrión del torneo, al igual que Marina, a quien había conocido en el club de Jim Hrbek y de quien me hice muy amiga luego de competir juntas en el mismo equipo en un torneo, en Bélgica, a comienzos de aquella primavera.

Después del primer torneo, un amigo y yo salimos a caminar por la playa, y mientras caminábamos lo entendí finalmente. *Creo que este tipo me gusta. Me encantaría salir con él. Solo me tengo que librar del idiota de Dick.* Fue toda la ayuda que hizo falta.

Le envié un mensaje a Marina, que también pertenecía al club anti-Dick (¿quién no?), y luego subí a la habitación que compartía con él. Tenía todas mis cosas desparramadas por todos lados. Las metí en mis bolsos y me mudé a la habitación de Marina.

Dick había salido, así que le envié un mensaje de texto: "Cuando regreses, tenemos que hablar".

"¿Estás rompiendo conmigo?" —me mensajeó a su vez.

"Lo hablaremos cuando vuelvas" —respondí.

"Estás rompiendo conmigo, ¿no es cierto?"

Le envié un último mensaje: "Sí".

Después me acosté en la cama de la habitación de Marina e ignoré las decenas de mensajes de mi ahora exnovio, hasta que los mensajes de desesperación y palabras de arrepentimiento fueron demasiado.

—Tengo que enfrentar la situación —le dije a Marina, exasperada.

Nuestro hotel tenía una forma circular, con un hueco en el medio, así que si estabas en el medio del círculo podías levantar la vista y ver las habitaciones con balcones que lo rodeaban.

—Por favor, no hagas esto —rogó Dick—. No puedes romper conmigo. No puedo estar sin ti. La sola idea me hace no querer vivir más.

Puse los ojos en blanco. Él lloró aún más fuerte.

—Te lo digo en serio —dijo—. Me arrojaré del balcón. Me mataré.

Perdí el control.

—¡Vete a la mierda! —grité—. No hagas ninguna maldita broma sobre el suicidio. No se te está desintegrando la columna ni te estás muriendo. ¿Acaso te estás quedando cuadripléjico? No, solo te estás volviendo un cobarde.

Lloró aún más fuerte. Ni siquiera podía soportar estar en la misma habitación que él. Me fui.

Se dirigió al bar y se quedó allí el resto de la estada.

Ahora, cada vez que tomo una mala decisión, mamá simplemente me recuerda: "Oye, de todas las malas decisiones que tomaste o que pudiste haber tomado en tu vida, por lo menos no te casaste con Dick el Diminuto". Y eso pone las cosas en perspectiva.

EL FINAL DE UN MOVIMIENTO FALLIDO ES SIEMPRE EL COMIENZO DEL SIGUIENTE

Cuando tenía dieciséis años tuve una revelación acerca de mi trabajo en el tatami. Hasta entonces, había estado memorizando distintos movimientos. Solía pensar: "Muy bien, la persona está aquí, intentaré esto" o "la persona se mueve de esta manera, probaré aquello". Todos los movimientos estaban separados en mi cabeza.

Hasta que un día cuando me lancé a hacer una llave de brazo, mi oponente cambió de lugar y me fue imposible ejecutar el movimiento. Me vi acorralada. Entonces me di cuenta de que, al verse obligada a defenderse de mi ataque, mi oponente me había posicionado perfectamente como para aplicarle otra llave de brazo diferente. Fue como haber aterrizado en medio de otra técnica. Solo tuve que seguir ejecutando el movimiento a partir del anterior. Lo llamé el Juji Squish Roll.

Esa fue la primera vez que uní dos técnicas diferentes en el suelo, y luego me di cuenta de que podía hacer eso con todo. Desde ese momento, empezaría a buscar, constantemente, formas de conectar movimientos a primera vista inconexos. En lugar de frustrarme por lo que muchas personas consideraban un fracaso, lo aproveché como una oportunidad para crear algo nuevo.

Deshacerme de aquel hijo de puta fue una de las mejores decisiones de mi vida, pero de pronto no tenía ningún lugar adonde ir.

Cuando estaba en Miami me topé con Corey Paquette, que competía para Canadá y a quien conocía de varios campamentos de pelea, y le mencioné que estaba sin casa. Él me dijo que estaba buscando un compañero de apartamento para dividir el costo de alquilar un dormitorio en Montreal. Corey se volvió para su casa mientras yo me quedé para el siguiente torneo. Unos días más tarde le mandé un mensaje por Facebook.

—¿Sigue en pie la oferta?

Para cuando llegué a Montreal ya tenía una cama preparada para mí.

Mi parte del alquiler eran doscientos dólares canadienses por mes. Era importante que fuera accesible. Ya había superado la edad para seguir recibiendo pagos de la Seguridad Social y dependía de los fondos de USA Judo. La organización le aseguraba tres mil dólares al mes a cualquier atleta que hubiera ganado un torneo de nivel A. La trampa era que por años nadie lo había hecho. De pronto aparecí yo, y USA Judo tuvo que empezar a pagar. Pero los cheques siempre llegaban tarde, y tenía que llamar varias veces para averiguar cuándo llegaría el dinero. En la primavera de 2006, llamé y me atendió la recepcionista.

—Nos quedamos sin dinero para el programa —me dijo.

—¿Se les acabó? —No podía creer lo que escuchaba.

—Nunca imaginamos que alguien alcanzaría el puesto más alto del ranking —dijo.

Al diablo con USA Judo, al diablo con todos estos entrenadores estadounidenses, al diablo con Dick, pensé. *Me iré a Canadá, manejaré mis asuntos por mi cuenta y competiré mejor que nunca.*

Había ahorrado una buena cantidad de dinero, pero no lo suficiente como para vivir de eso por mucho tiempo. El dólar de los Estados Unidos se estiraba más en Canadá. En mi primera mañana en Montreal encontré el único gimnasio relativamente cerca de nosotros con un sauna, lo cual era esencial para bajar de peso. Así y todo tenía que tomarme un ómnibus y un tren para llegar. Corey se despertaba por la mañana e iba a clase, en tanto yo me levantaba y me dirigía al gimnasio. Me ejercitaba en la máquina elíptica, levantaba pesas y después me tomaba un sauna. Después de mi rutina, me duchaba y caminaba al Subway más cercano. Me pedía un sándwich vegetariano Veggie Delight de quince centímetros, una Coca Light y una galleta con chispas de chocolate. Era lo único dulce que me permitía en todo el día. Fuera del almuerzo de Subway, mi dieta consistía en cereales de salvado con leche, Nesquik, pan de trigo con Nutella y manteca de maní, y pan de pita con humus.

A última hora de la tarde, Corey y yo nos tomábamos el tren juntos al Shidokan. El Shidokan era la versión canadiense del Centro de Entrenamiento Olímpico, con la excepción de que, a diferencia de su equivalente en los Estados Unidos, allí realmente entrenaban los mejores judocas de Canadá. Yo ya había estado allí varias veces en campamentos. Si bien me habían abierto sus puertas, y los que asistían eran los típicos canadienses cordiales, ninguno de los entrenadores podía enseñarme nada porque yo estaba en el equipo nacional rival. No solo era "la americana", sino que era la que siempre vencía a las chicas en los torneos —y sus chicas, tanto las que pesaban sesenta y tres kilos como las de setenta kilos, eran realmente buenas. En ese sentido, tenerme allí todos los días, poder entrenar conmigo y estudiar mis técnicas les resultó beneficioso. Por mi parte, entrenar con chicas de buen nivel me mantuvo trabajando duro y con espíritu competitivo.

Los entrenamientos en el Shidokan eran más rigurosos que cualquier entrenamiento que hubiera hecho en los Estados Unidos. Solían hacer un día de Golden Score, en los que se practicaba durante dos horas sin parar hasta que alguien te venciera. La derrotada salía mientras que la otra persona continuaba. Yo solía quedar allí una hora; nadie podía vencerme.

Buscaba compensar el hecho de no tener entrenador haciendo trabajo extra. Yo misma pensaba en lo que necesitaba hacer; no dependía de que otra persona me diera órdenes. Me preguntaba a mí misma: ¿Qué puedo hacer para mejorar ahora? Jamás había tenido que hacer este tipo de reflexión al entrenar.

Después del entrenamiento, cuando todo el resto se duchaba y se vestía, Mike Popiel y yo nos pasábamos horas inventando cosas sobre el tatami. Probábamos movimientos que nadie había empleado jamás en una competencia y que ningún entrenador aprobaría. Muchos de los movimientos eran completamente impracticables, pero a veces descubríamos algo brillante, y algunas de esas técnicas realmente podían ser usadas en una competencia. Todos se volvían a sus casa y nosotros nos quedábamos probando: "¿Y qué tal esto? ¿Y qué tal aquello?".

Al final de la noche, Corey y yo nos tomábamos el tren a nuestra residencia. Cuando llegábamos a casa, Corey llamaba a su novia y hablaban durante horas, mientras yo me quedaba echada en la cama gemela, pensando en nuevos movimientos que quería intentar al día siguiente después de la práctica.

Al jugar y explorar en el gimnasio e inventar movimientos desarrollé mi habilidad de pensar por mí misma. Pasé de simplemente hacer lo que el entrenador me decía a ser capaz de pensar de modo independiente. Esto significaba que durante un combate podía desarrollar estrategias de un momento a otro. Algunos atletas son increíblemente talentosos, pero solo pueden hacer lo que les dicen sus entrenadores. No pueden pensar por sí mismos.

TODO LO QUE TIENE VALOR REQUIERE ESFUERZO

Cuando comencé a practicar judo, había torneos nacionales que podría haber ganado fácilmente, pero mamá decidió que no competiría en ellos. Consideraba que no había trabajado aún lo suficiente como para ganarme el honor de ir. En ese momento me enojé, pero saqué mucho más provecho no yendo que si hubiera ido al torneo y ganado.

Nunca te darán algo de valor sin pedirte algo a cambio. Tienes que esforzarte por conseguirlo, trabajar duro, luchar por ello. Pero los logros que consigues con esfuerzo valen mucho más que los elogios que te dan porque sí. Cuando obtienes algo gracias al esfuerzo, jamás te tienes que preocupar por justificar que realmente lo mereces.

Durante el tiempo que estuve viviendo en Canadá, gané allí el Clásico de Otoño de los Estados Unidos y el Rendez-Vous. El éxito me posicionó como la favorita para ganar el Campeonato Mundial 2006 en categoría junior. Ese octubre en Santo Domingo, pasé sin problemas los primeros rounds. Hasta que me enfrenté en la semifinal con una cubana. El combate iba sin puntaje, y se acababa el tiempo. Decidí realizar una proyección de sacrificio que me pusiera de espalda. El referí no vio bien la proyección y aparentemente creyó que la chica me había derribado. Anunció un ippon para ella.

Mi oponente sabía que no me había derribado, pero se puso de pie y comenzó a festejar saltando como si hubiera hecho algo para ganar el combate. Las manos me temblaban de furia. Tuve que hacer un esfuerzo sobrehumano para no gritar. ¡Era tan injusto! Me bajé del tatami hecha una furia y arrojé mi chaqueta gi sobre el suelo lo más fuerte que pude. Me habían robado algo que me pertenecía solo porque otro se había equivocado, y me había costado el campeonato y la oportunidad de ser la primera norteamericana en ganar dos veces el Mundial en categoría junior.

El mal día estaba a punto de empeorar aún más. USA Judo consideró mi afrenta a las reglas de etiqueta como una oportunidad para usarme de ejemplo. En lugar de apoyarme como una exitosa atleta americana, los mandamases de USA judo estaban constantemente buscando maneras de castigarme.

Acababa de bajarme del tatami cuando los oficiales de USA Judo del torneo se reunieron y decidieron que me iban a suspender impidiéndome competir durante seis meses. Pero necesitaban una excusa detrás de la cual escudarse, como un referí respetado que me criticara con severidad. Así que los representantes de USA Judo se dirigieron a Carlos Chávez, un referí prestigioso de Venezuela. Le preguntaron a Carlos qué podían hacer para castigarme.

Carlos los miró incrédulo, incapaz de comprender por qué una federación nacional estaría tan deseosa de castigar a su atleta más prometedora. En general, cuando las organizaciones como USA Judo venían a verlo era para apelar en nombre de un atleta. Carlos hizo una pausa diplomática.

—Ronda se sintió perjudicada —dijo Carlos—. No sé si se equivocó, pero es lo que creyó. Es una persona muy apasionada por el judo y muy apasionada por ganar. En ese momento estaba enojada. Es justamente lo que queremos en judo: atletas apasionados por el deporte. Es joven, y no vamos a hacer nada.

Con lágrimas que aún me corrían por las mejillas por la derrota ante la cubana, en la tabla de repechaje volví a la carga, y en el torneo por la medalla de bronce le gané a la israelita contra la cual había perdido el campeonato mundial el año anterior. De esta manera fui la primera estadounidense de la historia en ganar dos medallas mundiales en categoría junior. Nadie de USA Judo mencionó la cuestión del castigo, y fue solo después de que me felicitaran todos los oficiales que me enteré sobre el intento de suspenderme.

Gané el Abierto de Estados Unidos de 2006 en Miami una semana después. De ahí, crucé el Atlántico para el Abierto sueco. Gané el Abierto sueco, que me proporcionó un muy necesitado premio de 1000 euros. La victoria fue un gran estímulo, y aún seguía eufórica por los festejos cuando tomé la decisión no planeada de competir en el Abierto finlandés el siguiente fin de semana, y reservé un boleto en el ferry.

No sé por qué, pero esa noche, después de regresar a la habitación de mi hotel en Boras, me sentí abrumada por el deseo de regresar a casa. Estaba sentada en la habitación del hotel, y ese sentimiento se apoderó de mí. *Ya es hora*, pensé. Sentí que había hecho lo suficiente; ya no regresaría a casa con el rabo entre las patas. Estaba orgullosa de lo que había logrado sola. Hice una llamada internacional a casa.

—¿Hola? —atendió mamá. Esperé un instante, tratando de calcular la diferencia horaria.

—Gané el Abierto de Suecia —le dije.

—Genial —dijo. Parecía genuinamente feliz por mí.

—Quiero volver a casa —dije—. Quiero que hablemos de todo. Voy a ir a este torneo en Finlandia, pero después quiero volver a casa. ¿Qué te parece?

—Por supuesto, siempre puedes regresar a casa. —No esperé que fuera tan cariñosa y acogedora. Me tomó de sorpresa, pero me convenció aún más de que el *timing* era bueno. Sentí que las cosas habían cambiado.

Obtuve el bronce en el Abierto finlandés, pero por primera vez en mi vida, no me sentía destrozada por la derrota. Me sentía optimista. Volé de regreso a casa, a Los Ángeles, con mis dos bolsos. Mamá me buscó en el aeropuerto.

—Hola, cariño, ¿qué tal tu vuelo? —preguntó mientras me deslizaba en el asiento del pasajero.

—Bueno. Largo pero bueno —dije.

Al salir de la terminal, sentí que esta vez era diferente.

Estaba cansada de pelear, y de toda la rabia y el dolor, y la extrañaba. Cuando me fui a Canadá, sentí que era yo contra todos los demás, y que yo les demostraría a todos que estaban equivocados. Ganaría por mi cuenta. Era yo contra todo el maldito mundo. Me arriesgué y sobreviví. Ahora sentía que podía hacer lo que fuera.

TODO ES TAN FÁCIL COMO TOMAR UNA DECISIÓN

Uno de los pocos ex novios que tuve que no fue un imbécil total me contó esta historia que me cambió la vida:

Imaginemos que estás sentada en un cubículo en una oficina y odias tu trabajo, es horrible. Todos a tu alrededor son unos idiotas. Tu jefe es un hijo de puta. Tu trabajo te seca la cabeza y te exprime el alma. Pero en cinco minutos estás por irte de vacaciones por primera vez en cinco años. Te vas dos semanas a Bora Bora, a una hermosa cabaña frente al mar. Es literalmente lo más extravagante que has hecho en toda tu vida.

¿Cómo te sentirías? Te sentirías fenomenal.

Ahora imagina que estás en Bora Bora. Estás en aquella hermosa playa con personas increíbles con quienes lo has pasado genial. Pero en cinco minutos, vas a tener que apoyar esa piña colada con el paragüitas en la barra. Vas a tener que decirles adiós a todas esas personas. Vas a volver a ese trabajo deprimente y no te vas a poder tomar otra vacación hasta dentro de cinco años.

¿Cómo te sentirías? Te sentirías horrible.

Ahora, piénsalo. Estás sentada en un cubículo en la oficina que odias y te sientes fenomenal. O estás sentada en esa playa con el trago en la mano y te sientes terrible. Cómo te sientes está en tu cabeza. Y tu cabeza no tiene nada que ver con el ambiente en el que estés ni con las personas que te rodean. Depende enteramente de una decisión de tu parte.

Hacer un cambio en tu vida es tan fácil como tomar una decisión y actuar en consecuencia. Eso es todo.

Poco después de volver a Los Ángeles, decidí competir a último momento en los Campeonatos de Invierno de la Asociación de Judo de los Estados Unidos (USJA). Ni siquiera me molesté en bajar de peso. La mañana del torneo, me paré sobre la balanza. Decía setenta y tres kilos. Había esperado superar los sesenta y tres, pero esto ya excedía el límite de peso de los setenta kilos. Había entrado en la siguiente categoría. Competí en la de setenta y ocho kilos, una categoría catorce kilos más pesada que la mía. Gané igual.

Dio la casualidad de que Little Jimmy también estaba en ese torneo. No lo había visto desde antes del torneo de Alemania, aquel en el que Big Jim me echó.

—Ronda —dijo, dándome un fuerte abrazo—. Estuviste estupenda ahí afuera.

—Gracias —le dije, un poco desorientada.

—Hace mucho que no te veo.

Sí, tal vez porque ustedes me echaron, pensé. Pero por mucho que deseara estar enojada, me había cansado de estar enfadada con todo el mundo.

—Te ha estado yendo muy bien —dijo Jimmy—. Estoy siguiendo tus triunfos.

—Gracias —le dije.

—Las cosas están realmente muy cambiadas en el club —agregó Jimmy—. Tenemos a mucha gente muy buena entrenando allí. Tenemos una casa donde están viviendo todos los atletas. Nos está yendo muy bien. Nos encantaría tenerte de vuelta y que entrenes con nosotros.

Una sonrisa me asomó en el rostro. Sí, es cierto, no me estaba pidiendo perdón de rodillas con los ojos llenos de lágrimas por el tremendo error que habían cometido, tal como me lo había imaginado una y otra vez, pero tener a Jimmy delante, pidiéndome que volviera, era bastante gratificante. Sentí que podía demostrarle que me las había arreglado sola y que me había ido mejor de lo que jamás me fue con ellos.

—Eso sería genial —le dije. Pero tenía mis dudas de volver a Massachusetts.

Todos mis días giraban en torno a la cuestión de comer o, precisamente, de no comer. Estaba constantemente pensando: ¿cuánto es lo máximo que puedo comer sin subir de peso? Casi siempre la respuesta se reducía a "nada". Traté de todo para suprimir mi apetito: agua, café negro, chupar hielo. Y el momento culminante del día era la comida. No era que tuviera dificultades de disciplina o de autocontrol, ni que fuera una persona débil, sino que estaba tan insatisfecha con mi vida que el mejor momento del día era cuando comía. Las cosas estaban mejorando, pero mi vida no estaba totalmente encarrilada.

Había estado luchando contra la bulimia desde mi estada en lo de Big Jim dos años atrás. Nunca lo hubiera admitido en ese momento ni lo hubiese llamado por su nombre, pero estaba batallando contra un desorden alimenticio.

Cuando ascendí a la categoría senior a los dieciséis años, luchaba por mantener los sesenta y tres kilos. Cuatro años después, seguía peleando en la misma categoría de peso a pesar de haber crecido de un metro sesenta a un metro setenta. Pero lo único que veía eran los números de la balanza que trepaban. Llegué al punto en que mi peso real rondaba los setenta y dos kilos, y tenía que bajar nueve kilos antes de cada competencia. El precio que debía pagar por bajar un peso que en realidad el cuerpo no necesita perder me estaba afectando mental y físicamente.

Por más duro que entrenara, cada vez me costaba más dar el peso. La idea de comer y después simplemente vomitar es, desafortunadamente, una forma muy común de bajar o mantener el peso, especialmente entre luchadores y peleadores de peso liviano. Mi estrategia para lograr el peso ideal era una combinación de privación y purga. Antes de cada torneo, pasaba una semana sin comer una comida completa. Estaba cansada todo el tiempo, no solo físicamente exhausta sino con sueño. Pensar en la comida me consumía por completo. En otras oportunidades, comía y después me forzaba a vomitar. Incluso aplicando estas medidas extremas, me costaba enormemente dar con los sesenta y tres kilos.

Había estado escondiendo este secreto desde que me había ido de lo de Big Jim. Hubo etapas en las que trataba de no vomitar, pero a la larga siempre parecía ser la alternativa más fácil. Tenía mucha hambre, y era la única manera de controlarme.

Pero esta vez fue diferente. Después de mudarme de nuevo a casa, había empezado a salir con un chico que se llamaba Bob. (Su nombre en realidad no era Bob, pero mamá le dice Bob a todos los novios de sus hijas. La única forma en la que un hombre consigue que lo llame por su nombre real es si se casa con alguna. "¿Por qué perder el tiempo aprendiendo su nombre si no durará mucho?", dice).

Un día me derrumbé sobre el sofá, junto a Bob, famélica y exhausta. Nunca habíamos hablado de mis problemas alimentarios, pero él veía lo que sucedía. Me preguntó por qué nunca dejaba de hacer dieta.

—No es tan fácil —le dije, poniéndome a la defensiva.

—Es tan fácil como decidirse y dejar de hacerlo —respondió.

Después me contó la alegoría de Bora Bora y fue como si un interruptor se me hubiese encendido en mi cabeza. Decidí en ese momento que tenía que dejar de inducirme el vómito. Esta decisión fue lo mejor que pude hacer por mi salud, pero a la hora de bajar de peso, las cosas se pusieron peor. Sin la purga, mi peso se volvió aún menos manejable. De todos modos, estaba convencida de que podía encontrarle la vuelta.

En enero de 2007, volví a entrenar al club de los Pedro. Me mudé a la casa de los atletas y realmente sentí que encajaba. Yo había crecido y el grupo de atletas que entrenaban en Massachusetts eran más dedicados al deporte que el equipo de Jason.

Todos me dieron la bienvenida y Big Jim, con quien solo había intercambiado unos breves saludos cuando nos cruzábamos en algún torneo, parecía estar contento de tenerme de vuelta, a su modo. Éramos siete viviendo en la casa, seis hacíamos judo —cuatro chicos y dos chicas— más uno de los amigos de Mikey Pedro. Yo tenía mi propia habitación, con una cama de verdad. Estaba escalando posiciones en la vida.

Uno de mis compañeros de casa, Rick Hawn, estaba trabajando en Home Depot como parte de un programa en el que la compañía contrataba a aspirantes a olímpicos. Me anoté y también conseguí un trabajo allí.

Bob y yo estábamos dándole una oportunidad a la relación a distancia. Había dejado a mi familia en buenos términos. Por primera vez en mucho tiempo, todo estaba yendo bien. Estaba contenta.

Para fines de enero, me dirigí a Europa para otra ronda de torneos del circuito europeo. El primer torneo era el British Open.

Los pesajes de los torneos del circuito europeo eran un caos. A diferencia de las Olimpíadas o del Campeonato Mundial, donde solo una o dos categorías pelean por día, en otros torneos de élite toda la categoría pelea el mismo día. Eso significa decenas de chicas hambrientas de cada categoría esperando para pesarse al mismo tiempo. Y no hay ningún tipo de decoro. Estaba parada en una habitación abierta llena de chicas tapadas únicamente con sus pasaportes. Algunas aguardaban preparando qué comer y beber para después de pesarse, todas esperando a que el pesaje empezara oficialmente.

Entonces la oficial a cargo anunció que comenzarían, y todas las chicas desnudas salieron corriendo a la balanza. Eran puras tetas y pasaportes por todos lados. Los oficiales empezaron a manotear pasaportes del mar de atletas que los agitaban en el aire y a llamar a sus dueñas por su nombre. Las chicas se empujaban unas a otras. Atrapada en medio del caos, logré finalmente llegar empujando hasta la parte de adelante.

Solía ser muy pudorosa respecto de estar desnuda en público, pero en situaciones así rápidamente se pierde todo sentido de la inhibición. Cuando has estado ayunando por una semana, has quedado totalmente deshidratada, y lo único que se encuentra entre tú y una botella de agua es un montón de chicas desnudas, te frotarás las tetas con las de cualquier país del mundo para ser la primera en conseguir subir a esa balanza.

Llegué a mi peso, y después me tomé un montón de agua y una Gatorade. El líquido frío me provocó escalofríos, e incluso más tarde, ya en el estadio con mi compañero Justin Flores, seguía temblando bajo una manta.

Justin hizo un par de carreras cortas sobre el tatami, tratando de entrar en calor. De pronto, se volvió y salió por la puerta lateral.

—¿Qué te pasó? —le pregunté cuando volvió.

—Vomité como un condenado —dijo—. Pero me siento un poco mejor. ¿Y tú?

Es habitual vomitar después de un pesaje, porque los atletas que han estado ayunando durante días comen o beben demasiado rápido. Pero a mí nunca me pasó.

—Estoy bien, estoy bien —le dije, pero el cuerpo todavía me temblaba.

—Pues te ves para la mierda —me dijo con una sonrisa.

Me sentía como la mierda. Pero los oficiales estaban llamando mi nombre así que hice a un lado todo lo demás. Gané los tres primeros combates. Se suponía que había un corte antes de los semifinales. *Gracias a Dios*, pensé. *Solo necesito un poco de tiempo para recuperarme*. Pero cuando miré el horario, vi que una de las semifinales se había adelantado para antes del corte: se trataba de la mía.

—¡Hijos de puta!

Mi siguiente oponente era la campeona europea del momento, Sarah Clark, de Gran Bretaña. No era ningún secreto para nadie que me estaba costando muchísimo bajar de peso y que dar el peso para este torneo había sido especialmente duro. Los organizadores del torneo del British Open vieron una oportunidad para darle a su chica una ventaja.

En el medio del partido de la semifinal, nos caímos al tatami. Caí sobre el estómago y Clark me cayó encima. Sentí como si alguien hubiera saltado sobre mi estómago. Antes de que pudiera apretar la mandíbula, vomité sobre el tatami. Temí ser descalificada, lo que sucede si vomitas sobre el tatami. Pero estaba acostada boca abajo sobre mi propio vómito y con los brazos cruzados, así que logré limpiarlo antes de que alguien lo pudiera ver.

El combate estaba por decidirse con Golden Score (muerte repentina), cuando saqué el triunfo. Me bajé del tatami, y Justin se acercó para darme un abrazo.

—No tenía ni idea que fueras tan increíble —me dijo mientras me acercaba a él. Frunció la nariz y agregó—: y hueles a vómito.

—Sí, vomité —le dije, con vergüenza.

Gané mi próximo combate y el torneo, pero no podía disfrutar del triunfo porque ya estaba temiendo llegar al peso en el Abierto de Bélgica la semana siguiente.

Durante los próximos días, corrí el equivalente de varias maratones mientras usaba sudaderas de plástico para aumentar la transpiración. Hice ayuno y me deshidraté. Me senté en el sauna mirando las llamas que saltaban entre las rocas calientes, y salí corriendo para escapar del fuego. Pero después me di cuenta de que se trataba de una alucinación provocada por un golpe de calor.

Alcancé el peso en Bélgica, pero no obtuve ningún puesto en el torneo. El cuerpo se me estaba cayendo a pedazos, pero me negaba a resignarme.

La Super Copa Mundial de París era la semana siguiente. Era el torneo más grande del circuito. Para cuando llegué a París unos días antes de la competencia, no había ingerido una comida real en una semana. No había bebido más que unos pocos tragos de agua en días. Me paré en la balanza para ver cuánto pesaba: 66.6 kg. No podía despegar los ojos del número; estaba desolada.

Subí a encender el agua caliente en mi bañera para tratar de quitarme el peso de encima por medio de la transpiración, pero el hotel entero se había quedado sin agua caliente porque todos los atletas del torneo estaban tratando de bajar de peso. Entonces encontré un gimnasio con sauna y me senté en el nivel más alto, lo más cerca de la estufa que pude, con la cabeza apoyada contra la pared de paneles de madera. Podía oler el pelo que se me chamuscaba, pero no estaba transpirando. Me di por vencida. Lo llamé a Jimmy Pedro, que estaba en casa.

—No puedo hacerlo —le dije una y otra vez.— No puedo dar el peso.

—Sí, vas a dar el peso —dijo—. Tienes que lograrlo. Vuelve a entrar ahí dentro. Tienes que hacerlo otra vez

Fue la única vez en toda mi carrera que confesé que no podía dar el peso. Nunca había siquiera admitido todo el esfuerzo que tenía que hacer para conseguirlo. Finalmente había reunido el coraje para expresarlo en voz alta y me habían desestimado por completo.

Al diablo, pensé. *No hay forma de que pueda bajar más de tres kilos y medio.*

Me comí todos los snacks —frutas, mix de frutos secos, barras de granola— que había estado guardando para después del pesaje. Después fui y me reuní con Bob, que había volado a Europa para verme competir. Se estaba quedando en un apartamento parisino, y había hecho las compras. Me hice un sándwich de queso, y no fui a los pesajes ni al torneo. Pero no podía disfrutar de la comida, porque ya pensaba en lo que seguía. Sentía mucha pena y vergüenza por haber fallado en París, pero estaba convencida de que si ganaba el próximo torneo en Austria todo sería perdonado.

Llegué a Linz por la tarde. La ciudad austríaca había sido sede del torneo de la Copa Mundial Austríaca anual durante décadas; mamá había competido allí. Hice el check-in en el hotel. Tenía menos de veinticuatro horas para perder cuatro kilos y medio, y estar lista para competir.

En judo haces tus planes de viaje solo, sin entrenadores, y gastas tu propio dinero, mientras recorres el mundo representando a los Estados Unidos. A veces, USA Judo te reintegra el dinero unos meses después, a veces no. Yo había hecho una reserva en el hotel que había sido sede del torneo años atrás. Tras llegar a Linz me fui al hotel temprano. Entré empujando las puertas de vidrio y echando un vistazo a la recepción para ver si había sudaderas de otros equipos, bolsos con banderas de diferentes países y otros atletas. El área de la recepción estaba mayormente vacía.

Genial, quizás puedo hacer un check-in temprano, pensé.

La recepcionista me hizo una señal para que me acercara.

—Hola, bienvenida a Linz —dijo con marcado acento austríaco, pronunciando las *w* como *v*.

—Gracias —le dije—. Tengo una reserva a nombre de Rousey.

Tipeó algo en la computadora.

—Sí, tenemos tu reserva para los próximos seis días —dijo.

—Sí, estoy aquí por el torneo —le contesté.

—Qué agradable —dijo en un tono que dejaba en claro que no tenía ni idea de lo que estaba hablando.

Bueno, no todos son fanáticos del deporte, pensé. Me entregó la llave de mi habitación.

—¿Hay un autobús para llegar al torneo? —pregunté.

—¿Un autobús? —Ahora parecía confundida.

—Sí, normalmente hay un autobús que te lleva al torneo.

—No estoy segura de lo que quieres decir —dijo.

—Eh, bueno, ok, tal vez haya alguien a quien le puedas preguntar.

Claramente había algún tipo de barrera del idioma. No había comido nada en casi cuarenta y ocho horas, y se me estaba por agotar la paciencia.

—Por supuesto —dijo con una sonrisa. Se dirigió al otro recepcionista. Tuvieron una breve conversación en alemán, y cuando terminó su compañero se encogió de hombros, haciendo el gesto universal que significa "No tengo ni idea de lo que estás hablando".

—Perdona —me dijo la recepcionista—. No sé nada de este torneo.

En el fondo del estómago, empecé a sentir una cierta desazón. Había algo raro. La mujer me entregó la llave de la habitación.

—Esperamos que disfrutes de tu estada con nosotros —dijo alegremente, pero me miró con preocupación, como si yo no estuviera del todo bien de la cabeza.

Una vez en la habitación, aventé mi bolso al suelo, saqué mi laptop y googleé: Copa Mundial de Austria. Pero solo aparecieron sitios web de fútbol.

Tipié: Copa Mundial Austria judo. Cliqueé en una de las páginas, leyéndola a medida que se cargaba. El torneo era en Viena.

—¡Mieeeeeeeeeeeeeeerda! —grité con todas mis fuerzas. Empecé a llorar desesperadamente y llamé a mamá. Tenía voz de dormida. La había despertado pero aun así tenía la cabeza afilada como una trampa de acero. Ella justo había leído que ese fin de semana no había ningún representante de los Estados Unidos en la categoría inmediatamente superior a la mía.

—Esto es lo que harás —dijo—. Llamarás a Valerie Gotay. (Valerie estaba en el torneo y competía en la categoría de mujeres de peso liviano). Le dirás a Valerie que vaya a la reunión de entrenadores esta noche y que te mueva a la categoría de setenta kilos. Linz no es tan lejos de Viena. Irás al aeropuerto por la mañana y sacarás un pasaje. Irás al torneo, y todo saldrá bien.

—Pero van a ser todas más grandes que yo —dije, todavía llorando.

—Justamente, no, todas pesarán setenta kilos, que es lo que pesas tú en este momento —dijo mamá.

No sabía qué decir.

—Probablemente sientas que esto es algo terrible, pero no es lo peor que podría pasar —siguió mamá—. Has estado entre las diez mejores competidoras de la categoría de los sesenta y tres kilos durante años, así que todas las chicas de esa división han estado entrenando para vencerte a ti. Nadie en la categoría de setenta kilos está esperando competir contra ti. Solo sal y pelea. Nadie espera nada.

Su lógica me tranquilizaba.

—Y empieza a comer algo, porque has estado matándote para dar el peso —agregó.

Corté el teléfono y me vacié todo el minibar. Estaba delicioso.

De pronto toda la presión que tenía encima desapareció. Había pasado tanto tiempo sintiéndome culpable, convencida de que había decepcionado a todo el mundo, segura de que había fallado. Ahora me daba cuenta de que siempre había tenido la posibilidad de elegir un cambio. Era simplemente cuestión de tomar esa decisión.

A la mañana siguiente, tomé el desayuno, volé a Viena y me dirigí al estadio. Di el peso y gané el torneo. Fue uno de los mejores torneos que peleé.

Me subí al tatami y a los pocos segundos de empezar mi primer combate caí en la cuenta: *Estas chicas no son más fuertes que yo.* Eran seis kilos más pesadas que las chicas con las que había estado peleando, pero no eran más fuertes. Recién en ese momento me di cuenta de cómo me había debilitado peleando en una categoría de menor peso. Es más, por primera vez en mucho tiempo, la estaba pasando bien. Me di cuenta de que el momento de dar el peso se había convertido en el foco principal de la competencia para mí. Una vez que eso dejó de ser un problema, pude concentrarme en competir y pasarla bien. De hecho, me divertí mucho el día que gané la Copa Mundial de Austria. Ya no tenía expectativas, ni para mí ni para nadie. No sentía que tenía que demostrarle nada a nadie; solo tenía que hacer lo mejor que pudiera.

Solía decir "Cambiar no es tan fácil". Pero es tan fácil como decidirse a hacerlo. Siempre puedes tomar una decisión. Y si la decisión no funciona, entonces puedes tomar otra.

¿EN QUÉ MOMENTO CRUZAS EL LÍMITE IMAGINARIO QUE TE IMPIDE SOÑAR A LO GRANDE?

De chicos nos enseñan a soñar a lo grande y a pensar que todo es posible: ganar las Olimpíadas, ser presidente. Y después creces y te vuelves adulto.

Las personas me consideran una persona arrogante. No se dan cuenta de cuánto me costó llegar a este lugar. He trabajado muy duro para tener una gran opinión de mí misma. Cuando las personas dicen: "Oh, eres tan presumida y tan arrogante", siento que me están diciendo que tengo una estima demasiado alta. Mi pregunta para ellas es: "¿Quiénes son ustedes para decirme que me tengo que menospreciar?".

La gente quiere proyectar sus propias inseguridades en los demás, pero me niego a dejar que lo hagan conmigo. Solo porque tú no creas que puedas ser el mejor del mundo no significa que yo no deba tener la confianza para creer que puedo hacer lo que sea.

Cuando regresé de Viena, estaba feliz. Ya no me mataba de hambre, estaba ganando torneos, tenía un novio increíble y vivía en una casa con un montón de personas que adoraba. Y si bien el entrenamiento resultaba extenuante, algunas veces era incluso divertido.

Toda la semana esperaba que llegara el entrenamiento del jueves, y cuando llegaba el jueves, contaba las horas hasta el momento de entrenar. Desde que se retiró de la competencia, Little Jimmy no frecuentaba tanto el club, y los jueves Big Jim trabajaba en la estación de bomberos, así que Rick Hawn dirigía el entrenamiento de los mayores.

Un jueves Rick sugirió que para finalizar hiciéramos una ronda de grappling sin gi (trabajo de suelo sin una chaqueta gi de la cual agarrarse). Fue la vez que más nos divertimos. A partir de ese entrenamiento, lo único que hacíamos los jueves era grappling sin gi. Llegábamos al gimnasio, Rick prendía la música y nuestro grupo de alrededor de doce atletas que había ido a entrenar esa noche se dedicaba solo al grappling. Big Jim sabía que los jueves estábamos practicando sin gi, pero muchas de las cosas que hacíamos se traducían a la competencia, así que mientras estuviéramos trabajando no le importaba.

Después íbamos a Chili's. Acababa de cumplir veintiún años, así que siempre pedía margarita de fresa y la bebía lentamente, gozando de la bebida dulce y fría y de la camaradería.

Recién llegábamos de Europa cuando un tipo del club de los Pedro nos invitó a ver un combate en su casa. Había habido un gran evento de las MMA (Artes Marciales Mixtas) en Showtime que se había grabado en nuestra ausencia. Cada tanto nos juntábamos para mirar peleas en la casa de los demás y relajarnos. Había cerveza y pizza, y me serví una tajada. Nos amontonamos en la sala esperando que comenzara la pelea. Había tenido lugar el 10 de febrero, el mismo día que no di el peso en París. No sentía demasiada predilección por las MMA, pero a mis compañeros de judo les encantaba. Eran todos hombres salvo por mí y una chica que se alojaba conmigo, Asma Sharif. Estábamos riéndonos y pasándola bien.

Comenzaron las peleas preliminares. Eran divertidas de ver, pero nada del otro mundo. Entonces Gina Carano y Julie Kedzie entraron en la jaula. Me quedé helada. Ni siquiera sabía que las mujeres podían pelear en las MMA.

Cuando empezó la pelea, toda la sala hizo silencio. Me incliné hacia la TV. Era una pelea tremenda. El estadio estaba fuera de control. Observé cada movimiento. Me daba cuenta de todos los errores que estaban cometiendo las chicas, y sabía, incluso en ese momento, aunque jamás hubiera hecho artes marciales mixtas, que podía ganarles a ambas.

Pero lo que me impresionó aún más que el desempeño de las chicas aquella noche fue el modo en que los muchachos de mi casa reaccionaron a la pelea. Percibí un respeto reverencial. Sí, es cierto, las chicas eran hermosas, pero los tipos no hablaban de ellas como hablaban de las asistentes del ring —las chicas en bikini que levantan letreros en alto con el número del round—, de quienes hablaban como si fueran strippers. Cuando los muchachos hablaban sobre las peleadoras, hablaban sobre su aspecto físico con una cuota de admiración. La mirada que vi en sus rostros era de respeto. Jamás había conseguido ese tipo de reacción de estos tipos, tipos con quienes entrenaba y transpiraba todos los días.

Gina Carano ganó la pelea en tres rounds por decisión unánime y para el final de la pelea, todos los tipos de la sala estaban hablando de lo jodidas que eran esas chicas. Y realmente eran fantásticas, pero también estaba convencida de que podía darles una paliza a ambas. No me atrevía a decirlo en voz alta. Sabía que todo el mundo se iba a reír de mí, así que me lo guardé.

Estaba entrenando para las Olimpíadas de Beijing. Todavía no me había recuperado de mi derrota en Atenas; esta vez me iba a llevar el oro a casa. El entrenamiento era el foco absoluto de todo mi día. Así que, cada vez que se me cruzaba un pensamiento de las artes marciales mixtas por la cabeza, lo hacía a un lado.

Entonces, una mañana en la primavera de 2007, caminaba a Home Depot en Wakefield, Massachusetts. Por lo general, aprovechaba para que me llevara Rick, pero cuando nuestros turnos no coincidían, caminaba los dos kilómetros y medio escuchando música pop. Los árboles comenzaban a dar brotes, pero el invierno de Nueva Inglaterra aún no cedía. Aunque había salido el sol, el aire estaba fresco. Me subí la capucha de la sudadera sobre la cabeza. Llevaba en la mano el delantal color naranja fuerte con el logo de la tienda; no quería ponérmelo hasta que no tuviera más remedio. Caminaba bajo un tramo de la autopista elevada I-95, marcando con la cabeza el ritmo de "Peanut Butter Jelly Time". Me imaginaba la banana danzante del video de YouTube y, sin darme cuenta, comencé a coreografiar el paso de baile de mi victoria en las MMA al tiempo que el ritmo de "It's a Peanut Butter Jelly Time. Peanut Butter Jelly Time" sacudía mis auriculares. Mi baile festivo no era muy diferente del contoneo pixelado de la banana, "Where ya at? Where ya at?".

Los autos pasaban a toda velocidad por encima y apuré el paso para marcar el ritmo. Me agradaba. En judo no se podía hacer nunca un baile de la victoria, tan solo una discreta inclinación de la cabeza. Que no se te ocurriera agitar el puño en el aire después de un triunfo. Un baile de la victoria le hubiera provocado un infarto a todo el estadio. Pero las artes marciales mixtas eran diferentes. Las MMA parecían ser el tipo de deporte que aceptaría de buen grado un buen festejo.

Me imaginé peleando, ganando, abrazada por mis esquineros.

Intenté hacer a un lado otra vez estas imágenes. Era una fantasía ridícula. Redirigí mis pensamientos a algo más práctico, como ganar las Olimpíadas. Me concentré en estar parada encima del podio con una medalla de oro alrededor del cuello.

Me imaginé la bandera estadounidense siendo izada, el sonido de nuestro himno nacional retumbando en el estadio. Pero al evocar los sonidos de los címbalos imaginarios reverberando al son del verso "Y el hogar de los valientes", no pude evitar un contoneo al ritmo de "Where ya at? Where you at?" que salía en ese momento de mis auriculares.

Desistí de intentar no pensar más en ello, y dejé que mi mente se transportara al centro del octágono, donde me hallaba parada con la mano en alto sintiendo la multitud que me aclamaba a mi alrededor. Imaginé a mis compañeros de equipo mirándome por TV, aplaudiéndome a través de la pantalla.

¿Qué sentido tiene soñar si no puedes soñar sueños grandes y ridículos?

LAS PERSONAS VALORAN LA EXCELENCIA SIN IMPORTAR QUIÉN ERES

He sido abucheada en treinta países. He sido abucheada después de obtener victorias de la UFC. Estoy más acostumbrada a ser abucheada por el público que a ser vitoreada. Jamás he sido una favorita entre los fans. Prácticamente toda mi carrera competitiva ha sido definida por personas que esperan verme perder.

En la UFC he adoptado el papel de villana. No rehúyo de la controversia. No me contengo cuando se trata de decir lo que pienso. Eso no siempre me gana el favor de las masas. En un mundo que adora alentar al que tiene las de perder, yo siempre soy la favorita… y siempre gano.

Pero hay momentos en los que no importa quién eres o lo que representes, las personas quedarán tan impresionadas por lo que ven que se olvidarán de todo lo demás. Si tu desempeño es lo suficientemente bueno, no hay otra cosa que importe.

Mamá dice que para ser el mejor del mundo tienes que ser capaz de ganarle a cualquiera dos veces en el peor de tus días. Tiene razón, por supuesto. Pero también están los días en los que te despiertas y tienes la certeza de que nadie podrá joder contigo. Así fue como me desperté en Río de Janeiro la mañana del Campeonato Mundial de 2007. Me desperté lista para matar a alguien.

Habíamos llegado a Río unos días antes, e hicimos el check-in en El Motel, el equivalente brasileño al Super 8. Algunos de mis compañeros de equipo se quejaron de las habitaciones, pero yo no necesitaba nada demasiado lujoso y, a diferencia de la mayoría de los torneos, USA Judo estaba cubriendo, al menos, el costo de mi habitación.

El día de la competencia me desperté temprano para tomarme el primer ómnibus al pesaje. Probé pesarme en mi balanza: setenta kilos justos. Estaba cerca del límite del peso oficial, pero daría el peso sin ningún problema. Iba camino al lobby cuando me crucé con Valerie Gotay. Valerie pesaba menos que yo y ya había peleado.

—¿Te enteraste de lo que sucedió? —preguntó.

Yo no tenía ni idea de qué hablaba.

—Un tipo de la categoría de los sesenta y seis kilos estaba corriendo anoche para dar el peso y lo apuñalaron —dijo.

—Mierda —repliqué—. Hablando de eso, estaba por salir para allá.

—Te enteraste lo de la balanza, ¿verdad? —me preguntó.

Mis ojos se entornaron.

—No, ¿qué? —Esas palabras justo antes de un pesaje nunca anticipan buenas noticias.

—Las que tenemos nosotros pesan de menos —dijo, refiriéndose a que las balanzas de los equipos estadounidenses daban una lectura menor a la del peso real. La balanza oficial era 0.4 kg más pesada, lo que quería decir que yo estaba casi medio kilo por encima del peso permitido. Si te subes a la balanza durante el pesaje y no das el peso, no puedes competir y no te dan una segunda oportunidad.

—¡Tiene que ser una maldita broma! —grité, aventando mi bolso sobre el suelo del vestíbulo. Varias cabezas en el lobby se volvieron hacia nosotros. Me di vuelta para regresar a mi habitación.

—¿Adónde vas? —preguntó Valerie.

—¡A mi habitación! —grité por encima del hombro—. ¡Parece que voy a terminar corriendo al pesaje, por culpa de los incompetentes hijos de puta del USA Judo!

Entré hecha una furia en mi habitación y me puse mi traje de plástico, un par de pantalones para correr fabricados de plástico delgado. El traje impide que el sudor se evapore y mantiene tu cuerpo caliente para que sudes más. Encima me puse mis pantalones habituales para correr, me subí la capucha de la sudadera y volví a salir por el lobby. Pasé al lado de los ómnibus que esperaban para llevar a los atletas al pesaje, y comencé a correr los casi dos kilómetros que distaban del hotel sede del torneo para el pesaje.

Era septiembre en Río, y el sol pegaba fuerte. El sudor me caía a chorros por la cara y podía sentir cómo se acumulaba la condensación sobre la piel dentro de mis prendas de plástico. Corría a toda velocidad cuando caí en la cuenta de que este era exactamente el mismo tramo del camino donde habían apuñalado al tipo de sesenta y seis kilos la noche anterior.

Si alguien trata de apuñalarme hoy, lo mato, pensé. No estaba de ánimos para que nadie me viniera a joder.

Acababa de dar vuelta la esquina cuando vi un letrero que indicaba el hotel sede del torneo; detrás se extendía un lujoso complejo de cuarenta mil estrellas.

—No puede ser —dije en voz alta.

Este era el hotel donde se estaban alojando los ejecutivos de USA Judo. Corrí por el largo y pulcro camino de entrada hasta las puertas del lobby. Una ráfaga de aire frío me golpeó la cara al tiempo que el botones abría la puerta. La sala donde se llevaría a cabo el pesaje aún no estaba abierta, pero había una balanza en un salón del otro lado del vestíbulo, donde las atletas podían chequear su peso. Entré y me quité toda mi ropa deportiva y las prendas de plástico mojadas. Me subí a la balanza: 70.2 kg.

Solté un gruñido. No hay una sensación física más desagradable que volver a ponerse las prendas de plástico después de haber transpirado con ellas. Es como ponerse encima una bolsa de basura mojada, solo que no chorrea agua sino sudor y se te pega a la piel. Me puse los pantalones de ejercicio sobre los de plástico, y salí otra vez afuera, donde me aguardaba el inclemente sol tropical. Otra vez corrí por la calle del terror, y otra vez regresé al hotel.

Al cruzar el lobby, advertí a la japonesa de mi categoría saliendo del ascensor. El equipo japonés se estaba alojando aquí, en el Hotel Deluxe Riviera Ritz. Caminaba con dos entrenadores. Indudablemente, estarían discutiendo con ella lo que habían observado tras analizar videos de sus oponentes durante horas. Llevaba ropa deportiva de diseño con el logo de sus sponsors y un bolso de diseño que hacía juego. Pero lo que me sacó de las malditas casillas fue que llevaba en la mano una pequeña tetera cubierta con una funda de diseño que también llevaba el logo de sus sponsors.

Casi enloquezco.

USA Judo apenas nos había dado conjuntos iguales de ropa deportiva, así que de ningún modo había recibido una funda de tetera que hiciera juego, e incluso si la tuviera, no podría tenerla conmigo porque estaría en El Motel y tendría que volver corriendo por la calle del terror para buscar la maldita funda. Sentí que los vellos de la nuca se me erizaban al tiempo que todos los músculos del cuerpo se me tensaban. Me di cuenta de que estaba rechinando los dientes. Tenía los puños tan apretados que las uñas se me clavaban en las palmas de la mano.

"Tú eres mi primera oponente —le dije en mi cabeza—. Ya me encargaré de ti".

Volví a quitarme las prendas de plástico por segunda vez para subirme a la balanza no oficial: setenta kilos. Ahora tenía que hacer el pesaje del otro lado del lobby. Miré la pila de ropa húmeda sobre el suelo; por nada en el mundo me la iba a volver a poner. Me envolví una toalla alrededor del cuerpo y salí al lobby. Estaba lleno de atletas, oficiales del torneo, entrenadores, referís y algunos turistas. Todas las cabezas se dieron vuelta cuando me vieron pasar. Seguí mi paso con la vista firme hacia delante y una mano que me sostenía la toalla. Si hubiera podido cruzar ese lobby haciendo un gesto obsceno con el dedo sin correr el riesgo de que me sancionaran por violar alguna regla de conducta del torneo, lo habría hecho de buena gana.

Entré en la sala donde se estaba llevando a cabo el pesaje oficial. Como era un campeonato mundial, los organizadores habían puesto a todo el mundo en fila. Yo estaba cerca del final. Clavé la mirada en cada una de las chicas que pasó al lado mío camino a la puerta después del pesaje, tomando nota mental de destruirla cuando comenzara el torneo. Por fin, me llegó el turno. Di el pesaje, bebí un poco de agua, me tomé el ómnibus de vuelta al hotel para buscar mis cosas para el torneo y me preparé para demoler a esas perras.

Una de las bromas favoritas en los círculos de judo es que las estadounidenses siempre salen mal paradas en el sorteo, porque es mejor tener un combate fácil al principio para ir entrando en calor. La gente siempre se ríe cuando una estadounidense sale sorteada con una japonesa en el primer round. El judo comenzó en Japón, y los japoneses se toman el judo con mucha seriedad. No es tan difícil ser la mejor judoca en los Estados Unidos. Pero para ser la mejor en Japón, tienes que ser realmente buena: Japón casi siempre domina en los torneos. El resultado del sorteo se informa en la reunión de entrenadores la noche antes del torneo. Algunas personas trazan un plan con todos los posibles oponentes que enfrentarán, pero yo me tomo un combate por vez, y nunca me adelanto para ver con quién podría enfrentarme.

"De todos modos voy a tener que ganarles a todas", pienso.

Mi combate contra la japonesa fue temprano, así que solo un cuarto del estadio estaba lleno. De todos modos, me llegaban los vítores de la sección japonesa con toda su fuerza. El coordinador de la hinchada gritaba algo primero, y como siempre los fans japoneses respondían la ovación. Yo jamás dejo que la multitud me afecte, pero a menudo la multitud sí tiene un efecto sobre el referí. Siempre me tomaba unos minutos para evaluar la atmósfera y saber lo que podía estar pensando el referí. Después me desconectaba del ruido.

Miré fijamente a mi oponente del otro lado del tatami.

"A la mierda con tu funda de tetera", pensé.

Transformé el combate en una pelea callejera, el peor tipo de enfrentamiento para una luchadora japonesa. Son muy tradicionales y ponen mucho el foco en la técnica adecuada. La sacudí sobre el tatami, dándola vuelta para que perdiera el equilibrio, arrojándola hacia todos lados.

Le di una paliza, derribándola dos veces y ganando por un *waza-ari* (medio punto) y un *yuko* (casi un cuarto de punto). Ella no obtuvo ningún punto.

A continuación me enfrenté a Ylenia Scapin, dos veces medallista olímpica, de Italia. Jamás nos habíamos enfrentado, así que no sabía qué esperar. En el instante en que agarras a alguien puedes medir su fuerza; enseguida me di cuenta de que era la chica más fuerte que había enfrentado jamás. Las luchadoras fuertes presentan una serie de desafíos diferentes: es mucho más difícil romper sus agarres y tienen una defensa mucho más sólida.

Desde el punto de vista defensivo, no le tenía miedo a Scapin, pero era más difícil sujetarla y más difícil derribarla. El hecho de que tu oponente sea fuerte no significa necesariamente que sea más difícil de vencer, pero sí más difícil de controlar. La derribé para obtener un *waza-ari* en el primer minuto del combate. Tampoco ella obtuvo punto alguno.

Luego me enfrenté a Mayra Aguiar, de Brasil, la favorita local en cuartos de final. La arena había estado llenándose continuamente y ahora estaba casi a tres cuartos de su capacidad. A diferencia de los fans japoneses con su coordinador, la hinchada brasilera era lo opuesto: un caos absoluto. El público brasilero era el más anárquico y apasionado que he conocido en mi vida. Tocaban cornetas estruendosamente y agitaban banderas. Una sección estaba cubierta con una bandera brasilera gigante que los fans levantaban en el aire.

Me abuchearon cuando subí al tatami, coreando "Vas a morir" en portugués. Advertí el ruido, midiendo el impacto que podría tener sobre el referí. Iba a tener que ganar con más contundencia. Con el aullido del público de trasfondo, la derribé sobre el tatami y la inmovilicé para ganar por ippon cuando quedaban solo treinta segundos en el reloj. Los fans brasileños me abuchearon con saña cuando me bajé del tatami.

Había llegado a la semifinal. Sería un encuentro entre Edith Bosch, la campeona mundial de ese momento, y yo. Era una holandesa de un metro ochenta con unos abdominales de acero. Al lado de ella, yo parecía un hobbit.

Bosch y yo habíamos peleado por primera vez en el Abierto de Alemania un mes antes. Me declararon ganadora del combate cuando la descalificaron por aplicar una llave de brazo ilegal, que me dislocó el codo. Si tuve una némesis durante la etapa en la que competí en la categoría de los setenta kilos, fue Edith Bosch. ¿Vieron en las películas cuando el héroe derrota a cinco tipos y los provoca preguntándoles "¿Es todo lo que tienen?", y luego se da vuelta para encontrarse enfrentado al ombligo de un gigante? Pues Edith Bosch es ese gigante.

Sabía que Bosch estaría feliz de tenerme de contendiente. Pensaba que la había sacado fácil. Yo quería asegurarme de que fuera la última vez que se sintiera feliz de tener que enfrentarme.

El referí dijo "*Hajime*" (comiencen). ¿Y qué hizo Bosch? Exactamente el mismo movimiento que la descalificó en Alemania. Y *de nuevo* me dislocó el codo. Solo que esta vez el referí no lo vio. Eché un vistazo a mi codo flácido, y luego de nuevo a Bosch como diciéndole: "¿Me estás jodiendo?". No podía creer que hubiera hecho aquella mierda de nuevo; no podía creer que se saliera con la suya. Volví a mirar al referí, pero nada.

Quería gritar, pero discutir no me llevaría a ningún lado. Un dolor punzante me trajo rápidamente a la realidad. Jamás en mi vida me había retirado de un combate, y maldita sea si me iba a dar por vencida en la semifinal del Campeonato Mundial.

Respiré hondo, tensé el brazo izquierdo y me preparé para lo que estaba por hacer. Con la mano derecha, sujeté mi antebrazo justo debajo del codo dislocado y empujé lo más fuerte que pude. *Pop*. La articulación volvió a su lugar con un chasquido. La manipulación me dolió como la mierda, pero apenas volvió el codo a su lugar, el dolor agudo se calmó hasta volverse soportable.

Miré con furia al otro lado del tatami donde estaba Bosch. No manifestaba ningún tipo de remordimiento, lo que solo me enfureció aún más. Mirándola fijo, sacudí el brazo y pensé, *Vete a la mierda, perra. No me daré por vencida.*

Bosch obtuvo un punto casi en la mitad de un combate de cinco minutos, y quedé detrás de ella. Trató de evitar cualquier contacto conmigo durante los siguientes dos minutos, esperando hacer tiempo para que acabara el combate. Su plan estaba funcionando. Quedaban treinta segundos. Dije como diecinueve millones de oraciones. Levanté la mirada a las vigas y tuve una conversación con Dios que me pareció increíblemente larga.

"Por favor, Dios, ayúdame —supliqué—. Por favor dime qué tengo que hacer, ayúdame a ganar este único combate".

El tiempo seguía corriendo.

29 segundos. *Por favor, Dios.* Hice un agarre.

28. *Por favor, Dios.* Bosch me apartó con un empujón.

27. *Por favor, Dios.* Intenté un nuevo agarre.

26. *Por favor, Dios.* Bosch se movió como si fuera a intentar derribarme.

25. *Por favor, Dios.* No tenía ninguna posibilidad de derribarme.

24. *Por favor, Dios.* Ejecuté mi movimiento. Lo cronometré a la perfección.

23. *Por favor, Dios.* Sujeté a Bosch con una sola mano, la del brazo que me había dislocado.

22. *Por favor, Dios.* Giré, y la palanca levantó a Bosch del suelo y la lanzó sobre mi cabeza. Salió volando por el aire, delante de Dios y de todo el mundo.

21. *Por favor, Dios.* ¡Pam! Aterrizó de espaldas y gané por ippon. El triunfo fue instantáneo.

20. *¡Gracias, Dios!*

Bosch se quedó echada boca abajo sobre el tatami un instante, como si no pudiera creer que hubiera perdido.

El recinto estalló. La arena entera había estado observando nuestra pelea, y todo el mundo perdió la cabeza después de ver el enfrentamiento de David y Goliat que habíamos encarnado. La multitud estalló en aplausos, ovacionándome. Pero el aplauso no tenía nada que ver conmigo ni con mi nacionalidad. En ese momento, no les importaba: el público había visto algo increíble.

Mi combate contra Bosch fue la única vez que recibí una ovación en judo. Fue el momento más emocionante de mi carrera de judo, pero el júbilo duró poco mientras intentaba olvidarme del terrible dolor en el codo, y mi foco pasó inmediatamente a la final.

Me enfrenté a Gévrise Émane, de Francia, en el Campeonato, y recibí una sanción equivocada que me dejó en desventaja. Ella marcó puntos unos segundos después, con una proyección que como mínimo resultaba cuestionable. A mitad del combate obtuve puntos por una proyección, con lo cual estuve cerca de empatar el combate, salvo que los referís deliberaron y revirtieron la decisión, otorgándole los puntos a mi oponente. Con una clara ventaja de puntos, se pasó el resto del combate huyendo de mí. Le dieron una sanción por demora cuando restaba un minuto para terminar, y luego volvió a huir de mí durante los últimos segundos del combate.

El Campeonato del Mundo se me había escurrido entre los dedos. Cada vez que cerraba los ojos, hasta para parpadear, veía a Émane arrojando los brazos en el aire con júbilo. Yo no tenía a nadie a quien echarle la culpa, salvo a mí misma. Había dejado que el encuentro se resolviera por puntos. Había fallado. Me dolía incluso respirar.

Después de que terminó la competencia aquel día, caminé a las gradas donde la multitud me había vitoreado tan fuerte apenas unas horas antes. Tenía que llamar a mamá, pero todavía no podía hacerlo. Hacer esa llamada me exigía encontrar la fuerza para decir: "Perdí". El estómago se me hizo un nudo. Me trepé a las gradas más altas. La arena estaba prácticamente vacía. Me acomodé al final de una hilera de asientos, contra un rincón, y me llevé las rodillas al pecho. Después lloré más fuerte de lo que había llorado desde la muerte de papá.

UNA DERROTA ES UNA DERROTA, PERO ES MEJOR CAER PELEANDO

Siempre he intentado llegar al final, darlo todo hasta el último minuto. La idea de perder yendo a lo seguro me horroriza. No soporto la idea de no dejar todo en el combate. Prefiero tomar un riesgo grande y encomendarme al Cielo, esperando que funcione, y no jugar a lo seguro esos últimos segundos y perder por decisión. No sería capaz de vivir pensando que podría haber probado algo diferente al final. Nunca especulo con la esperanza de que los jueces puedan ponerse de mi lado. Mientras el combate siga en mis manos, lo arriesgo todo.

Jamás aceptaré perder de buena gana, pero es peor perder mal, perder arrepentida: puede quitarte tu orgullo. Jamás he elegido perder así.

Después de Río, todas mis energías se concentraron en Beijing. Faltaba menos de un año para las Olimpíadas. Cuando no estaba entrenando para los Juegos, estaba pensando en ellos. Sabía que no había una sola persona de mi categoría a la que no pudiera ganarle, pero algunas competidoras eran más difíciles que otras. Bosch estaría entre ellas. Las participantes cubanas siempre representaban un desafío. El equipo cubano era un misterio, así que no sabía a quién enfrentaría hasta que se anunciara su equipo olímpico, pero todas las chicas eran increíbles. Como grupo, el equipo era conocido por lanzarse hacia las piernas repetidas veces para intentar derribar al oponente. Sus fortalezas les sacaban provecho a mis debilidades. Me dediqué a erradicar cualquier área vulnerable.

Desde el momento en que me subí al tatami en Atenas, una sola meta me impulsaba: ganar las Olimpíadas. Me absorbía por completo. Muchas cosas habían cambiado desde mi debut en las Olimpíadas. Cuando fui a Atenas en 2004, solo tuve cuatro meses para prepararme mental y físicamente. En ese entonces no me conocía prácticamente nadie en el ámbito internacional. Era considerada una contendiente desconocida, apta para completar el equipo, hasta que gané el torneo nacional en abril. Además me estaba recuperando de la cirugía de la rodilla. Ahora, en cambio, había estado preparándome cuatro años para Beijing. Era una de las cinco mejores competidoras del mundo de mi categoría, y ya no era una desconocida. Tenía un historial deportivo asombroso de triunfos internacionales, y había obtenido una lista de récords comparable solo al de otra mujer en la historia del judo estadounidense: mi mamá.

En 2004 la pregunta que se hacía la gente era: "¿Puede Ronda realmente ganar las Pruebas Clasificatorias de las Olimpíadas?". En 2008 la pregunta en cambio fue: "¿Puede Ronda ganar las Olimpíadas?". Ninguna mujer norteamericana había obtenido jamás una medalla en los Juegos Olímpicos desde que el judo se convirtió en un deporte oficial en 1992. Yo era la mejor chance que tenían los Estados Unidos.

Lo primero que advertí cuando salí del aeropuerto en China fue el smog. Al inhalar el aire, parecía más denso, y al final del día, era como si pudiera sentir la capa invisible de hollín sobre la piel. El calor lo hacía aún peor.

Todos los estadios y edificios eran ultramodernos. En Atenas, era evidente que habían tenido que reducir costos: una franja de tierra, allí donde debió ejecutarse un jardín; una zanja cavada hasta la mitad, allí donde debió haber un río artificial. La Villa Olímpica de Beijing era inmaculada. No había un pétalo fuera de lugar. Las residencias de los atletas eran rascacielos imponentes pero acogedores que parecían apartamentos de lujo.

Por momentos, todo parecía demasiado perfecto y artificial. Si se atravesaba la ciudad a pie y se echaba un vistazo detrás de las enormes carteleras levantadas en lugares inverosímiles, era posible entrever terrenos abandonados y llenos de basura, ocultos detrás de fachadas decoradas con colores brillantes.

Las ceremonias de inauguración se desarrollaron en un clima húmedo y caluroso, y el Comité Olímpico de los Estados Unidos decidió que debíamos llevar chaquetas, camisas de manga larga con el cuello abrochado, pantalones, boina y corbata. Cuando mis compañeros de equipo y yo intentamos quitarnos los pañuelos, un oficial del equipo de los Estados Unidos nos regañó:

—Vuelvan a ponérselo, ¡Ralph Lauren nos está mirando! —siseó como si fuéramos chicos díscolos cometiendo una travesura.

—En serio, cuando los diseñó ¿no sabía que íbamos a llevar estos uniformes en pleno verano, en China? —pregunté.

Me dirigió una mirada de furia. Realmente, no me importaba. No estaba allí para ganar amigos o premios de alta costura; estaba allí para obtener el oro olímpico.

En mi primer combate enfrenté a una chica de Turkmenistán. Jamás había oído hablar de ella, pero eso puede ser peligroso. Nos paramos en fila con nuestros entrenadores y portadores de canastos, e Israel Hernández, el único miembro del staff de entrenadores de USA Judo al que respetaba, se volvió hacia mí.

—*Todo es fe*, Ronda. —Mi español es bastante rudimentario, pero lo escuché repetir eso con frecuencia. La fe lo es todo.

—Lo sé —dije.

La derribé en los primeros segundos del combate, luego la inmovilicé para ganar por ippon en poco más de un minuto. Recién estaba entrando en calor.

El siguiente round me tocó Katarzyna Pilocik, de Polonia. No iba a dejar que se interpusiera en mi camino. Dos minutos después de comenzar el combate, avanzó para derribarme, pero rápidamente cayó de rodillas para impedir que contrarrestara su ataque. Vi mi oportunidad y salté encima de ella de modo que quedó en cuatro patas sobre el tatami, conmigo encima de su espalda. Me agaché para tomarle el brazo izquierdo. Sabiendo lo que se venía, metió el brazo hacia dentro, aferrándose a él.

Rodé por el suelo, y la dejé tumbada de espaldas. Luchó, tratando de incorporarse y soltarse, pero no la dejé ir. Crucé la pierna encima de su pe-

cho. Se retorció, pero no la solté. Intentó escapar una vez más, pero aparté
su pierna de un empujón, y la volví a dar vuelta sobre la espalda. Sabiendo
que se acercaba el fin, intentó trabar ambas manos. Con una pierna encima del cuello y la otra sobre el pecho, tiré de su brazo izquierdo. Sus manos comenzaron a separarse. Tiré aún más y sus manos se soltaron. Arrojé
el cuerpo hacia atrás, con su brazo entre mis piernas y comencé a arquear
la espalda. Se rindió en seguida.

Iba camino a los cuartos de final.

Me alejé del tatami para consultar la tabla de clasificación. El nombre
estaba escrito en mayúsculas: Edith Bosch. Hacía once meses desde que nos
habíamos enfrentado en el campeonato mundial de Río. *Volvemos a encontrarnos*, pensé para mis adentros con mi mejor voz de villana de James Bond.

El referí apenas acababa de decir "Hajime" cuando Bosch me tomó
del cuello y me dio un puñetazo directo en la cara. Sentí un escozor en el
rostro, pero era capaz de soportar un golpe. Había fingido que haría un
agarre, pero me propinó un golpe en la cara. Luego me dio otro puñetazo
en la cara. A los referís no les importó, y lo dejaron pasar. Volvió a atacar
y le sujeté la mano, para empujarla lejos de mi cabeza. Nuestro combate
estaba en camino. Los siguientes cinco minutos, di todo de mí, y fui tras
ella sin darle tregua.

Como no se registró tanteo alguno, fuimos al Golden Score, un tiempo suplementario de cinco minutos en el que cualquier punto gana el combate. Si nadie gana en Golden Score, va a decisión de los jueces.

Restaba un minuto y algo más en el reloj. La pelea era pareja, y no
confiaba en que los referís me dieran el combate. En algún lugar de mi
mente, podía oír la voz de mamá que me decía: "Si va a decisión, mereces
perder porque lo pusiste en manos de otra persona".

Todavía había tiempo para un par de intercambios más antes que se
acabara el tiempo. Realicé un movimiento de ataque, pero Bosch se volvió
a escabullir. Volví a avanzar, esta vez intentando lanzarla. Bosch quiso
contraatacar, y nos caímos al tatami. La multitud rugió. Durante un instante, creí que yo había salido favorecida, pero entonces el referí le dio un
punto a Bosch. Nos saludamos inclinando la cabeza y luego nos volvimos
para bajarnos del tatami. Ella levantó el puño en alto en señal de victoria,
pero yo en cambio di un par de pasos, haciendo un esfuerzo para que las
piernas me sostuvieran el peso del cuerpo. Llegué al borde del tatami y me
detuve un instante, sin saber si podía seguir. Israel extendió los brazos.
Entonces me bajé del tatami y caí desplomada contra él.

Regresé a la sala de calentamiento y rompí en llanto; lágrimas calientes me caían por las mejillas. Sentí que me habían arrancado el corazón del pecho. Pero en ese momento algo hizo clic y pasé de sentirme destrozada a endemoniadamente furiosa. Fue como si todas las células de mi cuerpo se hubieran realineado... todo cambió.

Decidí que no me iba a marchar de la arena de mierda con las manos vacías. Luché para regresar por el cuadro de repechaje. Mi primer oponente era de Algeria, y había perdido contra Bosch por puntos en el reglamento. No iba a dejar que nuestro combate llegara tan lejos. En el minuto de inicio, la proyecté y me anoté un yuko, que es un punto parcial. Iba ganando, pero no estaba satisfecha. Estaba allí para vencer. Treinta segundos después, la derribé al tatami y la inmovilicé. Se retorció intentando escapar, pero la tenía tumbada de espaldas. Pateó las piernas un par de veces más y luego se detuvo. Durante los siguientes cinco segundos, se quedó allí inmovilizada, aceptando la derrota antes que la anunciaran. Finalmente, el referí la anunció: ippon. La victoria no me alivió el dolor de perder ante Bosch, pero sí me obligó a concentrarme.

Mi siguiente combate era la semifinal por la medalla de bronce. Derribé a la chica de Hungría con tanta fuerza que me lastimé todos los nudillos de la mano. La derribé con tanta fuerza que mamá la oyó aterrizar desde el otro lado de la arena. No quería solo obtener un ippon, quería que le doliera. Quería que le doliera tanto como me había dolido a mí perder la medalla de oro.

Solo una persona más se interponía entre la medalla de bronce y yo: Annett Böhm, de Alemania. Böhm se había llevado el bronce en Atenas y no cabía ninguna duda de que deseaba volver a ganarlo ahora. Este combate iba a terminar de una de dos maneras: conmigo en el podio o muerta sobre el tatami. Al dirigirme al piso, me sentía como un robot maligno, programado para destruir. Miré fijamente a Böhm. El referí dijo: "Hajime". En general, al comienzo de un combate se realizan algunos movimientos para tantear al adversario. Pero Böhm y yo nos conocíamos lo suficiente, a partir de varios torneos europeos e internacionales y campamentos de entrenamiento, como para obviar las preliminares. Nos metimos de lleno en el combate.

A treinta y cuatro segundos de comenzar, lancé a Böhm por encima de la cadera y obtuve un *yuko*. Debió ser por lo menos un *waza-ari*. Yo iba ganando, pero el combate estaba lejos de haber terminado. Si alguna vez hubo un momento para pelear por puntos, fue en esa oportunidad. Había

cuatro minutos y veintiséis segundos entre mi medalla y yo, y lo único que
tenía que hacer era dar saltitos alrededor del tatami, haciendo algunos in-
tentos a medias de ejecutar una proyección antes de ponerme de rodillas.
Pero ganar por poco margen y proteger mi posición de ventaja va completamente en contra de todo lo que he hecho alguna vez. Había perdido
un trozo de mi alma camino a esta medalla, pero no iba a vender mi alma
para obtenerla. Durante los siguientes cuatro minutos y veinte segundos,
fui tan implacable y agresiva como lo había sido en los segundos iniciales.
Sostuve mi posición de ventaja bajo mis términos. Entonces, cuando resta-
ban siete segundos, la referí indicó un tiempo de pausa. Eché un vistazo al
reloj e hice un cálculo mental. Si caía de rodillas y me sancionaban, podía
restar bastante tiempo como para garantizar mi victoria. Si me volvía a
enfrentar, había una posibilidad de que Böhm me atrapara con un último
intento. La referí dio la señal de que continuáramos.

Corrí. Si bien no creo en esconderse detrás de las reglas como estrategia para todo un combate, tampoco justifico la estupidez. Con tres
segundos por delante, obtuve una sanción por pasividad, pero enseguida
se acabó el tiempo.

El cronómetro zumbó. Me invadió una ola de alivio y alegría. Caí de
rodillas, y de pronto la arena volvió a estallar. Pude oír a la multitud ru-
giendo. Un cántico de "¡USA! ¡USA!" se elevó en las gradas de boca de alrededor de once personas, pero de todos modos me resultó ensordecedor.
La arena pareció brillar más, como si alguien hubiera subido la intensidad
de las luces en el recinto.

La referí levantó la mano derecha en dirección a mí. Böhm y yo nos
estrechamos la mano. Mientras mi oponente se bajaba del tatami, levanté
los brazos en señal de victoria, y luego me incliné y besé el tatami. Salí
corriendo y salté eufórica en brazos de Israel. Luego miré hacia las gradas
para ubicar a mamá y la hallé del otro lado de la arena, sacudiendo una
bandera estadounidense. Era tan grande que apenas la podía mantener
abierta. Después de trece años, la bandera estadounidense que había sido
puesta sobre el féretro de papá en su funeral había sido desplegada y on-
deaba en brazos de mi madre.

Papá siempre creyó que yo brillaría en la escena internacional. Y por
un instante, ver a mamá con esa bandera me hizo sentir como si siguiéra-
mos todos juntos. No había ganado una medalla de oro, pero tenía una
sensación de logro que jamás pensé que podía sentir con el tercer lugar. De
todas las finales de mi carrera en las que obtuve un tercer puesto, el bronce

de las Olimpíadas fue la única que me hizo sentir satisfecha. Aun así, había un vacío. No había ganado el oro con el cual había soñado.

Aquella derrota olímpica me sigue carcomiendo por dentro, y me perseguirá para siempre. Pero no me avergüenza el modo en que perdí. No me pregunto qué podría haber hecho diferente ni lamento nada sobre el combate. Me vi obligada a dar un golpe duro al final, y fue la mejor decisión. Es solo que a veces hasta las mejores decisiones no funcionan.

ESTA ES MI SITUACIÓN, PERO ESTA NO ES MI VIDA

A veces, cuando estés en el medio del trajín, vas a sentir que tu vida es una mierda total y que todo el esfuerzo que hayas hecho no sirvió para nada. No estoy hablando solo de los momentos difíciles, sino de esos momentos en los que debes tragarte el orgullo y controlar tu ego. Estoy hablando de aquellas situaciones que, si vieras que le tocaran a otra persona, estarías silenciosamente agradeciéndole a Dios no estar en su lugar. Hubo momentos en los que sabía que estaba en una situación terrible, pero también sabía que no duraría para siempre. Esos son los momentos cuando debes recordarte que esa experiencia es un momento definitorio en tu vida, pero tú no estás definida por él.

Me paré sobre el podio de medallistas y miré cómo izaban la bandera de los Estados Unidos en la posición del tercer lugar. Las Olimpíadas se habían terminado para mí, pero yo no había terminado con las Olimpíadas.

El día después de ganar mi medalla, estaba sentada en mi habitación en la Villa de los atletas. Era media mañana y estaba sentada en la cama cuando el corazón me empezó a latir muy fuerte, sin motivo alguno. No podía respirar. Me sentía agobiada por la culpa y la ansiedad, pero no lograba entender por qué. Sentía que había hecho algo terrible, pero no podía recordar lo que había sido. La ola de pánico pasó, pero no podía sacarme la sensación de que algo había salido muy mal, y que yo era una imbécil.

Volví de Beijing con una medalla de bronce, pero sin hogar, sin trabajo, sin proyectos, y pronto me enteraría de que sin novio. Bob y yo nos habíamos tomado un tiempo antes de las Olimpíadas. Había sido su idea y cuando lo propuso, me tomó desprevenida. Dijo que la cuestión de la distancia no estaba funcionando y que podríamos retomar una vez que yo volviera a Los Ángeles después de las Olimpíadas. Estaba destruida. Cuando volví a casa lo llamé, y me dijo que él y su novia habían estado hinchando por mí. Fue un golpe terrible. Me pareció increíblemente injusto.

Había recibido $10.000 del Comité Olímpico de los Estados Unidos por ganar una medalla de bronce, lo que venía a ser $6000 después de los impuestos. Usé todo mi dinero de las Olimpíadas para comprarme un Honda Accord dorado de cuatro puertas, usado, y aun así tuve que financiar la mitad. Estaba viviendo en lo de mamá mientras buscaba un trabajo.

Finalmente encontré un trabajo de barman en un bar temático de piratas que se llamaba The Redwood. Era algo, pero apenas a dos semanas de empezar ya estaba en la cuerda floja. Había llegado tarde un día, así que esa semana se redujeron mis turnos. Entonces el gerente me pidió que fuera el fin de semana. El mensaje era claro: si no lo haces, estás despedida.

Le había prometido a un tipo que dirigía el club de judo de Baldwin Park, el club adonde yo había empezado judo, que iría a conducir un desfile local. Era un amigo de mamá y me había insistido en hacerlo. No quería que me despidieran, especialmente por un desfile al que ni siquiera quería ir. Le dije a mi gerente que lo haría. No les dije nada a los organizadores del desfile. Cada vez que aparecía el nombre de alguno de ellos en mi teléfono, lo mandaba inmediatamente a la casilla de mensajes de voz. Estaba esperando que se dieran por vencidos. Hasta que Blinky Elizalde, mi primer entrenador de judo, me llamó. Le expliqué la situación. Él lo entendió, pero nadie más.

Para cuando terminé mi turno el sábado por la tarde, había recibido seis llamadas perdidas de mamá. Estaba guardando el teléfono en mi bolsillo cuando me llamó una séptima vez. Vacilé, pero atendí el teléfono. Me atacó con furia. ¿Cómo se me había ocurrido plantar a la gente del desfile?

Tenía un nudo en el estómago. No podía responderle. Estaba tan eno- jada que no me dieron ganas de volver a casa. Conduje a Hollywood y me metí en un bar. Bebí sola y me di cuenta de que no podía regresar a casa de mamá. Pero no tenía adonde ir.

Soy una medallista olímpica sin un hogar adonde ir, pensé. Después de varias horas de beber, salí para comprarme una pizza y la comí en el asiento trasero del coche. Después me acurruqué en el asiento trasero. A la mañana siguiente todo el coche olía a pizza y tenía tortícolis en el cue- llo. Era mediodía. Me quedé simplemente echada ahí, transpirando en el asiento trasero, mirando el techo.

Acampé en el coche un par de noches más hasta que me pagaron. Deposité el dinero en el banco y emprendí la misión de encontrar una casa que no fuera rodante. Para el final del día, había firmado el alquiler de un apartamento.

El apartamento era una mejora respecto del coche, una pequeña me- jora. Mi primer apartamento era un estudio de trece metros cuadrados, en un primer piso. El único lavabo estaba en el baño y a cada rato se despe- gaba de la pared.

Conseguí dos trabajos más solo para llegar a fin de mes; y aun así estaba ajustada de dinero. Era una camarera en The Cork, en Crenshaw, donde trabajaba hasta la madrugada los domingos; después caía rendida por un par de horas, para después ir a trabajar como barman en el turno mañana, en Gladstones, un elegante restaurante de Malibu.

En más de una oportunidad las aguas residuales de mi apartamento se rebasaban, y salían por el inodoro y la alcantarilla de la ducha. Cuando llegaba a casa, el apartamento estaba lleno de mierda. Sentía que no podía caer más bajo. Algunos días volvía a casa, miraba alrededor y me prometía que todo aquello era apenas temporario. Me recordaba a mí misma que yo era mejor que ese momento. Sabía que me iba a convertir en alguien; solo tenía que decidir en quién.

NO PUEDES DEPENDER DE UNA SOLA COSA PARA SER FELIZ

Después de la derrota ante Claudia Heill en las Olimpíadas de 2004, le guardé animosidad durante años. Me convencí de que si solo hubiera ganado la medalla, todo habría sido mucho mejor.

Años después Claudia se suicidó saltando de un edificio. Su muerte me afectó un montón. El motivo principal por el que le guardaba rencor era porque sentía que me había privado no solo de la medalla olímpica, sino de la felicidad. Cuando pierdo, siento que ese triunfo, esa felicidad, sigue allá afuera y que la persona que me la quitó anda por la vida con ella. Pero Claudia consiguió esa medalla y el motivo de su infelicidad seguía allí. Para cuando murió, yo tenía mi propia medalla olímpica, y rápidamente advertí qué poco feliz me hacía.

Cuando regresé de Beijing, decidí tomarme un descanso. Estuve un año haciendo todo lo posible por destruir el enorme esfuerzo que había invertido en mi cuerpo. No sabía exactamente lo que quería, pero sabía que necesitaba un cambio. Entrenar mi cuerpo y perseguir el sueño olímpico no me había hecho feliz. Quería tener una vida normal. Quería tener un perro, un apartamento y salir a fiestear.

Desde fines de 2008 hasta bien entrado 2009, no aspiraba a conseguir nada. Mi plan consistía en beber grandes cantidades de alcohol, no entrenar y hacer todo lo que creía que me había perdido de hacer en el plazo más breve posible. Me iba a tomar un año del judo, de la estructura, de la responsabilidad y, para variar, iba a hacer lo que *yo* tuviera ganas de hacer.

Una de las cosas que me había empeñado en tener era un perro. Quería a toda costa un dogo argentino. Es una raza grande, blanca y hermosa, y el tipo de perro que no tienes miedo de lastimar si lo pisas sin darte cuenta camino al baño en el medio de la noche. No tenía muchas exigencias; solo quería una hembra.

Un criadero de San Diego, que pertenecía a una pareja casada, me envió un e-mail con fotos de dos hembras de una camada reciente; eran demasiado grandes para ser perros de exposición, así que los estaban vendiendo con descuento.

Hice clic en el primer adjunto.

—Ese —dije—. Ese es mi perro.

Ni siquiera miré la otra foto. No tenía la menor duda. Lo supe. Salí esa tarde y le compré una cama, un colchón, la mejor comida de perro y un par de juguetes masticables.

Tres días después, conduje a San Diego para recogerlo. Los criadores vivían en un loteo en las afueras de la ciudad. Me estaban esperando con la madre del cachorro en el garaje abierto. Era un perro espectacular. Entonces, la esposa me trajo mi cachorro, y sin darme cuenta le hice gorgoritos en voz alta. Este era el perro. Este era definitivamente mi perro.

—Puedes tomarlo —me dijo el criador.

Tomé el cachorro en las manos. Abrió los ojos adormecido, y se acurrucó contra mi pecho. Luego se volvió a dormir. Era un cachorro hembra grande, gordo y blanco.

—No eres demasiado grande —le susurré—. Eres absolutamente perfecto.

Le puse Mochi por las bochas de helado japonés cubiertas con pastel de arroz. Fiel a su nombre, es la perra más dulce, por no decir leal y cariñosa, y una de las presencias más reconfortantes y constantes de mi vida. Me enamoré al instante de Mochi, aunque acostumbrarme a cuidar de otro ser vivo me llevó un tiempo.

La noche que la llevé a casa fue la primera vez que la separaban de su madre. Lloró toda la noche, y finalmente terminé cediendo y dejándola dormir en mi cama.

—No te vayas a acostumbrar, Mochi —dije.

Durmió en mi cama las siguientes semanas. Entonces una mañana me di vuelta y abrí los ojos. Mochi ya estaba despierta al lado mío, con la cabeza apoyada en las patas.

—¿Cómo está mi cachorrito? —pregunté con voz de bebé.

Levantó la cabeza cuando vio que estaba despierta, abrió la boca y vomitó un par de bragas que había sacado de mi canasto de ropa sucia y que se había tragado.

Me había conseguido un perro sin tener la menor idea de la responsabilidad que implicaba. Pero así y todo asigné los primeros $35 de cada turno que trabajaba para pagar una guardería de perros. Tal vez haya sido la única decisión responsable que tomé ese año.

Comenzaba mi mañana fumándome un cigarrillo camino al trabajo. Mis cigarrillos preferidos eran los Camel mentolados. Después de dejar a Mochi en la guardería de mascotas, me fumaba un cigarrillo mientras manejaba por la autopista de la costa del Pacífico camino a Malibu. Cuando llegaba a Gladstones, me instalaba detrás del bar y comenzaba mi día con un trago al que llamaba "Trago Barack". Obama acababa de ser elegido, y la bebida era una mezcla de ingredientes oscuros y claros. Sabía a un delicioso café mocha helado, mezclado con vodka. Me quedaba bebiéndola toda la mañana.

TRAGO BARACK

2 shots de café espresso
1 shot (o 2) de Vainilla Stoli
1 shot de Kahlúa
½ shot de Baileys
1 cucharada de cacao en polvo
2 medidas de helado de vainilla
(se puede reemplazar por crema de leche diluida o almíbar).

Combinar los ingredientes con hielo. Agitar. Mezclar. Disfrutar (por favor, disfrutar responsablemente, no como yo).

TIP DE BARMAN: ¿Cuál es el equivalente de un shot? Verter y contar hasta cuatro.

Los domingos había dos productores hip-hoperos que venían pedaleando en bicicletas de carrera de última generación y pedían mariscos con carne y margaritas Cadillac. Me daban una propina de treinta dólares en efectivo y suficiente marihuana para estar varios días colocada. Durante la semana uno de los clientes habituales del bar les vendía Vicodina a las meseras y me regalaba una o dos pastillas por pasar el efectivo y las pastillas entre él y el personal de servicio sin que se enterara nuestro jefe.

Me quedaba mirando el océano mientras volaba con la vicodina, bebía whisky al mediodía y miraba los delfines entre las olas. La TV encima del bar estaba permanentemente encendida en el canal de SportsCenter. Estaba fascinada con los momentos culminantes de las MMA.

—Yo podría estar haciendo eso —decía en voz alta.

Todas las personas que estaban en el bar asentían a medias para seguirme la corriente. Era evidente que nadie me creía. Todo el mundo sabía que no estaba haciendo absolutamente nada con mi vida.

Había soportado tanto para llegar a las Olimpíadas. Durante el camino me dije que el resultado sería asombroso; que todo valdría la pena. Pero la verdad es que si bien había sido asombroso, no valió la pena. Darme cuenta de eso me destrozó. Había soñado con las Olimpíadas desde niña. Gané una medalla olímpica, pero sentía que me habían defraudado.

La desilusión me atormentaba. No sabía cómo manejarla. Intentaba beber para sentir cierto grado de satisfacción, pero seguía siendo infeliz y no entendía por qué. Me pasé todo ese año perdida. No alcanzaba a descubrirlo, pero me faltaba algo.

DESCARTA TODA INFORMACIÓN QUE NO SEA ESENCIAL

Cuando estoy en una pelea, mi cerebro capta un millón de cosas al mismo tiempo: el volumen del público, el brillo de las luces, la temperatura en el estadio, cada movimiento dentro de la jaula, cualquier tipo de dolor en el cuerpo. Un luchador menos experto estaría abrumado.

Yo tomo toda la información, pero solo proceso lo que importa: la distancia entre mi espalda y la jaula, cada movimiento que hace mi contrincante, su esfuerzo para respirar, el impacto que siento en el puño cuando le golpeo la cara. Cualquier cosa que suceda a mi alrededor que no sea relevante para mi triunfo o fracaso es completamente desestimado.

Todo es información. La información que eliges reconocer y la información que eliges ignorar depende de ti. Puedes dejar que factores externos y fuera de tu control te hagan perder el foco. Puedes dejar que los músculos que te duelen te paralicen. Puedes dejar que el silencio te haga sentir incómodo. Al elegir enfocarte solo en la información que es necesaria, puedes acallar todas las distracciones, y lograr mucho más.

Intentaba encaminar mi vida. Quería sentirme satisfecha con mi empleo de barman, pero definitivamente servir tragos durante las siguientes décadas no iba a funcionar. El judo no me había hecho feliz, pero no hacer judo tampoco me estaba haciendo feliz. Me empecé a preocupar porque no hubiera nada que me fuera a deparar la felicidad o por haber perdido la oportunidad de ser feliz. Solo intentaba sobrellevar cada día. Ahora que ya no estaba haciendo judo, aprendí rápidamente quiénes eran mis verdaderos amigos. Uno de esos amigos de verdad era Manny Gamburyan. Habíamos hecho judo juntos desde que yo tenía once años, y Manny era el que abría el gimnasio y quien pasó horas trabajando conmigo después de mi cirugía de la rodilla. Era bueno en judo, pero no se había dedicado a eso. En cambio, se volcó a las MMA. Después de las Olimpíadas, Manny me llamaba de vez en cuando para ver cómo iba todo.

—Deberías venir a hacer grappling con nosotros —decía Manny.

—Ok, voy a ir —le dije. Necesitaba el ejercicio. Parecía como si alguien hubiera tomado un inflador de bicicletas y me hubiera transformado en una versión inflada de mí misma.

—Nos encontramos en Hayastan —dijo Manny.

Era el mismo club donde me había ayudado a recuperarme sobre el tatami tras mi operación, pero lo habían mudado a otro lugar. Aun así, volver a entrar al club me resultaba familiar. Seguía oliendo igual: a transpiración y a colonia. Habían mejorado el lugar, pero muchas de las caras eran las mismas. Varios tipos que conocía del judo juvenil estaban allí haciendo MMA. Hablaban entre ellos en armenio. Aventé mi bolso a un lado del tatami y observé la sala. Una docena de tipos ya estaban haciendo grappling. No había ni una sola chica en el lugar.

—¡Ron, viniste! —dijo Manny. Me dio un abrazo—. ¿Estás lista?

—Nací lista —le dije. Luchamos durante más de una hora. Manny venía hacia mí con toda su fuerza, y yo lo recibía con la misma fuerza. Para cuando terminamos la práctica, estaba empapada de sudor y tenía algunos moretones nuevos.

—No tan mal, Ron —dijo Manny—. Tuviste suerte, te la hice fácil.

—¡Sí, claro! —le dije, riendo.

Volver al tatami se sentía bien. Después de ese primer entrenamiento, decidí volver a hacer grappling con Manny regularmente. Me seguía apasionando como antes. Practicaba grappling los martes, pero entre el trabajo y el viaje a Hayastan en Hollywood, pasaba por la guardería de perros, buscaba a Mochi y la llevaba al parque de perros.

Mochi ya tenía cuatro meses, y recién había empezado a llevarla al parque. Casi siempre me cruzaba con el Chico Guapo Del Parque, pero nunca le hablaba. Era un tipo alto, buen mozo, de tez oscura, que hacía surf y llevaba tatuajes. Cada vez que lo veía, una vocecita me susurraba en la cabeza *Ooh la la*, con acento francés. Cuando me daba cuenta de que me había quedado mirándolo, apartaba la vista rápidamente y hacía de cuenta que solo tenía ojos para Mochi.

Un día su perro se acercó y empezó a molestar a Mochi. Mochi corrió detrás de mis piernas para esconderse y Chico Guapo Del Parque no tuvo otra opción que acercarse. Por dentro, gritaba: ¡Cielos! ¡Chico Guapo *Del Parque se dirige hacia acá!*

Terminamos hablando sobre nuestros perros, y después seguimos con ese tipo de charla trivial que después ni recuerdas. Después de un tiempo, me invitó a surfear con él. Sí, era guapo, pero la verdad es que yo quería aprender a surfear. Era una de esas cosas que siempre había querido hacer. Después de tantos meses de fumar y tomar, anhelaba un desafío físico, y el océano parecía un contrincante lo suficientemente fuerte como para enfrentar.

—*Cool* —dijo—. Salimos a las cinco de la mañana.

No podía ni hablar; tenía tanto miedo. Si hubiese podido emitir una palabra, habría dicho: "¡¿Cinco de la mañana?! ¿Me estás jodiendo?".

—*Cool* —repetí, mientras que saltaba de alegría para mis adentros.

A la mañana siguiente, llegué a su casa antes que amaneciera. Estaba nerviosa, pero entusiasmada. Condujimos hacia el norte por la autopista de la costa del Pacífico en su viejo Pathfinder. Las ventanas estaban entreabiertas, y el aire era húmedo y fresco. Viajamos en un silencio total.

Él sabía que yo no tenía ni idea de cómo surfear, pero cuando llegamos a la playa me entregó una tabla y un traje de neopreno.

—Bueno, vamos —me dijo.

Y eso fue todo; se dirigió al agua. Lo vi internarse en el mar remando, y acto seguido, arrastré mi tabla por la arena hasta el agua helada.

Paf. Una ola me volcó. Intenté subirme otra vez. Apenas me acostaba encima de la tabla —*paf.* El agua de mar congelada me entraba en la nariz, y yo salía tosiendo e intentando recobrar el aliento. Otra ola. *Paf.* Sentía que estaba en un lavarropas con una tabla de surf atada al tobillo.

Por una hora, el mar me rompió el trasero. Después Chico Guapo Del Parque surfeó una última ola y volvió remando. Esperé un minuto o dos para que no creyera que estaba desesperada por salir del agua, y después me arrastré torpemente junto con mi tabla a la orilla.

Subimos las tablas al coche, y condujimos a casa en un silencio cómodo. No tenía ni idea de si estaba interesado en mí o no. Pero yo sí estaba interesada en él y realmente quería aprender a hacer surf. Hicimos planes para volver dos días después.

Seguía sin saber qué quería de mi vida, pero comenzaba a aburrirme de fumar y beber. *Se supone que debo empezar a entrenar de nuevo en agosto*, me recordaba a mí misma. Pero en lugar de estar motivada por mi posible regreso al deporte al que le había dedicado toda mi vida, la idea de planear una vuelta me deprimía. De cualquier manera, decidí que iba a volver a ponerme en forma.

Después de media decena de citas de surf en silencio, le pregunté a CGDP si quería salir a correr por las colinas conmigo. Dijo que sí, pero la noche en la que debíamos encontrarnos, no apareció. Esperé casi una hora, revisando el celular, convenciéndome de que había quedado atrapado en un embotellamiento. Por un momento casi me dejo dominar por la autocompasión, pero en lugar de eso llamé a otro tipo que me había dado su número hacía poco y arreglé una cita para el siguiente fin de semana. Después me fui a correr. Con cada colina atravesaba una nueva emoción.

Colina 1: Negación. *Llegará. Se le hizo tarde. Tal vez se le descompuso el coche.*

Colina 2: Tristeza. *De verdad me gustaba mucho. No puedo creer que no haya aparecido.*

Colina 3: Confusión. ¿Pude haber recibido la señal equivocada? ¿Me vería solo como amiga? ¿Fue algo que dije?

Colina 4: Rechazo. *No le gusto. Qué ridícula que fui al siquiera pensar que podría haber estado interesado.*

Colina 5: Enojo. ¿Sabes qué? Que se vaya a la mierda.

Colina 6: Apatía. *Da igual. Ya lo superé.*

Justo cuando estaba terminando, CGDP apareció en lo alto de la colina. Su coche estaba lleno de bolsas de basura blancas que parecían haberse llenado a toda prisa con sus pertenencias. Su perro, Roxie, estaba apretado entre las bolsas. Ni siquiera podía ver por la ventana trasera. Yo estaba a mitad de camino a la cima cuando bajó del coche y se paró al lado para esperarme. Alcancé la cima de la colina y me paré con las manos en las caderas mientras recuperaba el aliento.

—Me echaron de mi casa —dijo. No era una disculpa, solo una explicación.

Después CGDP desapareció. Dos semanas después lo vi en el parque de perros. Cuando miró en mi dirección, hice de cuenta que no existía. Se acercó igual.

—Quiero pedirte disculpas. Estoy pasando por un momento de mierda.

—Mmm —dije, con frialdad.

—Así y todo, ¿todavía tienes ganas de salir conmigo?

Sí quería. No lo podía evitar. Me atraía. Así que arreglamos una cita, y ahí empezó todo. Comenzamos a pasar todo el día juntos. Ni siquiera volví a llamar al chico que tenía de reemplazo. Nunca le di una explicación.

CGDP y yo retomamos nuestras citas de surf, pero ya no en silencio. Yo conducía hasta la casa de un amigo suyo, donde se estaba quedando, sonriendo durante todo el camino de lo contenta que me ponía ir a verlo. Durante el camino, subiendo de ida y bajando de regreso por la costa, hablábamos y escuchábamos música. Me llevaba a las casas de sus amigos, donde a veces mirábamos combates de las MMA. Siempre estaba interesado en mis observaciones. Me hacía preguntas y respetaba mis análisis. Yo le mencioné que estaba interesada en hacer MMA.

—Sí, nena, anímate. Deberías hacerlo —dijo.

Íbamos a Trader Joe's y comprábamos comida casera que él cocinaba. Llevábamos a Mochi y a Roxie a los parques de perros de toda la ciudad, y después a casa donde los dos caían rendidos al suelo, exhaustos. Pero, sobre todo, nos encerrábamos en su pequeña habitación, a la que le decíamos "la cueva", nos echábamos en la cama y charlábamos. Discutíamos sobre bandas de música y películas. Teníamos un sentido del humor parecido y nos reíamos durante horas. Hablábamos sobre nuestras vidas. Él me contó de su hijo; yo le conté de cómo perdí a mi papá. Él me contó de su recuperación de una adicción a la heroína, y que ya llevaba cinco años sin consumir. Yo le confié mi desolación después de haber perdido las Olimpíadas. Con él, me sentía comprendida.

Un día me desperté al lado de CGDP, miré esos ojos marrones que ya había llegado a amar y me di cuenta de que simplemente no podía soportar no estar a su lado. Llamé al bar y les dije que estaba enferma. La política de Gladstones es que, si llamas para avisar que estás enfermo un fin de semana, necesitas un certificado médico para volver. Cuando regresé sin el certificado, me dijeron que ya no podía trabajar más ahí hasta que lo consiguiera. Nunca regresé.

Había pasado el último año buscando algo que me hiciera feliz, y tal vez, finalmente, lo había encontrado. Con CGDP los días pasaban, las semanas pasaban, y estábamos tan felices que ni siquiera nos dábamos cuenta. Todo el resto pasó a segundo plano.

LAS RELACIONES QUE SE ARRUINAN FÁCILMENTE NO VALEN LA PENA

Creo que si alguien está a cargo de una parte tan valiosa e importante de mi vida como mi carrera profesional, yo debería importarle un poco.

Necesitas un entrenador que se preocupe por ti y no solo por sus propias estadísticas. Muchas personas encuentran a un coach que hace muy bien su trabajo, pero a quien no le importas como persona. Cuando una persona a quien no le importas toma decisiones que afectan tu vida, estas suelen terminar siendo decisiones equivocadas.

Cuanto más tiempo hayas estado vinculada con un entrenador o, en realidad, con cualquiera, más difícil es terminar la relación. Muchas personas se quedan demasiado tiempo en un lugar porque no quieren enfrentar una conversación difícil o arriesgarse a arruinar una relación. Pero si las personas que tienes alrededor no están dispuestas a aceptar lo que es mejor para ti,

esa relación valía menos de lo que pensabas. Una relación valiosa es capaz
de soportar el proceso.

Decidí que volvería a practicar judo, pero bajo mis condiciones. Le había
dicho a todo el mundo que solo me tomaba un año, y el año se había
cumplido. No me preocupé por perder mi empleo en Gladstones, porque
regresaba al judo. La financiación que recibiera como atleta de judo
incluso me permitiría entrenar para las MMA.

Durante cuatro meses viajé intensamente como parte de mi regreso al
judo. Durante un viaje a Japón, estaba sentada en las residencias para deportistas de un campo de entrenamiento cuando finalmente me di cuenta
de todo: me sentía desgraciada, y me sentiría desgraciada haciendo esto
todos los días de mi vida durante los siguientes tres años hasta las Olimpíadas. Volví al momento en que había ganado la medalla de bronce y lo
efímero que había sido el sentimiento de felicidad que lo acompañó. No
creí que una medalla dorada me fuera a hacer tanto más feliz. No quería
seguir sintiéndome desgraciada. Interrumpí mi viaje a Japón y regresé a
casa.

Cuando llegué a casa, diseñé un programa de entrenamiento desqui-
ciado y completamente focalizado en las MMA y el judo, que me permitiría cambiar un poco lo que hacía todos los días. Se basaba en ciclos de dos
semanas, para poder asegurarme de que me estaría ejercitando en todas las
disciplinas, pero también tendría opciones para cambiar el entrenamiento. Por ejemplo, en cualquier periodo de catorce días, tendría que hacer
ocho prácticas de judo, cuatro prácticas de boxeo, cuatro prácticas de grappling, dos sesiones de fuerza y de acondicionamiento, y un par de rutinas
de ejercicios aleatorios, que podían ser desde atravesar dunas de arena
corriendo hasta hacer surf. Si no tenía ganas de hacer judo un día, podía
hacer otra cosa. Si tenía ganas de practicar surf, podía practicar surf. No
importaba si iba a judo ocho días seguidos o día por medio mientras cumpliera con la cantidad de entrenamientos que me había propuesto en el
ciclo. Por primera vez en mi vida, era yo la que decidía cómo entrenaría.

Después de tomarme un año, había cambiado. Todo este tiempo había
estado centrada en mí misma, tratando de decidir yo sola qué hacer con
mi vida. Era yo la que tomaba las decisiones —no siempre con los mejores
resultados—, pero eran mis propias decisiones. Y ahora quería elegir hacer
las cosas de manera diferente.

En mayo de 2010 volé a Myrtle Beach para el Campeonato Nacional de judo en categoría senior. Era la primera vez que competía en un torneo importante desde las Olimpíadas, pero no cabía duda de que iba a ganar. Todo el mundo estaba excitado con mi reaparición, creyendo que significaba mi regreso para las Olimpíadas de 2012.

Little Jimmy y yo estábamos parados sobre el tatami de calentamiento uno al lado del otro. Me había ayudado a entrenarme desde que era una muchachita de dieciséis años. Había sentido admiración por él la mayor parte de mi vida: como ídolo deportivo, como compañero de equipo olímpico y como entrenador. Ahora, a los veintitrés años, quería que Jimmy me entrenara para las MMA. Le conté sobre mi plan para hacer una transición a las MMA. Hizo un silencio absoluto. Seguí adelante con el pequeño discurso que había practicado.

—USA Judo se beneficiaría mucho más por el hecho de que alguien que viene del mundo del judo como yo se convirtiera en campeona mundial de las MMA y demostrara que es un arte marcial legítimo para la defensa personal —dije—. Eso atraería más la atención sobre el judo que cualquier otra cosa, incluso el hecho de que yo ganara la medalla de oro olímpica.

Jimmy entornó los ojos, asintiendo con la cabeza. Sabía que estaba hablando demasiado rápido, pero no quería que me flaqueara la voz ni la confianza en mí misma. Le dije que no quería regresar a Boston. Le dije que quería seguir mi propio cronograma de entrenamiento.

—Quiero hacer judo, pero también quiero hacer las MMA —le dije.

Cuando terminé, Jimmy me miró, como si estuviera decidiendo si estallaba en un ataque de furia o soltaba una carcajada histérica.

—¿Qué esperas que te responda? ¿Qué apoyo tu decisión? Porque estoy completamente en contra. ¿Quieres que te diga que te ayudaré con este ridículo plan? No lo haré. Estás malgastando tu talento. Si no quieres hacer judo, no hagas judo. Deja de perder el tiempo de todo el mundo. Pero salvo que estés cien por ciento dedicada a este deporte, no obtendrás financiamiento para hacer judo. Yo mismo me ocuparé de que así sea. Te deseo suerte —dijo con voz condescendiente—, vas a necesitarla, porque este plan que tienes jamás funcionará.

Luego me dio la espalda y se marchó. Jimmy acababa de descartarme sin pensarlo dos veces.

Me quedé paralizada mientras lo veía alejarse. Entonces una burbujita de ira se formó en la periferia de mi cerebro, pero antes de que saliera a la superficie fue reemplazada por determinación. *Vas a arrepentirte del día en que tuvimos esta conversación. Seré la atleta que más lamentes haber perdido durante el resto de tu vida.*

Estaba preparada para alejarme de Jimmy, pero no del judo. Aún no. Viajé a Túnez para el Grand Prix de Túnez en mayo. Gané mi primer combate por ippon, pero perdí mi segundo combate. Regresé a casa, planeando ir a un torneo en Brasil. Pasé por el consulado brasilero para que me pusieran la visa en el pasaporte, pero al alejarme en el coche me di cuenta de que el torneo ya me provocaba pavor. Para cuando llegué a casa, había decidido suspender el viaje.

Mi relación con el judo, y mi relación con Little Jimmy, habían llegado a su fin.

ALGUIEN TIENE QUE SER EL MEJOR DEL MUNDO. ¿POR QUÉ NO TÚ?

—Alguien tiene que ser el mejor del mundo. ¿Por qué no tú?

Mamá me hacía una variante de esa pregunta todos los días.

—¿Por qué no puedes ser tú? —decía —. De verdad, ¿por qué no puedes ser tú? Alguien lo tiene que hacer. Están entregando medallas olímpicas. Están literalmente regalándolas. ¿Por qué no vas a buscar una?

Su pregunta no era retórica. Sabía todo lo que requería ser la mejor del mundo. Había sido campeona mundial. Ser la mejor del mundo no es fácil, pero es totalmente alcanzable… si estás dispuesto a hacer el esfuerzo. Mamá me enseñó a dar por sentado que yo podía ser la mejor.

—Maldita sea, Ronda. Si compitieras en las MMA les ganarías a todas esas chicas —me decía Manny. Estábamos sentados en el tatami, haciendo un descanso del grappling.

Mis habilidades habían inspirado respeto entre los tipos del gimnasio. No solo era buena por ser mujer, era mejor que casi cualquiera de los que frecuentaban el gimnasio. Manny solo estaba diciendo en voz alta lo que yo ya había descubierto y sabía desde que había visto la pelea entre Gina Carano y Julie Kedzie, cinco años antes. El hecho de que las personas a mi alrededor lo reconocieran liberó algo que tenía dentro, que ni yo misma sabía que existía.

—Sabes, creo que tienes razón —seguí la conversación como si la idea nunca me hubiese cruzado la mente—. Creo que puedo ganarles a esas chicas.

—Sin lugar a dudas —dijo Manny.

Le pregunté a algunos tipos más del gimnasio, unos que justo estaban parados cerca de nosotros. Era unánime: ninguna chica tenía ni la más remota posibilidad de ganarme en las MMA. Pronto empecé a preguntar:

—¿Crees que debería pelear? ¿De verdad crees que debería hacerlo?

La respuesta de todos era:

—No.

Todos pensaban que podía, pero nadie creía que debía hacerlo. Nadie consideraba que podía llegar a algún lado. No creían que ganar algo compitiendo en las MMA pudiera valer la pena para una chica. No había ningún respeto por las chicas de las MMA ni tampoco la posibilidad de una carrera para una mujer.

—¿Por qué querrías hacerlo? —Manny me preguntaba—. Sabes que eres la mejor del mundo y probarlo no te va a cambiar nada.

Tenía razón y, a la vez, no. Yo sabía que era la mejor del mundo y también entendía que, incluso siendo la mejor, no iba a poder ganarme la vida si el mundo de las MMA no cambiaba radicalmente. Pero disentíamos en que yo realmente creía que podía cambiar el mundo de las MMA, y él no creía que eso fuera posible.

—Alguien lo puede hacer —dije—. No puedes decirme que no es posible. ¿Quién en todo el puto planeta está más calificado que yo?

Manny se encogió de hombros.

El próximo paso era conseguir algunas peleas. Necesitaba un manager de peleas. Le pregunté al entrenador jefe del Hayastan, Gokor Chivichyan, si conocía a alguno y me recomendó a Darin Harvey, que alquilaba una pequeña oficina en Hayastan donde trataba de encontrar luchadores que pudiera representar. Darin era un tipo de cuarenta y pico que venía de una familia adinerada, hacía algunas artes marciales como hobby y había decidido que quería ser manager deportivo. Aseguraba haber sido clave en el éxito de luchadores como Bas Rutten, el pasado campeón de peso pesado de la UFC. Le pregunté a Darin si estaría interesado en ser mi agente de peleas y estuvo de acuerdo.

Las cosas se estaban acomodando, pero todavía había una cosa que me faltaba hacer: contarle a mamá. Por un par de semanas, evité el asunto, intentando armarme de coraje. Pero estaba resuelta a contarle mi plan; quería que me diera su aprobación. No quería escaparme otra vez para hacer algo con lo que no estuviera de acuerdo. Había trabajado duro para recomponer nuestra relación, y no quería dar ningún paso en falso.

Unos días más tarde, la abordé.

Mamá estaba sentada en el sillón de la sala de estar. Me posicioné a dos metros de ella, cerca de la cocina. Era el máximo de distancia que podía poner entre las dos y aún mantener contacto visual. Al ubicarme entre la mesa de la cocina y el horno, me di cuenta de que ella había quedado entre la única puerta de salida del apartamento y yo. Si las cosas no salían bien, estaba atrapada.

Por unos segundos, quedamos cara a cara. Después miré para otro lado. Ella no sabía qué le iba a decir, pero sí sabía que no iba a estar de acuerdo conmigo. Cambié inquieta el peso de un pie al otro, esperando que ella rompiera el hielo, pero mamá no me la iba a hacer fácil.

—Mamá —dije, después una pausa.

—No —dijo.

—Pero no dije nada —protesté.

—Ya sé, pero claramente será algo que no me guste —me dijo.

¿Cómo lo hace? Me di cuenta de que estaba aguantando la respiración y finalmente tomé aire.

—Mamá, sé que esto no suena como la mejor idea del mundo, pero siempre me preguntas por mis planes para el futuro. Creo que ya lo he definido, aunque sé que vas a estar en contra. De verdad quiero darle una oportunidad a todo este asunto de las MMA. Y si no funciona después de un año, me uniré a la Guardia Costera o iré a la universidad o lo que tú quieras. Pero siento que tengo una posibilidad concreta de lograr algo con esto. Y si fallo, entonces estaré contenta de decir que tú tuviste razón y de ser una adulta responsable. Solo dame un año.

Mamá no dijo nada. Se quedó como estaba, sentada, por un instante. No tenía expresión de enojo en la cara; de hecho, no podía descifrar lo que pensaba.

—Es la idea más estúpida que he escuchado en toda mi vida —dijo, repitiéndose para dar más énfasis—. La idea más jodidamente estúpida que he escuchado en toda mi vida.

Hablaba con un tono de voz calmo, mucho peor que si me estuviera gritando.

—Y decir que es la idea más jodidamente estúpida es decir bastante, porque has tenido unas ideas realmente idiotas —agregó.

—Pero mamá, es mi sueño —le dije—. Yo...

Me cortó el habla.

—Te hemos apoyado a lo largo de dos Olimpíadas. Yo cumplí con mi parte del trato. Hice todo lo que pude para mantenerte. Toda la familia ha hecho sacrificios por ti durante estos ocho años. Ahora es tiempo de que aterrices, busques un empleo y seas adulta. No es momento para anunciar "tengo el sueño de participar en las MMA". No pienso ser uno de esos padres que tienen a un hijo de treinta años que vive en su casa, comiendo su comida, solo porque tú tienes un sueño. Yo también tengo un sueño. Mi sueño es jubilarme algún día y ya soy una mujer grande. No voy a mantener económicamente a un adulto que está en perfecto estado físico. Es una idea estúpida. Deberías ir a la universidad y conseguirte un trabajo de verdad y dejar toda esta mierda estúpida.

Hizo una pausa para recobrar el aliento. Abrí la boca para responderle, pero no había terminado.

—Sin mencionar que esto es incluso excepcionalmente estúpido porque no existen las MMA profesionales para mujeres —dijo—. Sí, sé que hay tipos que se ganan la vida como luchadores profesionales, pero todos están en la UFC, y la última vez que me fijé no hay mujeres en la UFC, ni he oído hablar de planes para incorporar a mujeres luchadoras en la UFC.

—No te estoy pidiendo apoyo económico —dije—. Solo quiero tu aprobación para intentarlo.

—Pues no la tendrás —dijo mamá—. Pero estoy segura de que vas a perseguir esta fantasía ridícula de cualquier manera, porque ya me has demostrado que mi aprobación te importa un carajo.

No le hablé a mamá durante dos semanas. Me dejó algunos mensajes, pero evité atender sus llamados.

Revisé mi correo de voz.

—Ronda, habla tu madre. Sé que no me estás atendiendo el teléfono a propósito. Si estás esperando que cambie de opinión y deje de pensar que todo este asunto de las MMA es una idea estúpida, no lo he hecho. Llámame de todas maneras.

Esperar que cambiara de idea no iba a funcionar. La invité a cenar con Darin y Leo Frincu, mi entrenador de fuerza y acondicionamiento físico, para probarle que mis ambiciones en las MMA eran más que un sueño.

Nos encontramos en el Entreprise Fish Company. Darin, Leo y yo nos sentamos en la mesa que habíamos reservado y la esperamos.

—Es realmente un honor conocerla —le dijo Darin a mamá cuando llegó—. Ronda ha dicho tantas cosas maravillosas de usted.

—Seguro.

Darin me dirigió una sonrisa que decía: "No te preocupes, solo estoy entrando en calor". Yo le dirigí una mirada que decía: "No conoces a mi madre".

—Ronda tiene potencial para ser una verdadera estrella —prosiguió Darin. Mamá puso los ojos en blanco.

—¿No me cree? —preguntó.

—Me muestro escéptica —dijo, con la voz tensa.

La camarera había llegado para tomar nuestro pedido. Toda la charla de la mesa se detuvo de golpe. Mientras mamá miraba el menú, le disparé una mirada de súplica a Leo, del otro lado de la mesa.

—Ronda es una atleta increíble —intervino Leo, apenas se fue nuestra mesera—. Es una de las mejores atletas con las que he trabajado, y recién estamos comenzando. Tiene un potencial asombroso. Yo sé lo que hace falta para ser el mejor en un deporte —agregó—. Fui campeón del mundo de lucha libre.

—¿Lo fuiste? —Un destello de respeto iluminó el rostro de mamá.

—Sí, en 1994 competí para Rumania.

Mamá asintió.

—Ni siquiera ha alcanzado su máximo potencial —dijo Leo—. Todavía es joven. Ronda recién está entrando en su madurez. Podría ser la mejor del mundo.

—Eso no te lo discuto —dijo mamá—. Pero lo que quiero saber es después qué. Por lo que sé, no hay un mercado para mujeres luchadoras de las MMA. ¿O me equivoco?

Leo titubeó. Darin retomó rápidamente:

—Todavía no, pero vamos a cambiar eso. Ronda va a ser un fenómeno increíble. Vamos a conseguirle algunas peleas y a partir de ahí todas las piezas van a caer en su lugar. Tengo un muy buen presentimiento. Irradia muchísima energía.

—Soy experta en estadísticas, así que me baso más en hechos y datos que en energía. Espero que entiendan por qué me muestro tan escéptica —dijo mamá.

—Claro que sí —Darin asintió un poco demasiado enfáticamente.

La camarera nos trajo nuestros platos. Mamá siguió interrogando a Darin sobre sus calificaciones, los luchadores que representaba, su experiencia.

No pudo hacer mucho para defender su caso, y mamá comenzó a zumbar con desdén al escucharlo irse por las ramas. Trató de nombrar a algunas estrellas de reality shows y algunos otros nombres de poca monta. Se hundía rápidamente.

—Pero esas personas no son luchadores —mamá señaló.

—Eh, bueno, no.

—¿Entonces entiendes por qué tengo mis reservas? —preguntó una vez más.

—Lo entiendo —balbuceó Darin—, pero tenemos un plan. Lo tenemos todo pensado. No va a suceder de la noche a la mañana. Pero creo que en cuatro años, si Ronda recibe el apoyo que corresponde...

Hizo una pausa y miró a mamá, aparentemente esperando que ella se ofreciera a dar su apoyo. Mamá le echó una mirada de indignación y desconfianza a la vez.

—Ah, ¿estás diciendo que deberíamos apoyarla económicamente? —mamá preguntó con una carcajada.

—Yo puedo mantenerme —interpuse.

—Estoy invirtiendo mucho dinero en su carrera —dijo Darin.

—Eso es genial —dijo mamá, con condescendencia.

Quería deslizarme bajo la mesa y salir corriendo de ese restaurante, lo más lejos posible.

—No discuto las habilidades de Ronda como atleta —dijo mamá—. Pero sí pongo en tela de juicio la idea de que será una estrella que gane mucho dinero cuando, por lo que veo, no hay mucha demanda por luchadoras de las MMA.

Darin se quedó en silencio.

—¿Entonces entiendes por qué me muestro escéptica? —preguntó mamá una vez más.

Darin asintió con la cabeza.

—¿Y tú qué sacas de todo esto? —mamá le preguntó.

—Solo quiero que Ronda sea exitosa —dijo.

—¿Tienen un contrato?

—Tenemos un entendimiento —dijo—. Pero el día que Ronda deje de estar contenta con mi trabajo, simplemente me marcharé.

Mamá entrecerró los ojos.

—No se trata de negocios —dijo Darin—. Ronda es como una más de mi familia.

—Los negocios siempre son negocios —dijo mamá y después se dirigió a mí—. Y he llegado a la conclusión de que las únicas personas que son "familia" son, justamente, aquellas que son tu familia de verdad. Mira, si esto es algo que realmente quieres hacer, puedes hacerlo, pero lo harás sola. Te doy un año, eso es todo. Un año.

La alegría me invadió por completo. Salté de alegría para mis adentros; más aprobación que esa no conseguiría. Si bien no era absoluta, sería suficiente.

Cuando terminamos de comer, Darin hizo intentó lucirse pagando la cuenta con gran alharaca.

—Bueno Leo, fue lindo conocerte —dijo mamá—. Un año —me dijo dirigiéndose a mí. A Darin lo miró de arriba abajo y no dijo nada. Esa misma noche, me llamó un poco más tarde.

—Hola, ma. ¿Qué pasa?

—Un año —dijo, saltándose un saludo—. Y no confío en ese tipo Darin.

Esto realmente está sucediendo, pensé.

Este era mi sueño, y mamá me estaba dando la oportunidad de ir tras él, aun si ella misma no creyera del todo en él. Por mí estaba bien.

Si las personas no te creen cuando dices algo, entonces debes demostrárselo. Le prometí a mamá que le demostraría que ella estaba equivocada.

ENCONTRAR UN ENTRENADOR ES COMO ENCONTRAR UN NOVIO

Cuando estoy buscando un entrenador, hago un estudio comparativo. Se parece mucho a cuando sales con tipos. A veces conoces a un tipo genial, pero no es el indicado para ti. Cuando encuentras al entrenador adecuado, algo hace clic, y se siente bien. Si no tienes esa sensación es porque no tienes el entrenador indicado.

Los luchadores tienen que buscar a un entrenador con potencial, así como los entrenadores tienen que buscar a luchadores con potencial. Después de todo, se trata de una relación que se construye con el tiempo.

Creo que es muy importante que una persona tenga un entrenamiento de una calidad constante a lo largo de su carrera, en lugar de ir de un lado a otro. Con el tiempo, se establece una relación y un código de comunicación. Entrenar tiene que ver sobre todo con la comunicación y con la capacidad de transmitir

información de una persona a otra con bastante rapidez. Si puedes encontrar
todo esto en una persona, tendrán juntos una vida larga y feliz.

Cuando hice la transición a las MMA, sabía que podía ganarle por
sumisión a cualquier persona del planeta. Pero golpear era otra cosa. Estoy
segura de que sucede lo mismo con cualquier cambio de carrera. Traes
las habilidades que tienes, pero también tienes que desarrollar nuevas
destrezas. Para mejorar, tenía que encontrar un coach de striking. Fui a un
par de gimnasios diferentes, pero no me sentía a gusto con ninguno.

Recordé el consejo que me dio mamá cuando estaba buscando a un
entrenador de judo que me ayudara a pasar al siguiente nivel: "No hay un
entrenador que sea el mejor de todos; hay un entrenador que es el mejor
para ti".

Para comienzos de 2010 algunos de los tipos con los que entrenaba
en Hayastan también estaban trabajando en el Glendale Fighting Club
(GFC), cuyo dueño era Edmond Tarverdyan. Edmond era más joven que
la mayoría de los entrenadores. No tenía siquiera treinta años, pero dirigía su propio gimnasio y entrenaba a luchadores desde los dieciséis años.
Los tipos de Hayastan consideraban que Edmond era un buen coach de
striking, y fui a conocer el lugar.

La primera vez que entré al GFC, estaba lleno de tipos que hablaban
armenio. Se dieron vuelta para mirarme cuando entré, como si hubiera
aterrizado de otro planeta. No entendía lo que decían, pero estaba bastante segura de saber lo que pensaban. "¿Quién diablos es esta chica, y que
hace en nuestro gimnasio?". Sabían que Edmond "no entrenaba chicas",
y que nunca iba a "entrenar a una chica".

Manny me presentó de todos modos. O supongo que fue lo que hizo
porque la conversación concreta entre él y Edmond fue "[algo en arme-
nio], Ronda". "[Más armenio.]".

Edmond ni siquiera miró hacia donde yo estaba.

En todo momento había entre diez y quince tipos en el club: golpeán-
dole al saco, haciendo ejercicios, andando en bicicleta, trabajando con Edmond en el ring con guantes foco, y haciendo sparring. Y luego estaba yo,
la rubia que no tenía la menor idea de lo que significaba boxear. Manny
comenzó a hacer ejercicios, y yo me quedé de pie sola, oyendo el zumbido
de la bicicleta fija, el golpe de los guantes y la música armenia que se oía
por los parlantes. Nadie me habló, ni en armenio ni en inglés.

Me puse los guantes y comencé a pegarle al saco pesado. Sabía que mi técnica era deplorable, y nadie se tomó la molestia de corregirme. Me sentí como una idiota; tenía aspecto de idiota, pero me puse a trabajar. Mientras me ejercitaba, observé a Edmond dándole instrucciones a Manny dentro del ring. Aunque Edmond estaba instruyéndolo del otro lado del gimnasio en un idioma extranjero, lo entendí mejor de lo que jamás había entendido a un entrenador. Observé cómo corregía a Manny y comencé a aplicar las mismas correcciones a mis golpes.

Regresé al día siguiente, al siguiente, y al siguiente. Ir al GFC se volvió lo más importante de mi día. Llegaba al gimnasio entre las ocho y media y las nueve, que para los armenios es temprano. Las puertas estaban cerradas con llave, y yo no tenía la llave.

Lo llamaba a Manny, que me decía que lo llamara a Roman, que me decía que lo llamara a Edmond y me daba el teléfono de Edmond.

—Oye, ¿va a venir alguien a abrir el gimnasio? —preguntaba cuando Edmond respondía.

—Sí, alguien va a ir —decía Edmond, exasperado—. Sevak llegará pronto.

Me sentaba sobre mi bolso fuera de la puerta trasera del gimnasio y esperaba. El sedán de Sevak entraba en el estacionamiento del GFC. Yo me paraba y daba saltitos entre un pie y otro.

—Buenos días —le decía alegremente mientras me abría las puertas.

Sevak me abría la puerta para que entrara. Tenía veintiún años, dos años menor que yo, pero había estado entrenando bajo Edmond desde los catorce y enseñando en el GFC durante un par de años. En lo que se refería al trato conmigo, imitaba a Edmond, pero al menos no me ignoraba por completo.

Sevak encendía las luces, y luego se sentaba detrás del escritorio. El gimnasio estaba impecable, consecuencia de la obsesión de Edmond con la limpieza. Entonces yo pasaba por la puerta. El ring de box estaba a mi derecha, y detrás había un enorme mural de Muhammad Ali con Edmond en posición de pelea, y las palabras "Nada es imposible" en grandes letras rojas.

Me envolvía las manos, lamentándome de mi falta absoluta de profesionalismo al hacerlo. Hacía lo que podía, y luego me ponía a trabajar, golpeando el saco. Poco a poco el lugar se iba poniendo más bullicioso a medida que los luchadores iban llegando.

Edmond se presentaba entre las diez y las once de la mañana. Le decía algo a Sevak en armenio y lanzaba un grito para llamar al primero que le tocaba entrenar. Luego se metía en el ring y se ponía a trabajar.

Una vez, cuando terminó su primera sesión de entrenamiento, Edmond se bajó del ring y se dirigió a su bolso para sacar algo. Entonces, me acerqué a él.

—Edmond, ¿puedo hacer focos contigo? —pregunté por enésima vez, para que sostuviera los guantes acolchados que recibían mis golpes.

—No, estoy demasiado ocupado —dijo Edmond, sin siquiera levantar la vista.

—Tal vez me puedas armar una rutina —dije—. Me gustó mucho el trabajo de pies que me diste hace un par de días.

—Ve y golpea el saco —dijo Edmond, desestimándome con un gesto de la mano.

Caminé hacia el pesado saco y comencé a golpearlo. Me sentía como una idiota. Escuché a dos tipos del otro lado del gimnasio riéndose y sentí que la nuca se me ponía roja. Sabía que mi técnica era un desastre. Golpeé el saco más fuerte, y seguí golpeándolo. Quería que Edmond viera que estaba haciendo lo que me dijo que hiciera. Mientras me entrenaba, miraba a Edmond para ver si aprendía algo, pero era difícil hacer ambas cosas a la vez.

Cuando Edmond volvió al ring para entrenar al siguiente tipo, un boxeador que reconocí llamado Art Hovhannisyan, me tomé un descanso de mi entrenamiento y comencé a rebotar de atrás hacia delante sobre una de las cubiertas que daban al ring.

Edmond y el luchador se desplazaban dentro del ring. *Paf. Paf. Paf.* El sonido de Art golpeando los focos resonaba en todo el gimnasio. *Paf. Paf.* Edmond se deslizó hacia la izquierda. Observé a Art atacando con otra serie de golpes. *Paf. Paf. Paf.* Edmond se movía de arriba abajo y serpenteaba. Art comenzó a avanzar una vez más, pero Edmond lo detuvo. Edmond comenzó a hablar a toda velocidad en armenio mientras Art lo escuchaba, y asentía con la cabeza en señal de haberlo entendido. Luego Edmond golpeó el aire un par de veces, en tanto seguía haciendo comentarios. Art replicó en armenio y Edmond sacudió la cabeza como diciendo, "No, eso es un error". Volvió a mostrar el movimiento, y Art dijo algo en armenio, que Edmond aprobó enfáticamente con la cabeza. Luego ambos se volvieron a enfrentar en el ring. *PAM. PAM. PAM.* El sonido de los golpes pegándole a los focos fue mucho más fuerte. Art lo volvió a hacer. *PAM. PAM.*

—¡Dispara lava! —gritó Edmond, y supuse que el significado era, "Sí, sí, eso es".

Lancé algunos golpes débiles al aire, memorizando la combinación que acababa de ver para probar con el saco después.

Me estaba volviendo una experta en leer el lenguaje corporal. Tal vez Edmond se negara a darme clases privadas, pero estaba aprendiendo más solo de verlo pelear con otros luchadores de lo que había aprendido alguna vez con todos los demás entrenadores de striking de habla inglesa con los que había trabajado. Volví a concentrarme en las sesiones de entrenamiento en el ring. Fijé la mirada en Edmond estrechando los ojos. Tal vez, si hacía suficiente fuerza mental lograría que trabajara conmigo.

Esto siguió así durante por lo menos tres meses. Yo seguía yendo todos los días, y Edmond me dejaba entrar gratis. No tener dinero hacía que me sintiera aún más motivada. Estaba decidida a trabajar más duro que cualquiera. Comencé a ir al gimnasio de Alberto Crane en el Valle para entrenar en las mañanas y hacer sparring de MMA antes de ir a Glendale. Me iba del entrenamiento un poco más temprano para llegar al GFC.

Aun así, seguía siendo la primera en llegar al gimnasio por la mañana, lo cual significaba llamadas diarias a Edmond preguntándole si alguien vendría a abrir el gimnasio. Esto sucedió tantas veces que Edmond se cansó y me terminó dando la llave. No quería entrenarme, ¡pero yo tenía una llave! Fue entonces cuando advertí que exasperar a Edmond era la mejor manera de conseguir lo que quería. Decidí volverlo loco hasta que terminara cediendo.

Observaba a Edmond entrenando a todo el mundo y le seguía pidiendo que me ayudara a hacer focos. Le pedía todos los días, y todos los días me decía que no.

La mañana del 16 de julio de 2010, abrí el gimnasio del GFC. Ya hacía cuatro meses que iba al gimnasio de Edmond, y él básicamente hacía de cuenta que yo no estaba allí. Los luchadores comenzaban a aparecer para entrenarse, y el gimnasio se ponía en movimiento. Yo estaba sentada detrás del mostrador de la entrada, envolviéndome las manos, cuando Edmond entró con Art, que sin que yo lo supiera se estaba pesando para la pelea que tenía más adelante ese día. Art se subió sobre la máquina elíptica y comenzó a entrenar sin decir una palabra.

—Edmond, ¿me ayudas a hacer focos hoy? —pregunté.

Edmond ni siquiera me miró. Solo dijo:

—No. No quiero transpirar esta camisa —y siguió de largo.

Me quedé con la boca abierta. La ira me sacudió por dentro mientras pensaba, ¿Qué? ¿No quieres transpirar tu camisa por mí? ¿Como yo trans-

piro por ti todos los días tratando de impresionarte? ¿Como transpiraba
en el gimnasio en el que entrenaba antes de venir aquí y suplicarte que
me des un poco de tu tiempo? Por cierto, estamos en un gimnasio. Oh, y
puedes cambiarte la maldita camisa. No dije todo eso, pero de pronto me
volví loca. "¡Eso es una puta mentira!", grité en medio del gimnasio. El
silencio se adueñó del lugar.

Edmond giró hacia mí, sin poder creerlo. Su tono era frío.

—No me vuelvas a decir una palabrota en mi gimnasio.

Echando humo, tomé mis bolsos y me fui. Tuve que contener las
lágrimas.

Jamás iba a ganar el respeto de Edmond trabajando duro. Me rendía.
Estaba exhausta de entrenar en un lugar donde no me aceptaban. Iba a
tener que pensar en un modo de entrenar sola.

Me alejé en mi coche. No habían pasado dos kilómetros que me di
cuenta de que me había olvidado los guantes en el gimnasio. ¡Mierda!

Me sonó el teléfono. Era Edmond. Dudé antes de responder, y luego
abrí la tapa del teléfono.

—¿Hola?

—Ronda, soy Edmond. Vuelve acá y llévame al banco. Vamos a hablar.

Hice una vuelta en U ilegal y volví al gimnasio. No sabía qué esperar,
pero por lo menos iba a recuperar mis guantes. Lo que no había pensado
era cómo reaccionaría Edmond al ver el estado de mi auto. ¿Vieron esos
anuncios de desodorante de auto en los que llenan un coche con basura, lo
ponen al sol y luego traen a las personas con los ojos vendados para ver
lo bien que funciona el producto? Mi coche era un poco así, pero sin el
aroma fresco. Imaginen un canasto de ropa sucia lleno de prendas trans-
piradas de gimnasia. Luego mezclen eso con una perrera. Ahora imaginen
si ese mismo coche tuviera juguetes de plástico pegados en todo el interior,
en parte para que tuviera un poco de personalidad y un poco para distraer
del panorama deprimente de mi asiento trasero. No había lavado mi coche
en más de un año. Solo me funcionaba una ventana y no tenía aire acondicionado. Era verano en el Valle, y la temperatura en Glendale ese día
llegaba casi a los treinta y siete grados.

Volví a estacionar en el estacionamiento del gimnasio con un poco de
temor. Edmond salió del edificio, pero cuando echó un vistazo a mi auto
advertí su mirada de asco y dudó antes de tomar la manivela. Consiguió
no sé cómo deslizarse dentro del coche sin tocar ninguna superficie —era
como si estuviera flotando encima del asiento.

—Ve derecho y dobla a la izquierda —dijo Edmond de mala gana.

Asentí. Todo lo que yo tenía para decir lo había dicho en el gimnasio.

—Cuando viniste a verme, estaba pensando en Art —me explicó con su marcado acento armenio—. Solo dije que no quería transpirar porque quería ayudarlo a dar el peso. No estaba pensando en mis palabras.

Edmond explicó que como Art andaba enfermo, había estado bebiendo agua y estaba más pesado de lo que debía pesar. Art había venido al gimnasio para tratar de quitarse el exceso de kilos transpirando para dar el peso. Si había alguien que tenía que transpirar, Edmond quería que fuese Art. Edmond añadió que no se trataba de su camisa, pero que esa era la camisa que llevaría al pesaje, y no tenía una muda.

—No quise decirlo como me salió —dijo Edmond.

Fue una disculpa muy al estilo Edmond. No podía decir directamente que se disculpaba por mandarme a la mierda. De hecho, ni siquiera se trataba de una disculpa. Ni siquiera era Edmond diciéndome que no quería que me fuera. Era Edmond haciéndome saber que *tenía razón* en no entrenarme ese día.

Estacioné delante del banco. Edmond salió del coche mientras que yo seguía mirando fijo hacia delante. Dio algunos pasos, y luego retrocedió y se inclinó sobre la ventanilla del pasajero que estaba baja.

—No me dejes, ¿sí? —dijo—. Vuelvo enseguida. No te vayas, ¿sí?

Hizo una pausa, sin saber si me iba a alejar del borde de la acera o no. No pude evitar sonreír.

—Estaré aquí.

Unos minutos después, Edmond emergió y volvió a entrar en el coche.

—Escucha, Ronda, me doy cuenta de que has estado practicando —dijo Edmond—. Te veo entrenar duro.

Asentí.

—Tal vez no haya estado trabajando demasiado contigo —continuó.

—Es cierto —hice un esfuerzo sobrehumano para no responder con sarcasmo.

—Pero dedicaré más tiempo a entrenar contigo —dijo.

—¿En serio? —pregunté. Era la única palabra que me salía mientras me abstenía de decir lo que realmente quería decir, que era: "No será muy difícil teniendo en cuenta que no me has dedicado absolutamente nada de tiempo hasta ahora".

—Tal vez ayudándote a hacer focos —dijo.

—Eso sería genial —repliqué.

—¿Tienes una pelea dentro de poco? —preguntó Edmond.

—Mi debut como luchadora amateur es el mes que viene.

—Está bien. Yo me ocuparé de que estés preparada para eso —me dijo.

Estábamos de regreso en el gimnasio. Edmond abrió la puerta con rapidez y prácticamente se abalanzó fuera, poniendo toda la distancia posible entre él y la pocilga de mi coche.

—Bueno, te veré el lunes —dijo Edmond.

—El lunes —asentí.

Al alejarme manejando, esbocé una enorme sonrisa. Estaba a medio camino de casa cuando me di cuenta de que mis guantes seguían en el gimnasio. Tendría que esperar hasta el lunes para recuperarlos.

El lunes por la mañana, sonreí todo el camino al gimnasio. Apenas podía contener mi excitación. Había llegado el día. Llegué temprano, incluso antes que Sevak, y abrí la puerta para entrar. Cerca de una hora después, Edmond apareció en la puerta.

—Hola, Edmond, dijiste que hoy me sostendrías los focos. —No era una pregunta.

—Sí, claro —dijo—, después de entrenar a algunos tipos.

Edmond era capaz de dedicarle hasta una hora de entrenamiento a alguien si estaba realmente enganchado o sostener los focos durante menos tiempo de lo que dura un round (tres minutos), y luego pasar a otra cosa. Dependía del humor en el que estaba y si le gustabas o no. Yo no sabía cuántos tipos estaba pensando en entrenar antes que a mí, y no me importó. No me iría de ese gimnasio hasta que Edmond me ayudara a hacer focos.

Durante la siguiente hora esperé por ahí, entrando en calor y moviéndome de un lado a otro. Quería estar bien ágil para poder saltar dentro del ring en el momento en que Edmond me dijera: "Está bien, Ronda, ahora".

Entonces me llamó por mi nombre. Traté de no parecer demasiado excitada cuando entré en el ring. Quería que entendiera que me estaba tomando esto en serio y que era una persona con determinación. No dije una palabra. Había aprendido de Big Jim que a los entrenadores les encanta cuando te callas y haces lo que te dicen.

Trabajó conmigo unos minutos haciendo trabajos de pie básicos. Luego me enseñó a hacer un jab de izquierda. Le lancé uno. Estaba intentando permanecer tranquila, porque si estás dura no puedes dar golpes, pero estaba demasiado tensa porque estaba excitada y el jab me salió terrible. Me hizo lanzar algunos jabs más, y luego apenas sentí que me aflojaba un poco y comenzaba a hacer las cosas bien, Edmond me dijo: "Listo. Ya está".

Habíamos estado en el ring menos de veinte minutos.

Años después oí a Edmond decir en una entrevista que la mañana en que le grité fue un punto de inflexión, porque vio que yo tenía las agallas de decirle algo. En ese momento vio lo mucho que yo quería entrenar y se dio cuenta de que valía la pena entrenarme. En ese momento encontré a mi entrenador.

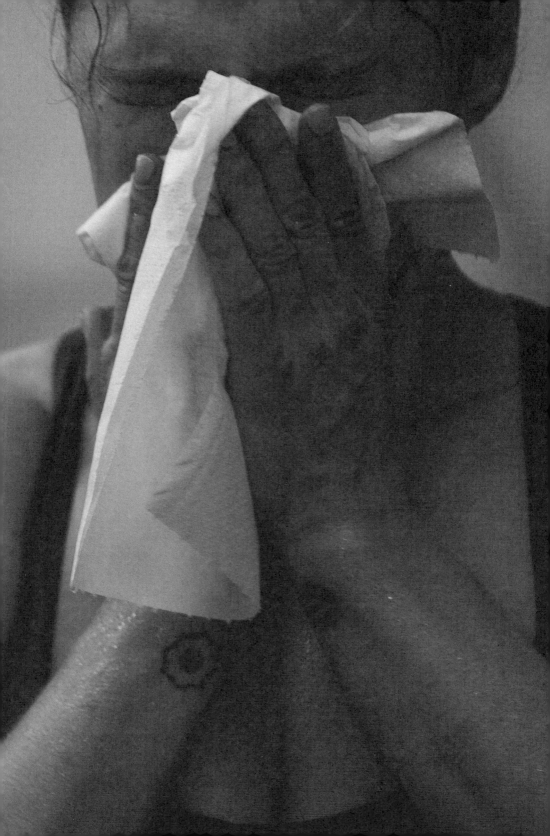

SERÁS PUESTO A PRUEBA

He perdido torneos, he perdido amistades, he perdido a mi padre. Sé que puedo superar cualquier dificultad. Sé que me puedo reponer cuando las cosas están en su peor momento. No tengo miedo de perder todo mi dinero ni de perder mi carrera, porque sé que he vivido hasta en mi coche y he podido salir adelante. Una vez que has conquistado las peores cosas, no tienes por qué temer lo desconocido. Te has convertido en una persona a prueba de todo.

Mi carrera en las MMA estaba despegando, pero necesitaba conseguir otro trabajo para cubrir mis gastos, al menos hasta que las peleas ganadas pudieran pagar mis cuentas. Hice de todo para encontrar un empleo. Mi hermana Maria llamó a un amigo de la escuela secundaria y me encontró un trabajo en un 24 Hour Fitness, para el turno noche. El trabajo apestaba, pero cada vez que me invadía el rencor, me imaginaba durmiendo en el asiento trasero del Honda.

Unas semanas después, encontré un segundo trabajo enseñando judo en un club, en el lado oeste de Los Ángeles. Y empecé un tercer trabajo como asistente de veterinaria en una clínica de rehabilitación para animales. Eran empleos precarios, pero alcanzaba para pagar (la mayor parte) de mis cuentas. Además, estaba tan enamorada de CGDP que, mientras él estuviera conmigo, no me importaba más nada.

Pero solo puedes vivir en una burbuja por un tiempo antes que explote. Después de casi un año de ser prácticamente inseparables, CGDP me llamó una noche cuando yo regresaba de una práctica de grappling.

—Necesito verte —me rogó.

Cuando llegué a su casa, estaba encogido sobre la cama. Roxie estaba agazapada en un rincón de la habitación; nunca la había visto tan asustada. Dejé mi cartera al lado de la puerta antes de entrar.

—Estuve bebiendo —dijo.

No entendí lo que quiso decir.

—No es el fin del mundo. Has bebido hoy, es un día perdido. Seguiremos adelante. Solo cuéntame todo lo que te está pasando.

Había tomado una botella de licor de malta de un litro antes que yo llegara y mientras nos quedamos sentados allí, sacó un pack de seis latas de cerveza y se las tomó todas. *Solo va a tomar hoy*, pensé para mí misma. *Solo déjalo sacarse esto de encima y mañana será otro día.*

Pasaron varias horas, y se desconectó de todo. Tenía las pupilas tan dilatadas que los ojos parecían color negro. No lograba que enfocara su mirada en mí.

—Me tengo que ir de viaje —dijo. Su tono de voz era monótono.

—¿Qué te pasa?

Como barman, estaba acostumbrada a ver personas que habían bebido mucho, pero nunca había visto algo así. Estaba empezando a asustarme.

—Tengo que irme de viaje —dijo de nuevo.

—Háblame. Estoy aquí.

Pero él estaba en otro lado. Seguía con la mirada perdida y se levantó para salir.

—No vas a salir de esta habitación, carajo.

No levanté la voz, pero me paré y le cerré el paso a la puerta.

Fijando la vista en un punto lejano, como si yo no existiera, trató de moverme a un lado como si fuera una silla que le estuviera obstruyendo el camino. Apoyé las manos en su pecho y lo empujé sobre la cama. Trató de levantarse, pero lo empujé de nuevo y se golpeó la cabeza contra la pared. Sentí un vacío en el estómago. Pensé que lo había herido, pero se sacudió el golpe, sin inmutarse, y trató de levantarse de nuevo. Lo empujé una vez más, más despacio esta vez. No opuso resistencia. Se quedó sentado por unos segundos, y después intentó de nuevo, como si se hubiera olvidado de todo lo anterior. Debimos bailar esta danza extraña unas doce veces. Cada vez que intentaba ponerse de pie, los músculos se me tensaban, y me preparaba para otro round. Y cada vez sentía una desazón mayor. CGDP se estaba alejando cada vez más de mí, y no podía traerlo de vuelta. Finalmente se quedó sentado en la cama.

Corrí a la cocina, encontré sus llaves sobre la mesada y las escondí en una alacena antes de correr de vuelta a la habitación en caso de que tuviera que frenarlo de nuevo.

Me senté a su lado, sintiéndome triste y agotada. Un rato después, se levantó como para ir al baño, pero en el trayecto hizo un giro pronunciado y se dirigió a la puerta de entrada.

Lo desvié, y me quedé vigilando la puerta durante la siguiente hora, para evitar que saliera por la única vía de salida del apartamento.

—Perdón —me dijo finalmente—. Lo siento. Vamos a acostarnos. Acostémonos un rato.

Estaba exhausta. Eran más de las tres de la mañana, y había estado haciendo guardia durante horas. Nos metimos en la cama en silencio. Lo miré a los ojos y pareció haber vuelto al presente; tal vez se le estuviera pasando la borrachera. Nos quedamos echados, y me estrechó entre sus brazos tatuados. Poco a poco me fui relajando hasta quedarme dormida.

Me desperté por la mañana, sola. Todo el contenido de mi bolso estaba desparramado por el suelo de la habitación. CGDP se había ido, llevándose mi coche.

Lo llamé al celular, pero no me atendió.

Llamé a todas las personas que se me ocurrieron. Llamé a su amigo Mike, a su amigo Luke, a su amigo Jack. Llamé a su madre. Llamé a mi madre. Todos me decían lo mismo: "Llama a la policía y denuncia el robo de tu coche. Buscarán tu coche y lo encontrarán".

Sentí un mareo y me temblaron las manos cuando llamé al 911. El operador no hizo mucho por tranquilizarme.

—¿Sabes que si denuncias el robo del coche y él se resiste, entonces tienen derecho a dispararle? —me explicó—. ¿Quieres eso?

—¡No! —dije, horrorizada—. ¡No quiero que le disparen a mi novio!

Enviaron un coche patrulla al apartamento. Llegaron dos oficiales; uno le llevaba una cabeza al otro, y los invité a pasar. Eran muy amables. El más alto me dirigió una sonrisa forzada, y su compañero sacó un anotador y lo abrió rápido. Les conté mi historia, y sus miradas cómplices de "lo entendemos todo" me dejaron en claro que ya habían escuchado algo parecido.

—¿De verdad van a dispararle? —les pregunté.

Los oficiales se miraron confundidos.

—No —dijo el más bajo—. Iremos a diferentes moteles y buscaremos en los estacionamientos. Intentaremos encontrártelo.

Su compañero me dirigió una mirada de compasión.

—Aquí hay un número donde nos puedes ubicar —dijo, entregándome una tarjeta, y después salieron a buscarlo.

Me quedé sentada en el suelo del apartamento de CGDP, apoyada contra la pared, y apenas me moví. Su perra Roxie estaba echada a mis pies.

—¿En qué carajo te has metido? —me pregunté en voz alta.

No tenía ni idea de qué hacer. Seguía revisando mi celular, dándolo vuelta en las manos. Lo miraba fijo, como si pudiera obligarlo a sonar con el poder de mi mente. Y entonces sonó. Era su madre. Nos habíamos conocido antes, al pasar, pero no teníamos una relación muy cercana.

—¿Qué pasó exactamente? —preguntó.

Hice un recuento de todos los hechos de la noche anterior.

—¿Dejaste que un adicto bebiera? —me preguntó con tono de acusación—. ¿Cómo pudiste hacer eso?

—Y-y-yo pensé que tenía un problema con la heroína, no con el alcohol —balbuceé.

—Increíble. Todas las sustancias adictivas se relacionan entre sí —dijo—. Sé que no quieres oírlo, pero todo esto es tu culpa. Tú lo empujaste a hacerlo. Avísame si tienes noticias de él.

Y cortó. Quince minutos después volvió a llamar. Dejé que el llamado pasara directamente a la casilla de voz. Una hora después oí a alguien en la puerta. Di un salto. Roxie empezó a ladrar como loca. Se abrió la puerta, y apareció su madre.

—¿Ni una palabra? —preguntó. Parecía menos enojada conmigo.

Negué con la cabeza.

—Este es el motivo por el que nunca deberías involucrarte sentimentalmente con un adicto —dijo.

Sacó su celular y empezó a hacer llamadas. Me quedé sentada en la cocina, en estado de shock. La madre de CGDP se dirigió a su habitación y empezó a arrojar ropa dentro de un bolso. Su teléfono empezó a sonar. Las dos nos sobresaltamos.

—No es él —me dijo, mirando la pantalla de su celular.

Más tarde, ese mismo día, CGDP entró caminando a su casa, sin más. Me sobrevino una ola de alivio. Tenía un aspecto de mierda, pero estaba bien. Se arrojó sobre la cama y empezó a llorar.

—Lo siento tanto —dijo atragantándose con su propio llanto.

Nunca lo había visto llorar antes. Confesó que se había llevado mi coche al centro para conseguir heroína. Lo único que había encontrado era crack, así que se pasó toda la mañana fumando crack y después dando vueltas en el coche. A medida que se le pasaba el efecto, cayó en la cuenta de todo. Estaba muy mal, peor de lo que lo había visto jamás. Ni siquiera podía mirarme a los ojos.

La situación era tan jodida que yo ni siquiera sabía cómo manejarla. Su mamá se hizo cargo con un asombroso nivel de organización; había transitado ese camino antes.

—Súbete al coche —dijo, con firmeza—. Vas a volver al centro de rehabilitación.

CGDP se puso de pie con lentitud, pero no discutió. Ella lo condujo al coche, un sedán de lujo. Fui tras ellos y Roxie me siguió de cerca. CGDP se sentó en el asiento de atrás y yo me senté al lado; Roxie se echó a sus pies. Era un viaje de cuarenta y cinco minutos hasta el centro de rehabilitación, y lo hicimos en silencio absoluto.

—Perdóname —me dijo una vez que salimos del coche.

Traté de sonreírle como para decir "todo va a estar bien", pero no conseguí que las comisuras de la boca se curvaran hacia arriba.

CGDP firmó sus papeles de admisión con una mano temblorosa.

—Perdóname —dijo de nuevo—. Perdóname.

Su madre y yo nos metimos en el coche. Yo tenía que volver a su casa para buscar mi Honda. Ella parecía cansada y preocupada. Nos subimos a la autopista.

—Dios mío, ¿quién deja que un adicto beba?

Ni siquiera me miró. Durante los siguientes kilómetros, permaneció en silencio.

—Desde el momento en que te conoció, supe que iba a volver aquí. Pero no puedo creer que tengamos que pasar por esto de nuevo.

No me estaba hablando a mí esta vez. Estaba aferrándose al volante con tanta fuerza que los nudillos estaban blancos. Eché una mirada a Roxie, que todavía seguía en el suelo del asiento trasero.

El viaje siguió.

—Tienes que dejarlo —me dijo su mamá, rompiendo el silencio—. Él no es bueno para ti y tú no eres buena para él. No puedes estar con alguien que se escapa a cada rato para hacer esta mierda.

Siguió haciendo ese tipo de comentario todo el camino a casa. Nunca quitó los ojos del camino, y yo nunca dije ni una palabra.

Me dejó en la casa y se fue sin decir adiós. Me quedé parada ahí con Roxie, que me miraba asustada, como si se sintiera perdida. Me di cuenta de que me sentía exactamente igual. Me agaché y la rasqué detrás del cuello.

—Vamos, nena —dije.

Me siguió al coche. Abrí la puerta de atrás y arrojé mi cartera al suelo. Pero cuando intenté subir a Roxie al coche, se puso histérica. Se echó hacia atrás y salió corriendo por la calle. Cerré la puerta y corrí tras ella hasta atraparla a mitad de cuadra. La sostuve con fuerza de su correa, la llevé de nuevo al coche e intenté abrir la puerta. Estaba cerrada con llave. Esta vez tuve que echarme a reír. Jamás imaginé que el día podría ponerse peor. Llamé a la AAA (Asociación de Automóviles Americana) y me quedé sentada en la vereda, esperando. Roxie no se calmaba, así que tiré fuerte de su correa.

—Roxie, tranquila —le dije con firmeza.

Un tipo al que nunca había visto antes cruzó la calle y se acercó a mí.

—¿Te gustaría que alguien te tirara así de la correa? —me preguntó.

—Cabrón de mierda, no tienes idea de las cosas por las que tuve que pasar hoy. ¡No me jodas! —le disparé.

Me miró como si estuviera loca y siguió caminando.

La AAA demoró más de una hora en llegar. Para cuando lo hicieron, ya era muy tarde para pasar a buscar a Mochi a la guardería de perros. No sabía cómo iba a pagar dos estadías nocturnas. Cuando finalmente llegué a casa, mi apartamento estaba helado. Como andaba mal de dinero, había decidido que, si bien la electricidad y el agua eran servicios necesarios, el gas para la calefacción no.

Mi habitación estaba oscura y me metí a la cama directamente. No tenía sábanas (costaban dinero que no tenía), solo una bolsa de dormir. El frío era terrible. Roxie se subió a mi cama; la tapé con mi bolsa de dormir y la abracé. Nos quedamos abrazadas toda la noche para mantenernos calentitas y acompañadas. Las lágrimas se deslizaban por mi rostro.

Durante el tiempo en que CGDP estuvo en la rehabilitación, me enviaba largas cartas escritas a mano llenas de disculpas y declaraciones de amor. Solía quedarme echada en mi cama sin sábanas leyéndolas y abrazándome a su perro, llorando y pensando: *Me ama, eso es lo único que importa.*

Lo extrañaba muchísimo. Durante meses había estado con él todos los días. Había empezado a seguir activamente mi sueño de las MMA, y él era la única persona que realmente creía en mí. Quería que volviera.

Lo fui a ver un día de visitas dos semanas después de su ingreso. Parecía mil veces mejor que cuando lo habíamos dejado. El brillo le había vuelto a los ojos. Nos sentamos en un pequeño sillón, en la zona de visitas, tomándonos de la mano, y después me hizo una visita guiada de los cuidados jardines. Le daba vergüenza que yo tuviera que verlo ahí, pero estaba contento de que lo hubiera visitado. Había estado allí una hora y luego fue momento de marcharme. Al salir por la puerta, me di cuenta de que no estaba lista para partir; no estaba lista para dejarlo.

Unas horas después, me metí al estacionamiento del 24 Hour Fitness en North Torrance. Me quedé sentada en el coche, intentado reunir el valor suficiente para entrar. Había sido un día agotador desde el punto de vista emocional, y de todos los trabajos que estaba haciendo era el que menos gustaba y el más ingrato. Cerré los ojos.

"Solo tienes que tener paciencia —me dije, y comencé a alentarme a mí misma, como lo hacía cada vez que necesitaba un poco de ánimos—. Algún día voy a ser súper exitosa y escribiré un libro. Será una autobiografía de puta madre, y en este tipo de libros nunca falta una parte como esta. Esta es la parte del libro en la que el personaje está pasando por un momento difícil, la parte fea de la historia. Solo hay que avanzar unas páginas más, y tendrá un final increíble".

Tomé aire, salí del coche y caminé hacia el gimnasio. Me senté detrás del mostrador y pasé las siguientes horas intentando mantener la cabeza erguida para evitar quedarme dormida.

—Ojalá te mueras —me espetó Eileen, despertándome de pronto de mi estado de somnolencia.

—¿Eh? —Sacudí la cabeza ligeramente, tratando de volver al presente.

—Ojalá te mueras —repitió Eileen.

Puse mi mejor sonrisa de servicio de atención al cliente. *Esta es solo la parte deprimente del libro,* me recordé a mí misma. *Y tú,* pensé, volviendo mi atención a Eileen, *vas a ser una de las villanas del libro.* La última persona con la que quería lidiar esa madrugada era con Eileen, una señora alcohólica que vivía en su coche. Apestaba a alcohol, y su pelo rubio y

sucio no conocía lo que era un peine. Tenía ojeras y un montón de espini-
llas en la línea de la mandíbula. Me miró con el ceño fruncido. A pesar de
tener alrededor de treinta y cinco años, Eileen parecía estar más cerca de
los cincuenta.

Me quedaba menos de una hora para terminar mi turno. El aire acondicionado se encendía a las cinco de la mañana y el gimnasio estaba helado. Solo me quería ir de ese lugar.

Eileen me deseaba la muerte todas las semanas cada vez que apoyaba
la punta del dedo, donde el dedo y la uña se juntan, sobre el escáner y, por
supuesto, la huella digital no quedaba registrada. *Tap. Tap. Tap.* Oía el
tamborileo furioso de la uña sobre el vidrio del escáner.

Eileen me disparaba una mirada iracunda.

—¡No funciona! ¡No funciona! —gritaba—. Solo déjame entrar.

Siempre me peleaba. Me decía a los gritos que era un estúpida, y yo
le explicaba con calma que tenía que apoyar la yema del dedo. Pero esta
mañana no podía soportar guiarla por el proceso una vez más. Siguió presionando el dedo sobre el escáner. Finalmente, de casualidad, lo hizo bien
y la máquina reconoció la huella.

—Listo —le dije en un tono exageradamente alegre—. ¡Que disfrutes
del ejercicio!

Eileen entró hecha una furia y se dirigió al área de ejercicios. El reloj
pasó de 5:59 a 6:00 am. Tomé mis llaves y me dirigí al coche en el aire
fresco de noviembre.

—¡Maldición! —el indicador de combustible marcaba que el tanque
estaba completamente vacío.

Me sorprendí. Por algún motivo siempre me tomaba de sorpresa, pero
el tanque vacío era parte de una estrategia. El combustible más barato de
Los Ángeles se vendía en una estación de servicio que quedaba justo en la
entrada de la autopista 405, cerca del 24 Hour Fitness. Yo iba calculando
los niveles de gasolina para que mi tanque estuviera en su punto más vacío justo cuando me tocara hacer mi turno. *Voy a estar bien*, me dije, la
estación de servicio estaba muy cerca. De todos modos, conduje todo el
camino inclinada hacia delante, rezando para que el más mínimo impulso alcanzara para propulsar mi pequeño Honda a la estación de servicio
ARCO. Al llenar el tanque con combustible, estaba tan cansada y tenía
tanto frío que las manos me temblaban.

Usé todo mi escaso sueldo, cuyo monto no era más que el salario mínimo, para pagar la gasolina. El alma se me cayó a los pies: no iba a poder

llevar a casa ni un solo centavo de lo que había trabajado durante toda esa noche. Quería acurrucarme e irme a dormir ahí mismo en la estación de servicio. *Sigue adelante*, me dije a mí misma. *En veinte minutos estarás en casa y dentro de la cama.* Los lunes estaba haciendo entrenamiento de fuerza y acondicionamiento y tenía que entrenar durante un par de horas. Pero si llegaba a casa a las seis y media, podía dormir tres horas antes de salir a entrenar. Me subí al coche y subí la calefacción al máximo.

Entré en la autopista, lista para disparar hacia mi casa. Pero había un embotellamiento; una larga hilera de coches se extendía hasta donde alcanzaba la vista. Me había olvidado de que era un fin de semana largo. Todos lo que habían intentado evitar el tráfico de regreso a casa el domingo estaban volviendo el lunes por la madrugada.

El tránsito avanzaba lento, la calefacción estaba encendida, estaba tan cansada y mi coche era tan cómodo...

¡PUM!

Me desperté con la cara aplastada sobre el volante. Abrí los ojos. El accidente no me había dejado inconsciente, sino que me despertó. Había chocado contra la parte trasera de un Toyota Solara plateado. Estacioné en la banquina. Cuando me toqué la cara tenía las manos llenas de sangre. A punto de sufrir un ataque de nervios, comencé a respirar cada vez más agitada, y las lágrimas me quemaban los ojos. No podía pensar y no sabía qué hacer. Entonces llamé a mamá.

—Tuve un accidente en la autopista y no sé a quién llamar. ¿Llamó al 911?

Me dijo que sí sin dudar.

Los coches pasaban lentamente al lado mío y advertí que las personas que iban dentro se quedaban mirándome. Ninguno de los dos coches había sufrido mucho daño, pero íbamos a tener que denunciar el accidente a la compañía de seguros. Empecé a preocuparme por el dinero otra vez. Seguramente, me iban a subir la prima del seguro y no me alcanzaría el dinero para pagar el alquiler.

La mujer del Toyota caminó hacia mí, y vi cómo empalidecía al verme. Me preguntó una y otra vez: "¿Estás bien?".

Los paramédicos llegaron.

—Tienes una nariz rota —me dijo el tipo mirándome— y tal vez una leve conmoción cerebral. Nada bueno. Vete a casa.

Tal vez haya empleado términos más específicos, pero eso fue más o menos lo que dijo. Cuando me quedé dormida, me partí mi nariz sobre el volante y se me desvió el tabique; por eso tengo la nariz un poco deforme.

Es una de las razones por las que mi nariz se achata si recibo un golpe en la cara. Si me miran la nariz desde abajo, verán que está desviada.

Como ambos coches se podían manejar, el oficial de la patrulla de autopistas dijo que podíamos irnos. Los paramédicos se marcharon, la patrulla de la autopista se fue, la conductora del Solara desapareció. Me quedé sentada en mi coche al costado de la autopista unos segundos más. No sabía qué esperaba; simplemente esperaba. Quería cerrar los ojos una vez más y despertarme en cualquier otra parte. Despertarme en mi cama, descansada por primera vez en Dios sabe cuánto tiempo, y sin dolores por primera vez en Dios sabe cuánto. Y sin que pareciera como si me acabaran de pegar en la cara con un bate de béisbol.

Sentí como si me hubieran dado una paliza. La cara me dolía, el choque me había dejado en estado de shock, y sentía que estaba al límite y sin saber de dónde agarrarme. Todo parecía estar desmoronándose.

Esta es la parte en la que me gustaría decir que toqué fondo y grité, con el tipo de grito primordial que libera y purifica el alma: "¡¿Esto es todo lo que tienes para mí?!". Ese grito que viene justo antes de que el sol salga por el horizonte para que uno alcance a ver toda la belleza y el sentido que tiene la naturaleza, y quizás un pájaro levantando vuelo, como una señal. Entonces podría decir que a partir de ese momento supe que todo saldría bien. Pero eso no sucedió.

En lugar de eso me puse a llorar, desconsolada. La sal de las lágrimas y el gusto a hierro de la sangre se me mezclaban en el fondo de la garganta. En el espejo retrovisor advertí sobre mi rostro una mezcla de sangre coagulada y mocos viscosos, cruzados por el rastro de las lágrimas. Ni siquiera me molesté en limpiarme la cara.

—Estoy tan cansada —dije, en voz alta, sintiendo que la sangre se me escurría por la cara.

Los coches me pasaban, y yo los dejaba.

Con las manos temblorosas, llamé a mamá de nuevo.

—Hola… —al escuchar su voz, se me volvió a hacer un nudo en la garganta. Estaba a punto de hiperventilar y, para su sorpresa, las palabras me salieron de la boca sin pensar: "Odio esta puta parte del libro".

Me estaban poniendo a prueba, y si bien sabía en el fondo de mi corazón que iba a pasarla, en ese momento me pareció que había fracasado.

LOS CAMPEONES SIEMPRE HACEN MÁS

Cada vez que entro en una jaula, estoy absolutamente segura de que voy a ganar. No solo soy mejor luchadora que la otra persona, no solo tengo un deseo más fuerte de ganar, sino que he trabajado más duro de lo que mi oponente lo hará jamás. Eso es lo que realmente me diferencia del resto.

Cuando era chica, mamá me taladró en la cabeza que los campeones trabajaban más duro que los demás. Cuando me quejaba por tener que ir a entrenar o cuando pulsaba el botón de repetición de alarma para seguir durmiendo en lugar de levantarme para salir a correr, mamá me decía casi al pasar: "Apuesto a que [quienquiera que fuera mi rival entonces] está entrenando en este momento".

Me obligaba a quedarme después del entrenamiento para hacer rutinas de ejercicios. Y cuando le señalaba que ninguna otra madre obligaba a sus hijos a quedarse, simplemente me decía: "Los campeones siempre hacen más". Exasperada, me quejaba: "Mamá, ya trabajé quince minutos más. El resto de las personas ya se fue. Ya hice más". Ella simplemente me decía: "Los campeones hacen más que las personas que creen que han hecho más".

Los martes eran el día más duro de la semana.

Los sábados y domingos trabajaba el turno noche en 24 Hour Fitness, así que los lunes por la mañana, dependiendo de lo cansada que estaba, iba a mi apartamento para dormir unas horas o me metía en el auto para ir directamente a hacer entrenamiento de fuerza y acondicionamiento físico con Leo. Leo estaba en Sherman Oaks, que está ubicado en el lado opuesto de 24 Hour Fitness y de mi casa. Me entrenaba con Leo, levantando pesas y haciendo circuitos, luego me duchaba en el gimnasio (¡tenía acondicionador de cabello gratis!). Después él me dejaba dormir en el sofá de su casa un par de horas hasta que nos íbamos a la práctica de lucha libre. Disfrutaba de ese tiempo tranquila a solas en el que no tenía que estar yendo de un lugar a otro y podía descansar. Íbamos juntos a practicar lucha libre en SK Golden Boys, un gimnasio de lucha libre improvisado en un garaje, donde Martin Berberyan dirigía la práctica. El nivel de competencia que se practicaba allí compensaba ampliamente las precarias instalaciones. Tenía posibilidad de enfrentarme contra todos los tipos haciendo lucha libre, y cuando no lograba aventajarlos, por lo menos me defendía bien. El garaje había sido construido para albergar coches, no un gimnasio de lucha libre, así que tenía muy mala ventilación y hacía un calor asfixiante. Era húmedo y olía a transpiración. Solía ducharme allí, en el baño añadido, pero apenas salía de la ducha, el calor era tan fuerte que en seguida comenzaba a transpirar de nuevo. Regresábamos a casa de Leo un poco después de las ocho de la noche, y demoraba otra hora más para llegar a casa de CGDP, donde dormía la mayoría de las noches. Como no se encontraba trabajando en ese momento, me cuidaba a Mochi. Después de trabajar dos turnos de noche consecutivos y entrenar en dos lugares diferentes, caía desplomada en la cama.

Los martes, CGDP y yo nos despertábamos a las siete y media de la mañana, y nos íbamos en coche al Coffee Bean en el centro comercial de Santa Mónica. Me encantaba pararme en la fila rodeada por sus brazos.

Luego Mochi y yo nos íbamos a Glendale para entrenar. Me tomaba la 405 Norte a la 134, feliz de ir en contra del tráfico. El aire acondicionado de mi coche seguía averiado y solo tenía una ventana que funcionaba. Tenía un par de canastos de ropa en el asiento de atrás; una, con ropa limpia, y la otra, con ropa sucia. A Mochi le gustaba sacar la ropa sucia y revolcarse en ella. El olor a ropa sucia, transpiración y saliva de perro era insoportable. Estaba segura de que se estaba reproduciendo un nuevo superpatógeno en mi asiento trasero, y cuando a Mochi le salió un sarpullido no pude menos que confirmarlo.

Llegaba a GFC alrededor de las nueve de la mañana antes que Sevak, y abría la puerta con mis llaves. Mochi debía quedarse en la losa de cemento al lado de la puerta de entrada, pero se negaba a obedecer y siempre se trepaba a un rincón del ring. Yo hacía mi entrada en calor hasta que llegaba Edmond. Cuando aparecía y veía al perro en el ring, no podía ocultar su desagrado, pero no fue sino meses después que me pidió con amabilidad que no trajera más al perro al gimnasio.

—¿Qué hago hoy? —le preguntaba a Edmond.

Después hacía cualquier ejercicio que me indicara Edmond: golpear los sacos de boxeo —el saco pesado, el saco con doble fondo y el saco de velocidad; pelear con la sombra; saltar la soga; saltar sobre la cubierta; trabajar con el balón medicinal; hacer series de ejercicios; pasar por debajo de las cuerdas; trabajos de agilidad. Hacía cientos de ejercicios diferentes.

Me ponía a hacer el ejercicio que me hubiera asignado Edmond y seguía haciéndolo hasta que se daba cuenta de que se había olvidado de mí. Yo siempre terminaba entrenando mucho más de lo que él preveía. Jamás bajaba el nivel de intensidad. Recién entonces Edmond me decía que hiciera otra cosa.

Me pasaba tres horas por día en el GFC, y cada tanto, si estaba en un día generoso, me sostenía los focos, aunque nunca más de veinte minutos. Pero esos días aprovechaba al máximo.

Cada vez que decía mi nombre, me paraba de un salto, me agachaba para pasar debajo de las cuerdas y subía al ring, donde me hacía tirar un jab izquierdo. Un jab es un golpe corto y rápido, no el tipo de puñetazo fuerte que noquea a alguien de un solo golpe. Durante meses y meses todas las sesiones eran jabs y más jabs. Algunas veces eran jabs dobles. Fue todo lo que Edmond me dejó hacer durante un montón de tiempo.

Trabajábamos en cómo lanzar un jab y en cómo contraatacarlo. Edmond me dio cientos de puñetazos y me enseñó a bloquear. Si me veía cansada, me pegaba aún más fuerte. Una vez me dio un puñetazo tan fuerte en el cuerpo que me dejó sin aire. Amagué a arrodillarme para recobrar el aliento, pero me sujetó con una mano y me levantó con fuerza del suelo.

—No te vas a arrodillar —dijo—. Si te arrodillas, te golpearé aún más. No tienes la opción de recibir un golpe o de no recibirlo. Solo tienes una opción. Puedes levantarte y recibir el golpe o te puedo pegar ahí abajo. — Aquella fue la última vez que me arrodillé.

Siguió lanzando puñetazos. Bajé las manos, como para decir, "Pégame en la cara. Me lo puedo aguantar", pero Edmond me miró a los ojos y me lanzó un jab directo al cuerpo. Hice un esfuerzo por no doblarme de dolor.

—No soy un maldito estúpido —dijo Edmond—. Me das tu cabeza y esperas que te pegue la cabeza. No, voy a pegarle a tu cuerpo.

Aprendí a no esperar nunca que mis oponentes hicieran justamente lo que yo quería. Tendría que obligarlos a hacerlo.

Tenía que salir corriendo del GFC para llegar a tiempo al centro de rehabilitación veterinaria, donde trabajaba de asistente. Me metía en el coche con tres horas de transpiración encima y volvía a cruzar Los Ángeles en el horno en que se había convertido mi coche, cuando el sol estaba en su punto más alto. Con Mochi sentada atrás, manejaba los cuarenta y cinco minutos de regreso a mi casa, escuchando música indie a todo volumen, mientras cantaba y marcaba el ritmo.

Hacía una parada en mi apartamento y corría para meterme en la ducha. La presión del agua era tan lamentable que apenas salía un chorrito. Mi novio vivía en la misma cuadra que la clínica, a quince minutos de mi casa, así que pasaba por su casa para dejar a Mochi.

—Pórtate bien —le decía. Dejaba a mi perra al cuidado de otro para ir a atender a los perros de otras personas. Le daba a CGDP un beso fuerte y él me palmeaba el trasero al tiempo que salía corriendo por la puerta para ir a trabajar.

Me pasaba las siguientes horas metiendo y sacando perros de piscinas en donde caminaban sobre una cinta acuática, donde los sostenía para la terapia física y la acupuntura. Observaba a animales lesionados recuperándose y a animales envejecidos deteriorándose. Intentaba guardar una distancia emocional, pero nunca lo lograba. Entre turno y turno, hablaba con los clientes sobre mi entrenamiento para estar en las MMA, hasta que mis jefes se cansaron de escuchar que la gente preguntara cómo iba mi entrenamiento y me prohibieron hablar sobre cualquier otra cosa que no fueran los perros durante mi turno de trabajo.

A media tarde tenía un recreo para almorzar y regresaba a casa de CGDP, donde ya me tenía preparada la comida de entrenamiento —verduras y pollo grillados con mi salsa favorita de Versailles, un restaurante cubano de la zona— y lista para comer. Yo inhalaba la comida, y aprovechábamos para disfrutar algunos minutos juntos antes de regresar corriendo al trabajo. Terminaba mi turno, pero todavía no terminaba mi día.

Después de treinta minutos atascada en el último tramo del tráfico de la hora pico, enseñaba judo a adultos en el Westside de Los Ángeles.

Cumplía con todo el entrenamiento, pero sentía una indiferencia extraña hacia el deporte. Después me quedaba para hacer una clase de jiu jitsu brasileño. Una vez de regreso en casa de CGDP, él preparaba un platillo con atún —atún, mayonesa, queso parmesano y aceto balsámico— que me encantaba y que comíamos con pan tostado o nachos.

Antes de meterme en la cama, me quitaba otra capa más de ropa transpirada y me daba una ducha. Tenía el cuerpo visiblemente más delgado, los músculos más firmes. Estaba llena de moretones, raspones y arañazos de perro. El dolor era mi estado natural. No es que hubiera un momento en que no me doliera nada y luego me comenzara a doler todo. El dolor me definía tanto como el ser rubia.

Me metía en la ducha, dejando que el agua me cayera encima. Después adoptaba una postura de combate y peleaba con la sombra en la ducha, lanzando puñetazos a las gotas de agua. Tras secarme con la toalla, caía agotada sobre la cama.

Los días eran puro dolor, transpiración, el tufo de mi auto y el cabello siempre húmedo. No me importaba. Estaba en plena batalla, y sabía que para alcanzar el éxito tenía que pasar por todo eso. Tenía que practicar más que cualquier otra persona del planeta. Tenía que ser más inteligente, más fuerte y más resistente. Tenía que estar en el gimnasio cuando otras personas apenas se preguntaban si irían al gimnasio. Tenía que superar lo que cualquier otra persona creyera que era razonable, y luego ir más allá. Cada día que lo hiciera, era un día en que me acercaba más a mi objetivo.

De noche dormía profundamente, absolutamente confiada en que más no podría haber hecho.

PLANEA EL PRIMER INTERCAMBIO

Las personas siempre me preguntan cuál es mi estrategia frente a un contrincante. Nunca tengo una estrategia rígida. Planeo el primer intercambio e improviso sobre la base de lo que sigue. Después esbozo distintos escenarios posibles. Si carga contra mí, la derribaré hacia delante. Si corre, la derribaré hacia atrás.

Tienes que mantenerte flexible. Tienes que estar listo para cualquier cosa. Pero yo siempre planeo el primer intercambio. Al ser la primera que ataca, puedo controlar la primera acción, que causa todas las demás reacciones.

Pasé de no tener a nadie dispuesto a entrenarme a no tener a nadie dispuesto a pelearme. Al comienzo de mi carrera en las MMA, la parte más difícil era conseguir peleas. Darin me llamaba y me decía que tenía una pelea organizada. Después, unos días más tarde, me llamaba para decirme que el coach de la chica ahora decía que no estaba lista, o que yo no era la contrincante adecuada.

Las primeras veces me desilusioné; la quinta vez que cancelaron una pelea estaba furiosa. Se suponía que estas chicas eran luchadoras, pero no estaban dispuestas a pelear si no estaban absolutamente seguras de que podían ganar. Sentía que nadie nunca iba a pelear contra mí.

Llevé mi frustración al saco de boxeo y le pegaba furiosamente una y otra y otra vez. Quería luchar. Quería ganar. Quería moler a golpes a alguien. Me decía a mí misma que solo era cuestión de tiempo, y que cuando llegara el momento, estaría preparada. A la larga, estas chicas iban a tener que enfrentarme, y les haría arrepentirse de haberme dado más tiempo para mejorar.

Darin volvió a llamarme. Tenía un combate en puerta.

—Solo hay una cuestión —dijo—. Aceptará pelear en sesenta y ocho kilos.

Para entonces yo pesaba sesenta y cinco kilos.

—Dile que aceptamos —le dije.

Faltaban dos semanas para la pelea. Mi excitación crecía a medida que pasaban los días y se acercaba la fecha. Pero tenía miedo de ilusionarme después de haber recibido tantos rechazos.

El día antes de la pelea, Edmond me ayudo a hacer focos en el GFC. No estaba muy entusiasmado de hacerlo, pero había sido fiel a su palabra de ayudarme a preparar para el combate.

—Estás mejorando —dijo Edmond.

Yo asentí.

—¿Estás lista? —preguntó.

—Nací así —le dije, golpeando los guantes.

Me miró ligeramente confundido, sin terminar de comprender el sentido de mis palabras. Su inglés había mejorado radicalmente desde que había empezado a trabajar conmigo pero, como mi boxeo, todavía le faltaba bastante.

—No empieces el combate golpeando —dijo Edmond—. Haz judo. Usa el judo para vencer a esta chica.

Sentí una oleada de adrenalina.

—¿Crees que ganaré? —pregunté.

Yo sabía que iba a ganar, pero me sentía orgullosa sabiendo que Edmond creía en mí.

—¿Pelear contra chicas? No es tan difícil —dijo Edmond, encogiéndose de hombros.

Edmond todavía no se había comprometido a ser mi esquinero. Darin dijo que lo llamaría.

Darin y yo partimos desde Los Ángeles a media mañana el 6 de agosto de 2012 para hacer el viaje de una hora en coche hasta Oxnard. Edmond había aceptado venir, pero iría por su cuenta más tarde.

Durante el viaje Darin intentó darme charla, pero yo prefería estar en silencio antes de un combate. Estaba preparándome mentalmente para llegar a la cima peleando.

Dejamos el coche en el estacionamiento del gimnasio donde se iba a llevar a cabo el combate. Era un gimnasio cualquiera en Oxnard. Dado que era un combate amateur, el pesaje era el mismo día que la pelea. Nos presentamos y nos quedamos esperando; mi oponente aún no había llegado.

Solo tienes que estar lista, me decía a mí misma.

Entonces Hayden Munoz entró caminando al gimnasio. Hay muy poca ceremonia en un pesaje amateur, así que simplemente nos hicieron subir a la balanza. Ella lo hizo primero.

—Setenta kilos —declaró el oficial que controlaba el pesaje.

Todos me miraron. Ahora dependía de mí. Podía aceptar seguir adelante con la pelea o ella la perdería automáticamente. Cuando la miré, esperé ver una mirada de decepción, pero vi alivio en sus ojos. Le duraría poco.

—Pelearé de todos modos —dije.

Nunca había estado tan preparada para algo en toda mi vida. Me cambié en el vestuario del gimnasio y caminé a la zona de calentamiento, que era simplemente un área apartada, con algunos tatamis en el suelo. Otros luchadores comenzaban a entrar en calor haciendo estiramientos o practicando sparring. Me acosté y cerré los ojos. Las personas empezaban a llegar de a poco, la mayoría amigos o familiares de las luchadoras. Gokor se acercó adonde estaba descansando; había aceptado venir como uno de mis esquineros. Edmond no aparecía por ningún lado.

Algunos tipos del Hayastan estaban deambulando por ahí. Me sentía halagada. Mamá, Jennifer y mi antiguo entrenador Blinky también vinieron. Mamá se aseguró de que yo supiera que había llegado, pero se mantuvo a cierta distancia, sabiendo que eso es lo que me gusta el día de un combate. Edmond todavía no había llegado. Acepté el hecho de que tal vez no vendría. No lo necesitaba allí. La chica podía ser veinte kilos más pesada que yo, pero de cualquier manera le ganaría. Pero después, como una hora antes del combate, Edmond entró caminando al gimnasio.

Sentí una oleada de felicidad. A Edmond le importaba lo suficiente como luchadora para venir y ser mi esquinero. Me sostenía los focos a regañadientes y no le hacía demasiada gracia entrenarme, pero vio algo en mí que hizo que al menos se hiciera un momento en el día para acompañarme.

—¿Has entrado en calor? —me preguntó.

Me encogí de hombros. No necesitaba entrar en calor; podía estar lista en un segundo.

Me llevó al rincón de la zona de calentamiento, donde me envolvió las manos y me hizo tirar jabs. La energía me latía por el cuerpo. Estaba excitada y tranquila a la vez.

—Relájate —decía Edmond.

Yo quería hacer más.

—Mira, esta chica hace kickboxing —dijo Edmond—. Intentará patearte no bien empiecen a pelear. Tú adelántate, tómale la pierna y derríbala. Usa tu judo, nada más. Solo tu judo.

Yo asentí con la cabeza.

—Munoz, Rousey, son las próximas —los organizadores de la pelea nos llamaron.

Caminé a la jaula. Fue como si se hubiera accionado un interruptor y hubiera dejado de existir el mundo exterior fuera de esa celda de alambre. Miré fijo a mi rival.

Pisé con fuerza, después salté y me golpeé los hombros. El referí miró a Hayden.

—¿Lista? —preguntó.

Ella asintió con la cabeza. Miró en mi dirección.

—¿Lista? —preguntó de nuevo.

Yo asentí. *Luchen*. Nos acercamos una a la otra en el centro de la jaula. Ella dio una patada. Yo le tomé la pierna y la derribé al suelo. Luego me arrojé encima de ella y le tomé el brazo. Ella luchó para zafarse, pero nunca tuvo una oportunidad. La tomé del brazo e hice la palanca. Tapeó. La pelea entera duró veintitrés segundos.

El referí detuvo la pelea, y de pronto volví a percibir el mundo entero. Solo que esta vez era un mundo mejor. El público estaba aplaudiendo, gritando y silbando, y me estaban vitoreando. Levanté el puño en el aire, y di la vuelta de la victoria alrededor de la jaula. Sentí una alegría que jamás había experimentado. No era solo por el triunfo; la alegría venía de un lugar mucho más profundo, de entender que este era solo el comienzo.

De camino a casa, hice sonar "Don't Slow Down", de Matt and Kim, a todo volumen.

Mis dos siguientes peleas amateur formaban parte de un show amateur muy bien armado llamado Tuff-N-Uff. Se peleaban en el Hotel Orleans, en Las Vegas, a un kilómetro y medio del Strip. Mis combates eran

MI PELEA / TU PELEA

tan poco relevantes que ni siquiera aparecían en el folleto promocional del evento. Lo miré y pensé: *un día mi nombre aparecerá aquí.* Ninguna pelea llegó a durar un minuto.

Cinco meses después de mi debut amateur, con un 3-0 a mi favor, anuncié mi decisión de volverme profesional. Habiendo dejado atrás mi carrera amateur, estaba un paso más cerca de alcanzar mi meta de ser campeona del mundo. Estaba por comenzar el próximo tramo del viaje.

Muchas veces me preguntan si podía imaginar alcanzar todo lo que alcancé desde que di ese primer paso dentro de la jaula aquella noche. Las personas muchas veces se sorprenden de que la respuesta sea, inequívoca-mente, sí. Todo lo que ha sucedido desde ese momento es exactamente lo que yo tenía en mente cuando ejecuté ese primer intercambio.

NUNCA NADA SERÁ PERFECTO

Puedes esperar toda la vida a que las cosas sean perfectas: el empleo perfecto, la pareja perfecta, el oponente perfecto. O puedes reconocer que siempre habrá un mejor momento, un mejor lugar o una mejor oportunidad, y no dejar que eso te impida hacer todo lo que es necesario para transformar el momento presente en el momento perfecto.

Yo no soy una luchadora invicta porque se me hayan dado las circunstancias perfectas antes de cada pelea. Soy invicta porque, a pesar de las circunstancias, gano de todas formas.

Había saltado a las ligas profesionales, pero salvo por reiniciar mi récord a 0-0, las cosas no habían cambiado demasiado. Seguía con tres empleos, aún vivía en un sitio de mala muerte que había encontrado en Craigslist (aunque ahora alquilaba una habitación en una casa a punto de ser demolida), y todavía no me salía ningún combate.

Darin dispuso mi debut profesional contra una luchadora llamada Ediane Gomes. Como parte del arreglo, él le pagaría el viaje en avión (algo que no es frecuente en los combates profesionales menores). Estaba previsto para el 27 de marzo de 2011, en un club campestre cercano, en Tarzana. Cada luchadora ganaría cuatrocientos dólares por presentarse a pelear, y la ganadora obtendría el doble. Bajé toda la información y todos los videos que encontré sobre sus anteriores peleas. Tenía un récord de 6-1 y estaba destrozando a sus rivales.

Como mis combates no se concretaban, Edmond trabajaba conmigo más regularmente, pero nos enfocábamos en apuntalar mis habilidades más que en prepararme para una oponente en particular.

—No importa contra quien pelees —me dijo Edmond—, no importa que te avisen un día antes, vas a ganar.

Asentí con la cabeza en señal de acuerdo.

La semana de la pelea, me permití creer que realmente iba a suceder. No veía la hora.

—¿Qué canción vas a elegir para salir a la jaula? —preguntó Darin unos días antes del combate.

—"Sexo y violencia", de The Exploited —le dije. La canción consistía de las palabras *sexo* y *violencia*, repetidas hasta el infinito.

Dos días antes del combate, estaba acostada en mi habitación pensando en que iba a destruir a esta chica cuando oí un alboroto en la sala. Mochi había estado jugando con el perro de mi compañera de cuarto. Ahora estaban peleando.

Chuleta de cerdo, un pitbull que pesaba treinta kilos, estaba de espalda, y Mochi, que había crecido hasta pesar casi cuarenta kilos, lo tenía sujeto del cuello. Parecía a punto de matarlo. Sin pensarlo, le di una patada rápida a Mochi en las costillas. Saltó hacia atrás, y Chuleta de cerdo quedó con las patas en el aire. Todavía bajo el impulso del combate, me mordió dos veces: una en el pie y una en la espinilla. Sentí cómo sus dientes afilados me atravesaban la piel y se hundían en el músculo.

Mi cuerpo aún no había registrado el dolor cuando comencé a preocuparme por lo que significaría la herida para el combate. Me dejé caer sobre el suelo de la sala y me quité la media. Había un orificio en el arco del pie y colgajos de carne se desprendían de la base de mis dedos. Un instante después la sangre llenó los orificios y comenzó a caer a borbotones sobre la alfombra. Tomé el celular del suelo donde se había caído durante el alboroto y marqué el número de Darin. Necesitaba ir a un médico y necesitaba que nadie lo supiera.

Mientras esperaba que Darin me encontrara un médico, me levanté del suelo. El pie se me estaba hinchando. Salté en una pata hacia la cocina, dejando un rastro de sangre en el camino. No había hielo, pero había varios paquetes abiertos de vegetales congelados. Salté en un pie al baño y me envolví las bolsas de vegetales alrededor del pie con una venda.

En la sala sonó mi teléfono. Volví saltando en una pata para atenderlo, dejando caer a mi paso los guisantes y zanahorias congelados.

—Busca un lápiz —dijo Darin.

Tenía un amigo que era un cirujano distinguido de Beverly Hills; estaba dispuesto a verme de modo confidencial.

Llamé a CGDP.

—Te necesito —le dije.

—Estoy saliendo —me dijo antes siquiera de que le explicara la situación. Me había trasladado a la cocina, porque iba a ser más fácil limpiar la sangre de los azulejos. Quince minutos después, oí a CGDP entrar corriendo a la casa.

—¿Dónde estás? —llamó a voces.

—¡Sigue el rastro de sangre y zanahorias! —le grité.

Entró en la cocina, con una mirada de preocupación. Sin decir nada, me levantó en brazos y me llevó a su coche. Levanté el pie sobre el tablero de mandos y me quedé mirando la sangre que se filtraba por la venda. CGDP tenía una mano en el volante mientras yo le apretaba la otra. Las lágrimas me caían por las mejillas.

—Estarás bien —dijo.

La sala de espera de la clínica de cirugía parecía un spa y estaba llena de mujeres adineradas que iban a hacerse un Botox y a operarse las tetas. Todo el mundo se dio vuelta para mirarme, pero a la mujer detrás del mostrador de recepción no se le movió un pelo.

CGDP me llevó dentro del consultorio. El médico miró la venda ensangrentada y los vegetales congelados.

—¿Te molesta si te quito esto? —preguntó.

Desenvolvió el vendaje.

—Vaya, esto tiene un aspecto horrible. Vas a necesitar puntos definitivamente.

Comencé a llorar. Estaba aterrada de no poder competir. "No —pensé— no caeré de esta manera".

Me enjugué las lágrimas y miré al doctor.

—Lo único que necesito saber es si, en caso de pelear con el pie lastimado, me quedará un daño permanente.

Hizo una pausa, ligeramente sorprendido.

—Pues… no, me refiero a que probablemente se desprendan los puntos y demore más en sanar, pero no causará ningún daño permanente.

Respiré hondo.

—Está bien, entonces cósalo.

Levantó la mirada, sin saber si debía estar impresionado o internarme en un neuropsiquiátrico.

—Te puedo suturar la herida, pero te vas a abrir los puntos en el primer round. Sangrarás un montón y todo el mundo se dará cuenta.

—No pasa nada —dije—; solo tendré que ganar más rápido que eso.

Tomó un kit para suturarme. Levantó la aguja.

—¿Quieres que el nudo de la sutura esté por fuera? —preguntó—. Si lo hago por dentro, no te quedará una cicatriz tan profunda. Pero si te suturo desde afuera, será más fuerte.

—Al diablo con la cicatriz —dije—. Haga el que sea más fuerte.

El médico terminó de realizar la sutura. Había tres puntos en el arco lateral de mi pie, y seis encima.

—Hice lo mejor que pude —dijo el cirujano mirando su obra—. Pero vas a tener que ganar rápido.

—Lo haré —le prometí.

CGDP me llevó en brazos de nuevo al auto.

A la mañana siguiente, el pie me dolía aún más. Le había puesto hielo durante la noche y tomé el Advil y los antibióticos que el médico me recetó, pero se había hinchado bastante. De todos modos, no tenía ninguna duda de que iba a ganarle a esta chica. El verdadero desafío iba a ser aprobar el pesaje y la revisión médica. Si tienes puntos, no te dejan pelear.

Tuve que hacer un esfuerzo sobrehumano para no entrar cojeando al edificio para el pesaje. El médico me hizo un examen médico de rutina.

—Salta sobre un pie —dijo.

Salté sobre la pierna derecha.

—Ahora sobre el otro.

Pasé todo el peso al pie izquierdo y salté con la mirada estoica. Podía sentir los puntos que tironeaban bajo el peso de mi cuerpo.

—Todo parece estar en orden —dijo el médico.

"No se imagina cómo", pensé. Ahora solo faltaba el pesaje.

Entonces el representante de la comisión atlética me soltó una bomba.

—Solo shorts o ropa interior —anunció un oficial—. Así que tienen que quitarse las camisetas, los zapatos y las medias.

¿Quitarme las medias? El pulso se me aceleró. Lo único que corría más rápido que mi corazón era mi cabeza. Entonces se me ocurrió algo. Resulta que en el pesaje hay opciones. Si estás cómodo con tu peso, puedes pesarte con la ropa interior puesta o los shorts de combate. Pero si estás muy en el límite, puedes hacer el pesaje desnuda. Cuando se elige esta opción, los miembros de tu equipo te rodean sosteniendo toallas para darte privacidad.

—Creo que bebí demasiada agua —anuncié en voz alta para que cualquiera que estuviera cerca pudiera oír.

—Estoy obsesionada con no dar el peso —le dije a Darin—. Me voy a pesar desnuda.

—¿Qué? —me preguntó como si me hubiera vuelto loca—. ¿Por qué? No tiene importancia. Ella tiene un exceso de peso. No necesitas hacerlo. —Mi oponente se había presentado por encima del peso límite y lo dijo de entrada. Yo me había estado matando de hambre para llegar a los sesenta y cinco kilos.

—Me voy a desnudar —dije sin más.

Comencé a arrancarme la ropa mientras mi equipo corría por todos lados buscando toallas con las que taparme. Todo el mundo estaba confundido e iba de un lado a otro, así que en el caos nadie advirtió que me subí a la balanza dándole la espalda al recinto, donde por fin me quité las medias. Pesé sesenta y cinco kilos, es decir, un kilo y medio menos que la otra chica. Y mientras que todo el mundo se devanaba los sesos tratando de entender por qué había decidido pesarme desnuda, me puse las medias antes de que alguien alcanzara a ver el estado deplorable de mi pie. Una vez que tuve la ropa interior puesta, supe que estaría peleando la noche siguiente.

La noche de la pelea me deslicé una tobillera dada vuelta sobre el pie para tapar los puntos. Me dolía tanto que no pude precalentar demasiado.

—Será mejor que lo liquides rápido —dijo Edmond.

—Lo sé —dije.

—Estás loca —me dijo.

Solo sonreí. Probablemente tuviera razón.

Observé a Gomes entrando en la jaula, al tiempo que el golpeteo del hip-hop de su canción de salida estallaba por los parlantes del recinto. Se puso a bailar alrededor de la jaula.

"No bailarás más cuando acabe contigo, nena", pensé.

El redoble de tambores de "Sex and Violence" se oyó en los parlantes. Avancé con decisión; el dolor de pie se volvió de pronto irrelevante. El referí aplaudió las manos y sonó la campana. Me adelanté con un jab y un gancho de izquierda, y enseguida llegó el clinch. Intenté arrojarla hacia delante, pero se resistió. Instintivamente cambió de dirección y le barrí el pie izquierdo con el *kouchi-gari*, una proyección de judo. Cuando los puntos del arco de mi pie chocaron con su talón, se encendieron las señales de dolor, pero las ignoré. Cayó al suelo y me subí inmediatamente encima de ella. La golpeé en la cara varias veces, no tanto con la intención de provocar daño sino para que reaccionara. Se volvió de costado. ¡Lo tenía ahí mismo! Giré para realizar el *juji gatame*, mi llave de brazo preferida, y ella tapeó la lona. La campana apenas terminaba de sonar; todo el combate duró veinticinco segundos.

Levanté las manos por encima de la cabeza. Había ganado. Por un segundo, me pareció asombroso.

La alegría de aquella primera victoria profesional se vio ligeramente empañada por la activación de los receptores de dolor, y mi cerebro que me comunicaba que el pie me estaba doliendo como la mierda.

Iba 1-0 y estaba impaciente. Una semana después de mi victoria, tomé un pequeño cortaúñas y me quité los puntos del pie. El médico había tenido razón: la cicatriz se notaba; me daba un look de chica ruda. Estaba lista para otro combate.

Darin me contó que había arreglado uno en Calgary contra una luchadora llamada Charmaine Tweet. Solo aceptaría el combate en sesenta y ocho kilos, pero yo estaba desesperada por enfrentarme con alguien. Hicimos las reservas de nuestro vuelo; volvería a Canadá. Pero desde el comienzo, el combate estuvo signado por la mala suerte. Cuando le conté a Edmond la fecha, frunció el entrecejo: el nacimiento de su hijo estaba previsto para alrededor de esa fecha. Después, dos semanas antes de la pelea, estaba en Rite Aid con Jennifer cuando llamó Darin:

—Tengo novedades —dijo—. Llamó Strikeforce. Quieren que firmes para un combate.

Strikeforce era la organización de máximo nivel profesional dentro de las MMA que contara con una división de mujeres. Querían que peleara contra Sarah D'Alelio, porque Gina Carano, programada para hacer una reaparición después de dos años, se había echado atrás por cuestiones médicas.

Me estaban ascendiendo de las ligas menores al estrellato. Los combates de Strikeforce se pagaban mucho mejor que los shows menores. Esto significaba que podía renunciar a mis tres trabajos y finalmente ganarme la vida peleando. Sentía como si los cielos se hubieran abierto y los ángeles estuvieran cantando. La cara se me iluminó con una sonrisa de oreja a oreja. De hecho, chillé de alegría, y comencé a hacer un bailecito que no atrajera demasiado la atención de las personas que tenía cerca.

—¿Qué pasó? —susurró Jen.

—Lo único es que el combate está programado para el 18 de junio —dijo Darin.

Hice una pausa.

—El combate de Canadá es la noche anterior —dije.

—No te preocupes. Haré que te saquen.

Abracé a Jennifer, a quien no le gustan demasiado los abrazos.

—Jen, estoy en Strikeforce —dije.

—Genial —dijo Jen con un tono que me dejaba claro que, si alguna vez se iba a entusiasmar por algo, entonces sería por esto—. No sé lo que significa, pero felicitaciones.

Comencé a poner artículos al azar en mi cesta de compras: un cepillo de dientes eléctrico, un costoso blanqueador dentífrico, delineador de ojos, esmalte de uñas. Ni siquiera sabía cómo pintarme las uñas, pero lo puse igual con el resto de las cosas. Tomé el papel higiénico suave, de mejor calidad. Iba a tener el dinero para poder darme algunos lujos.

Pagamos los artículos y estábamos en el estacionamiento cuando Darin me volvió a llamar.

—Tengo malas noticias —dijo Darin—. La chica no te dejará salir de la pelea.

Se me vino el alma a los pies; me sentí completamente desanimada. Jen y yo nos subimos al coche y mientras miraba hacia atrás para retroceder, vi la bolsa blanca de Rite Aid en el asiento trasero.

—Maldición, no tengo dinero para pagar ninguna de estas cosas —dije en voz alta.

Seguía alterada al día siguiente cuando fui a entrenar hasta que Edmond me llevó a un costado.

—Ronda, tienes que calmarte —dijo—. Strikeforce quiso que entraras con ellos. Si le ganas a esta chica, te prometo que te van a volver a llamar. No hay necesidad de que te preocupes por ello. ¿A quién más van a elegir en Strikeforce? Solo necesitas dos o tres combates. Eres la mejor luchadora que conocen. Te van a llamar igual. Te lo prometo, después de este combate, entrarás a Strikeforce.

Durante las siguientes dos semanas, me entrené con el foco puesto en una sola cosa: hacer que Charmaine Tweet me las pagara.

Estaba previsto que Darin, Edmond y yo tomáramos el primer vuelo a Calgary el 16 de junio. El día antes de viajar, me llamó Edmond. Su esposa había comenzado el trabajo de parto.

—Iré de todos modos —me dijo—. Solo cambiaré mi vuelo y me encontraré con ustedes allá.

—Felicitaciones —le dije.

—Gracias —dijo.

A la mañana siguiente, Darin me pasó a buscar al alba y partimos hacia el aeropuerto. Estábamos en la fila de control de seguridad, esperando, cuando miré la hora.

—Llegamos demasiado temprano. —Estaba acostumbrada a llegar al límite cuando volaba a algún lado.

—Bueno, solo vamos a Canadá, pero aun así es un vuelo internacional —dijo Darin.

La línea comenzó a moverse, pero todos los músculos de mi cuerpo se me paralizaron.

—¿Se necesita el pasaporte para viajar a Canadá?

—Sí, ¿por qué? ¿Te lo olvidaste en tu casa?

Hice un intento desesperado por recordar dónde lo había puesto en mi casa.

"¿Cuándo fue la última vez que necesité el pasaporte?", me pregunté. Sentí que empalidecía.

—Mi pasaporte está en el consulado de Brasil —admití. Lo había dejado allí para que me dieran la visa cuando estuve a punto de asistir al torneo de judo que cancelé en Brasil. Me exprimí el cerebro tratando de recordar: ¿ya hacía un año de eso?

Salimos de la fila. Darin miró su reloj. El consulado de Brasil ni siquiera estaba abierto. Se puso a hablar por teléfono, y yo me quedé parada allí, sin saber qué más hacer.

—Alguien se va a encontrar con nosotros en el consulado brasilero y lo va a abrir para que podamos entrar —dijo Darin. También había hablado con el promotor. Dijeron que podía hacer el pesaje en el hotel cuando llegara. Después cambió el vuelo para más tarde, nos metimos en el coche y salimos a toda velocidad hacia el consulado. Cuando llegamos cuarenta y cinco minutos después, nos estaba esperando un empleado, que me entregó el pasaporte.

—Qué buen *timing* —dijo—. Solo conservamos los pasaportes un año. Estábamos a punto de enviártelo esta semana y hubiera llegado por correo.

No pude evitar pensar que el *timing* podría haber sido un poco más acertado. Con el pasaporte en la mano, Darin y yo regresamos a toda prisa al aeropuerto. Estábamos llegando al límite para tomar el vuelo.

Parados en la fila de control de seguridad, oí una voz conocida:

—Hooooola chicos.

Era Edmond, que seguía un poco mareado tras una noche de festejos celebrando el nacimiento de su hijo y sorprendido de vernos. Treinta minutos después, los tres estábamos instalados en una hilera de clase turista, conmigo en el medio. Edmond se quedó dormido enseguida. Podía oler el alcohol que le salía por los poros.

Al día siguiente llegamos al casino donde se celebraba el combate. En la parte de atrás tenían una mesa de dados. Las colchonetas para precalentar estaban tan sucias que Edmond tuvo que buscar toallas para frotar la capa más visible de mugre. De todos modos, cuando nos pusimos de pie tras un entrenamiento de grappling, teníamos la piel roñosa.

—Termina con este combate lo más pronto posible —dijo Edmond—. Este lugar es repugnante. Me quiero ir.

Gané la pelea con una llave de brazo en cuarenta y nueve segundos y ascendí a 2-0. Después, mientras ella regresaba a su esquina, me puse delante y le grité: "¡Me debiste dejar ir a Strikeforce, maldita perra!".

No fue mi derrota más rápida, pero sí la mejor paga hasta la fecha. Me pagaron $1000. Después de la pelea, volvimos al hotel para que pudiera darme la ducha que tanta falta me hacía. Terminaba de vestirme cuando Edmond me tocó la puerta de la habitación. Abrí y entró pasando por el pequeño vestíbulo que conducía a mi pieza.

—Tengo algo que decirte —dijo Edmond.

—¿Qué? —pregunté.

—Llamó Strikeforce. Estás en Strikeforce.

—¡No! —grité. Comencé a saltar y bailar por la habitación.

—Te dije que eso iba a suceder —dijo.

Edmond me miró de arriba abajo. Yo llevaba jeans y una sudadera con capucha. Él llevaba una camisa impecablemente planchada, zapatos elegantes, jeans de marca y un cinturón Gucci.

—Ahora, escúchame, vas a estar mucho delante de la cámara y la gente te va a mirar —dijo—. Tenemos que cambiar algunas cosas.

Me señaló mi vestimenta.

—Se acabó la ropa *extralarge* como esa —dijo—. Sé que eres una luchadora y que no te importa, pero olvidémonos de la cuestión de las peleas por un instante. Pensemos un poco en tu imagen. Lucir espléndida no tiene ninguna importancia cuando eres una pésima luchadora, pero ese no es tu caso. Las cosas van a cambiar y necesitas comenzar a pensar en ello. Te estoy guiando como lo haría con una hermana. No te señalo lo de tu apariencia para que te sientas mal; solo quiero lo mejor para ti. Te lo mereces.

Estaba excitada y halagada, pero más que nada tenía hambre.

—Está bien, Edmond —dije—. Tienes razón. Seré una luchadora perfecta y seré la mejor vestida, y haré cualquier otra cosa que me pidas, pero ¿podemos empezar después de la cena?

Mi vida estaba a punto de cambiar radicalmente. Iba a poder renunciar a todos los demás trabajos y ganarme la vida como luchadora. Iba a poder probarles a todas las personas que dijeron que no debía ser una luchadora que se habían equivocado. Iba a tener suficiente dinero para arreglar las ventanas de mi auto y tal vez incluso el aire acondicionado. Quizás hasta me podría mudar a una casa mejor.

Podría haber llegado hasta aquí sin la sutura, la falsa alarma, el pasaporte olvidado y el casino inmundo. Pero esos golpes, como todos los obstáculos de la vida, me obligaron a adaptarme. Aprendí que podía pelear en cualquier circunstancia. Aprendí lo fuerte que era mi deseo de conquistar este sueño. Aprendí cuánto me dolía haberlo tenido tan cerca para que después que me lo arrancaran de las manos. Las experiencias que tuve que atravesar me motivaron aún más. Ahora sentía una mayor urgencia por triunfar. Tal vez el camino a mis primeros combates profesionales no haya salido exactamente según mis planes, pero al final, todo salió a la perfección. Más no se puede pedir.

SI FUERA FÁCIL, TODOS LO HARÍAN

Las personas siempre están buscando el secreto del éxito. No hay un secreto. El éxito es el resultado del trabajo duro, de romperte el trasero todos los días por años y años sin tomar atajos ni acortar camino. Fue Miguel Ángel quien dijo "Si la gente supiera cuánto tuve que trabajar para ser un maestro, no parecería tan magnífico".

No es difícil saber lo que se necesita para alcanzar el éxito, pero tampoco es fácil llevarlo a cabo.

CGDP y yo rompimos varias veces. El día que me robó el coche tocó fondo, pero incluso después siguió luchando con su adicción. Rompíamos, pero después parecía como si las fuerzas del universo nos volvieran a unir. En dos ocasiones rompimos, y unos días más tarde me detuve en una luz roja y lo vi desde mi espejo retrovisor. Se encogió de hombros o negó con la cabeza como diciendo "¿Qué posibilidades había de que nos encontráramos aquí?". Aparcamos a un costado y nos echamos a reír por la casualidad. Entonces nos dimos cuenta de cuánto nos echábamos de menos. Nos besamos, lloramos y nos reconciliamos.

Sin embargo, la relación había cambiado. Yo me estaba transformando y de hecho eso fue lo que más nos apartó. No eran las MMA en sí, sino que yo había llegado a un punto en que quería más. Mi motivación crecía con cada día que pasaba. Estaba embarcada en una misión por conquistar el mundo. CGDP no tenía la misma energía. Y aunque creía en mí y me apoyó con mi sueño de las MMA cuando todos los demás me miraban con escepticismo ante la mera idea de hacerlo, también tenía sus inseguridades respecto de mi carrera.

Una noche me quedé hasta tarde en una práctica, en Hayastan.

—Hola, nena, ¿dónde has estado? —me preguntó al pasar cuando entré por la puerta.

—Entrenando —le dije.

Estaba agotada, me dolían todos los músculos del cuerpo y lo único que quería era darme una ducha antes de caer desplomada sobre la cama. Pero primero, me acerqué y me incliné para darle un beso. Él se echó hacia atrás.

—Hueles a colonia de hombre —me dijo. No era una acusación directa.

—¿A qué te refieres?

—Nada —negó con la cabeza y me sonrió disculpándose—. No es nada.

—Los tipos armenios con los que entreno siempre se bañan en colonia después de la práctica y me abrazan cuando salgo por la puerta —le dije, a la defensiva.

—Te abrazan —dijo. Sus cejas se fruncieron levemente.

—Son mis amigos. Los conozco desde siempre. Son armenios y los armenios son muy afectuosos. No les puedo decir a todos que se vayan a la mierda, y salir corriendo por la puerta apenas termina el entrenamiento.

—Pues… supongo que no —dijo.

—Gracias —le dije—. Ahora voy a tomarme una ducha.

Cuando empecé a desvestirme, CGDP me abrazó desde atrás, rodeándome la cintura. Me incliné hacia atrás y hundió su rostro en mi cuello. De pronto, se apartó bruscamente.

—¿Esa marca es un chupón en el cuello? —preguntó con tono acusador.

—¿Q-qué? —pregunté azorada. Me miré en el espejo—. Es una marca de cuando alguien trata de hacerte una estrangulación —le dije, señalando el cuello—. Y esta también, y esta de aquí también.

—Parece un chupón—dijo.

—Pues no —le dije—. He pasado gran parte de mi vida cubierta de moretones y marcas. Ni siquiera los noto ya. No es para preocuparse, es normal.

Pero él no era un luchador, así que no lo veía así. Quería darme su apoyo, pero cuanto más motivada estaba, más amenazado se sentía en nuestra relación. No le gustaba su trabajo; no había encontrado algo que lo apasionara. Estaba resignado a aceptar su situación, mientras que yo estaba obsesionada con mejorar la mía.

Cuando nos conocimos, CGDP era perfecto para mí. Éramos dos personas que podían estar satisfechas sin aspirar a nada. Pero luego cambié.

Rompimos por última vez poco después de que me volviera profesional. Habíamos atravesado tanto en los dos años que estuvimos juntos. Él realmente era uno de mis mejores amigos. Sabía que esta vez iba a ser diferente, porque no hubo ningún tipo de dramatismo. No hubo animosidad ni lloré como una histérica. No fue parte de una pelea. Fue realmente como una despedida. Y mientras hablábamos, las lágrimas nos caían por la cara hasta que nos quedamos dormidos.

Se despertó antes que yo y se fue sin despertarme. En la puerta dejó un mensaje en marcador de pizarra. Decía: *Te amo, nena. No lo olvides nunca, eres mi corazón.*

Nunca lo borré.

EL ÚNICO PODER QUE LAS PERSONAS TIENEN SOBRE TI ES EL PODER QUE TÚ LES DAS

En judo, hay muchas personas que están preocupadas por el rango y el grado de su cinturón negro, pero yo jamás caí en eso. El rango se basa exclusivamente en lo que opina un conjunto de personas que se reúnen para decir: "Oh, tú mereces estar en tal rango". Una vez que les das el poder de decirte que eres la mejor, también les has dado el poder de decirte que no vales nada. Una vez que te comienzan a importar las opiniones que otros tienen de ti, cedes el control.

Es el mismo motivo por el que no me engancho con ser la favorita del público cuando peleo. Y por qué no leo ninguno de los artículos que se escriben sobre mí. Uno de los mejores días de mi vida fue cuando entendí que la aprobación de otras personas y mi felicidad no están relacionadas.

Mi primer combate en Strikeforce estaba previsto para el 12 de agosto de 2011, y me enfrentaría, después de todo, a Sarah D'Alelio. Antes del enfrentamiento con D'Alelio tuve mi primer campamento de pelea. En este tipo de concentración, se adapta la rutina de entrenamiento para alcanzar las óptimas condiciones físicas y mentales en el momento de entrar al ring. El énfasis seguía siendo desarrollar mis habilidades, pero comenzamos a prepararnos con el foco puesto en D'Alelio.

Renuncié a todos mis empleos e hicimos un campamento de cuatro semanas. Aunque no teníamos dinero para traer compañeros de combate de primer nivel, yo jamás había tenido un entrenamiento tan específico para un combate.

El lunes de la semana de la pelea, me llamó Darin.

—Llamó la gente de Showtime —dijo. Strikeforce tenía un acuerdo para transmitir programas a nivel nacional por los canales de cable—. Es acerca de tu canción para salir a la jaula.

—Es la misma: "Sex and Violence" —dije.

—Justamente, por eso llamaron. Tienen un problema con las palabras —dijo Darin.

—Espera, ¿qué palabra? ¿*Sexo* o *violencia*? Porque esas son literalmente las dos únicas palabras de la canción; es solo un tipo que repite "sexo y violencia, sexo y violencia".

—En realidad, ambas —dijo Darin.

Me reí.

—¿Pero acaso no es lo que venden? —pregunté—. ¿Por qué la gente ve combates de mujeres? Por el *sex appeal* y la violencia física.

—No lo sé —dijo Darin, ligeramente exasperado—. Pero tienes que elegir otra canción.

—Ningún problema. Elige algo de Rage Against the Machine —dije.

Dos días antes del combate, manejamos a Las Vegas. Yo fui en el coche con Darin, y además vinieron Edmond y algunos otros tipos de GFC. Nos encontramos en el club y cruzamos el desierto en caravana. Podríamos haber volado a Vegas, pero me gustaba ir en coche.

Desde el momento en que llegamos y nos registramos en The Palms, donde tenía lugar el combate, fue evidente que había subido de categoría. Todo funcionaba de modo mucho más aceitado, más profesional. Los organizadores sabían quién eras, dónde tenías que estar y en qué momento. El lugar del evento era más grande; las luchadoras, de mayor calibre.

Teníamos una sala para calentar, no una zona improvisada cercada, sino un lugar para poner nuestro equipo y precalentar con mis entrenadores. Había gente que me avisaba cuándo iba a pelear y me mostraba adónde ir. Me sentí como en casa.

Salí a pelear con Rage Against the Machine, aunque la canción no me terminaba de convencer. Entré en la jaula. El referí nos envió a nuestras esquinas, y después dijo: "¡A pelear!". Comencé con un jab para acortar la distancia y llegar a un clinch. D'Alelio lanzó un golpe recto de derecha. Hice un agarre que solo una judoca puede conocer: era un agarre para una de mis proyecciones de judo favoritas, el *sumi gaeshi*, en el que jalas al oponente al suelo para que te caiga encima y lo arrojas al otro lado. Instintivamente, me lancé a la proyección, pero como no tenía un gi de donde sujetarme, comencé a perder el agarre. Cambié la técnica en pleno vuelo a una llave de brazo y comencé a ejercerle presión sobre el brazo mientras ella aún estaba en el aire.

—Tap, tap, tap —comenzó a gritar al caer al suelo, con un brazo delante para evitar caer de cara sobre la lona.

Sabía que no tenía una mano para tapear y que cuando su mano tocara el suelo para atajarse, todo el peso caería en el codo y se lo destruiría. Para salvarle el brazo, dejé que mis piernas se apartaran mientras caímos al suelo, pero mantuve mi posición. Aún no tenía una mano libre para tapear.

—Está intentando tapear —le dije al referí.

El referí dio por terminado el combate.

—¡No tapeé! ¡No tapeé! —le gritó ella al referí.

El combate entero había durado veinticinco segundos.

Me paré de un salto, y lancé el puño hacia arriba. Ella volvió a su esquina, protestando. El público abucheó.

Miré en dirección a ella.

—¿Quieres hacerlo de nuevo? —le grité delante de la multitud—. Vamos, hagámoslo de nuevo.

Pero una vez que se da por terminada una pelea, no se puede seguir combatiendo. El referí nos trajo al centro del ring.

—La ganadora, por sumisión, es Rowdy Ronda Rousey —declaró el anunciador mientras el referí me levantaba la mano. Los abucheos se hicieron más fuertes. Cuando la entrevistaron después del combate, D'Alelio admitió haber tapeado con un grito, que según las reglas se considera un "tapeo verbal".

D'Alelio y yo nos dimos un abrazo distante poscombate.

—No les hagas caso —me dijo.

Aunque agradecí sus palabras, mi euforia quedó mitigada no por los abucheos que me llovían desde todos lados —me habían abucheado en todo el planeta—, sino porque la gente cuestionara mi triunfo. No quería que nadie me volviera a cuestionar en la jaula jamás.

—Te aseguro que tapeó —le dije a Edmond mientras salíamos de la arena.

—Por supuesto que tapeó —dijo Edmond—. Todas las personas que están en esta maldita arena lo saben, incluso si actúan como si no lo hubiera hecho.

—A partir de hoy, sencillamente le voy a partir el maldito brazo a todo el mundo —dije.

Antes de marcharme del lugar de evento, me dieron mi cheque. Eran ocho mil dólares, pero sentí como si me hubieran dado un millón.

—Ahora te puedo pagar —le dije a Edmond. Lo que se acostumbra es que un luchador le dé un diez por ciento de sus ganancias al entrenador principal.

—Ronda, mereces mucho más dinero —dijo Edmond—. Una luchadora como tú merece un millón de dólares por luchar.

—¿Lo crees en serio? —pregunté.

—Por supuesto.

—No veo la hora de pagarte ese diez por ciento cuando me paguen millones de dólares —le dije.

—Sí, yo también —dijo Edmond—. Quédate con eso. No necesito el dinero. Tú luchas para ganarte la vida. Yo sé lo que es luchar para ganarse la vida. Yo mismo lo hice. Tú sigue haciendo lo que haces bien. Ahora, cuando ganes un millón de dólares…

Abracé a Edmond con fuerza. Había llegado a los puestos más altos del ranking. Ahora tenía la mira puesta en un campeonato.

Entonces, un día, Miesha Tate me mencionó en Twitter. Una fan le preguntó a Miesha si se animaba a pelear conmigo. Me incluyó en su respuesta: "¡Por supuesto! ¡Por qué no! (Nota para Miesha: en realidad, corresponde signos de pregunta en la segunda oración).

Nunca había oído hablar de Miesha, pero hice clic en su página para saber un poco más sobre ella. Me enteré de que era la campeona de Strikeforce en la categoría de los sesenta y un kilos. Yo había estado pensando en bajar a sesenta y un kilos y había dicho en público que sería la campeona de peso gallo (61 kg) y de peso pluma (65 kg) al mismo tiempo. Cuando la campeona de la división de los sesenta y un kilos dijo que me enfrentaría, decidí que había llegado el momento de aceptar el desafío. Tal como yo lo veía, había dos personas que me separaban del combate para obtener el título de peso gallo: la oponente con la que estaba previsto que peleara, Julia Budd, y la luchadora número dos de la división de los sesenta y un kilos, Sarah Kaufman. Las iba a liquidar a ambas.

El día del pesaje Budd me miraba desde arriba. Tenía ventaja en altura, pero no me importó. Seguía fastidiada por el cuestionamiento de mi última victoria. Esta chica me serviría para mostrarles a todos mi superioridad.

Salí acompañada por Rage Against the Machine, se trataba de una canción diferente, pero aún seguía sin convencerme. En el instante en que el referí dijo "¡Luchen!", le lancé un jab para acortar la distancia y la empujé contra la jaula. Nos abrazamos en un clinch, y sentí que estaba toda untada con crema. Quise lanzarla hacia delante, pero estaba tan resbaladiza que si la tomaba se me escaparía de las manos. Cambié de estrategia y la barrí hacia atrás.

Una vez que la tuve en el suelo, solo tuve que darle un puñetazo y acomodarla en la posición que me convenía para hacer mi llave de brazo favorita. Apenas la solté y le enderecé el brazo, hizo un puente y se dio vuelta intentando escapar. Estábamos boca abajo, y sentí que se comenzaba a luxar la articulación de su codo, pero esta vez no cometería el mismo error que la vez pasada. No dejaría que a nadie le quedaran dudas sobre mi victoria. La di vuelta para que el referí viera el daño. Seguí ejerciendo presión sobre el codo, inclinándome hacia atrás hasta que se dislocó. Trató de seguir luchando, pero unos segundos después se terminó rindiendo. El anunciador comparó el codo dislocado de Budd con la rodilla de un flamenco. El combate había durado treinta y nueve segundos.

En judo me habían enseñado a ser humilde tras una victoria, a ser respetuosa de una oponente que ofrece una buena pelea, y no a celebrar después de lesionarla. Intenté contener la euforia. Cuando la vi levantarse de la colchoneta, me permití sonreír y disfrutar de la victoria. Pero aún no había concluido mi noche.

Mauro Ranallo, el presentador de Showtime, me preguntó acerca de mis planes para pasar a sesenta y un kilos después de la pelea. Eché un vistazo a Edmond: mi esquina estaba al tanto de mi plan. Entonces miré directo a la cámara; ya había pensado en este momento.

—Si Sarah Kaufman es la siguiente en la línea, por favor, Strikeforce, denme una oportunidad con ella. Realmente quiero combatir por un título contra Miesha Tate, y no quiero arriesgarme a que ella pierda el título. Por favor, déjenme enfrentar a Sarah Kaufman primero, y luego a Miesha Tate. Juro que daré un buen show.

Era el primer reto que le hacía una mujer a otra, televisado a nivel nacional. Ninguna luchadora femenina de las MMA había desafiado jamás a nadie en un contexto público. Fue al mismo tiempo una petición y una actuación. Fue mi primer intento por dar un show.

Detrás del escenario me abordó Sean Shelby, el creador de peleas.

—No vas a tener que luchar contra Kaufman primero —dijo—. Te daremos a Miesha ya mismo.

—Genial —dije.

Estaba excitada, pero Miesha no. No quería pelearme, y discutió con Sean Shelby acerca de ello, pero la decisión estaba tomada.

Yo no sabía demasiado sobre Miesha Tate; solo quería enfrentarla porque ella era la campeona, así que supuse que podía pelear. Sabía que había personas que la consideraban razonablemente atractiva y yo era razonablemente atractiva. Me imaginé que eso ayudaría a generar interés en la pelea. Sabía que el combate se vendería, y sabía que podía ganarle.

Combatir en una pelea no se trata solo del combate; se trata del espectáculo. El aspecto atlético es una parte fundamental del show, pero eso solo no es suficiente para garantizar que la gente vuelva una y otra vez. Las personas vienen a ver luchadoras porque les recuerdan a personajes. Tienes que mantenerlos excitados; tienes que generar intriga; tienes que cautivarlos.

Dos semanas después Miesha y yo hicimos una aparición conjunta en el podcast "MMA Hour" para debatir si yo merecía que me dieran una oportunidad para arrebatarle el título inmediatamente o luego de un tiempo. Hay que aclarar que yo vengo de una familia de mujeres listas y espabiladas. Cuando éramos chicas, mis hermanas y yo solíamos discutir permanentemente. Había que ser rápido con la respuesta o te ponían en tu lugar. Mi hermana Jennifer te puede golpear tan fuerte con una respuesta que terminas sentada. Mi hermana María tiene la habilidad de recordarlo todo, desde lo que almorzó en el jardín de infantes hasta un artículo de revista que leyó al pasar cinco años atrás. Cita cinco ejemplos irrefutables, uno detrás de otro, y después te desafía preguntándote: "Dame un ejemplo concreto". Mamá tiene la habilidad, sin levantar la voz, de cambiar de tono y hacer que al enemigo le corra un frío por la espalda. En mi casa no se podía bajar la guardia nunca. Si lo hacías la discusión ya estaba diez pasos más adelante y había que admitir la derrota. Yo me había estado entrenando en este campo mucho antes de lo que me había entrenado en judo.

En algunas entrevistas, Miesha ya había demostrado que subestimaba mis habilidades dentro de la jaula. Estaba casi segura de que también me estaba subestimando fuera de ella. Quería estar lista para destrozar cualquier argumento potencial que se le pudiera ocurrir. Quería arrinconarla para que no le quedara otra opción que enfrentarme, y quería que viera mi superioridad sobre ella en todos los aspectos del combate, dentro y fuera de la jaula.

Hice exactamente lo mismo que hubiera hecho antes de un combate: me preparé. En los días antes del podcast, me pasé cada minuto del día entrenándome para pelear o entrenándome para debatir. Recorrí sus redes sociales; observé entrevistas que daba; tomé nota de cada observación que había hecho, de cada argumento que ya había intentado en mi contra, y de otros que todavía ni siquiera se le habían ocurrido. Tomé apuntes que luego pasé en la computadora de un amigo. Durante los descansos de entrenamiento, sacaba la hoja de repaso con ambos puntos de vista. Se la daba a uno de los muchachos del gimnasio.

—Di algo y yo te lo refuto —decía.

Practicaba defenderme contra sus observaciones. Practicaba discutir sus observaciones. No importaba de qué lado del argumento me encontrara, yo ganaba. Para cuando terminaba, yo era mejor defendiendo su punto de vista que ella misma.

A instancias de Edmond, había ido a la Third Street Promenade y me había comprado un poco de ropa nueva para las próximas apariciones en los medios. Faltaba poco para el Día de Acción de Gracias, y el centro comercial al aire libre ya estaba decorado para Navidad. *Realmente, este año tengo dinero para comprarle regalos de Navidad a mi familia,* pensé. Estaba mirando vidrieras cuando me di cuenta de que había perdido la noción de tiempo y no llegaría a casa a tiempo para la entrevista. Elegí un lugar sobre la acera fuera de Urban Outfitters; no quedaba más remedio.

Me sonó el teléfono. Sentí una descarga de adrenalina. Estaba lista para la paliza verbal. Cuando comenzó el show, Miesha fue la primera en disparar:

—¿Qué pasa si no le sale la llave de brazo y alguien termina encima de ella rompiéndole la cara a golpes? —preguntó—. ¿Tapeará o se rendirá? No lo sabemos. No lo hemos visto aún. Creo que es bastante tonto hacerla pelear conmigo, porque eso es lo que voy a hacer. La voy a aplastar.

Su lógica parecía ser que como yo había sido tan dominante, porque nadie había durado ni un minuto en la jaula conmigo, aún no había demostrado nada. Se notaba que estaba dando manotazos de ahogado. Me di cuenta de que lo que más me convenía era vender el combate más que defenderme. Hablé de dinero; hablé de intereses; hablé sobre la necesidad de dar un buen espectáculo a la gente. No se trataba solo de Miesha y yo, sino de todo lo que soñé cuando las personas me decían que a nadie le iba a importar jamás las MMA de mujeres.

Miesha solo quería hablar de mí. Esquivé todos los jab que me lanzó con nocauts. Debes ser más humilde como luchadora, me dijo. Las luchadoras que no son humildes cobran dinero igual, le señalé. Todavía no había demostrado nada, me dijo. Nombré a otras luchadoras exitosas que habían ascendido con rapidez. Solo piensas en ti misma, dijo. Es un deporte profesional, le expliqué, poniendo énfasis en la palabra "profesional". Si estaba preocupada por los ideales, le sugerí que renunciara al dinero y probara con las Olimpíadas.

—¿Qué pasa si salgo y te reviento? —preguntó.

—Es un riesgo que estoy dispuesta a tomar —le dije—. Tú también deberías estar dispuesta a tomar algunos riesgos.

—Lo estoy —dijo Miesha.

El interés creció en forma exponencial. Comenzaron a aparecer artículos sobre nuestro combate en todos lados. Los fans tomaban partido. El interés en una lucha de mujeres, en cualquier combate de Strikeforce, jamás había sido tan grande. Respondí a absolutamente todos los pedidos de entrevistas, programándolos y metiéndolos entre mis sesiones de entrenamiento y respondiendo llamados temprano por la mañana o a última hora de la noche.

El fin de semana siguiente fui a Las Vegas para los premios mundiales de las MMA, para festejar con algunos luchadores que conocía y ver un combate de la UFC en The Palms. Estábamos algunas filas detrás de la jaula, y me faltaban solo unos tragos más para adherir al mantra "Lo que sucede en Las Vegas queda en Las Vegas" cuando Frank y Lorenzo Fertitta y Dana White, los tres hombres más poderosos del deporte de las MMA, entraron en la arena. Los hermanos Fertitta son dueños, entre ambos, del ochenta y un por ciento de Zuffa, la organización principal de la UFC, la principal organización de las MMA. Dana White es el presidente de la UFC. Zuffa era dueño de Strikeforce.

Sentí un escalofrío en todo el cuerpo, como si hubiera recibido una descarga eléctrica. Me enderecé en mi lugar y sonreí. Mi voz interna me gritaba a todo volumen, "Tranquila, nena".

Pasaron caminando al lado nuestro, y Dana se detuvo y se presentó.

—Tú eres Ronda Rousey —dijo.

La mandíbula casi se me cae al suelo.

—Hola —dije.

—Qué gusto conocerte —dijo él.

Entonces alguien que estaba unos asientos más allá lo llamó, y siguió su camino.

Dos días después, estaba saliendo del estacionamiento de The Palms cuando oí a Joan Jett en la radio.

—"Me importa un carajo mi reputación..." —la letra me tocó una fibra del alma.

Había encontrado mi canción para salir a la jaula.

GANAR ES UN HÁBITO

Aristóteles dijo: "Somos lo que hacemos repetidamente. La excelencia, entonces, no es un acto; es un hábito". Ganar es un hábito, como lo es también perder.

Puedes acostumbrarte a ir a torneos, reuniones o audiciones pensando: "Esto es solo una práctica. Si fallo, siempre puedo intentar de nuevo más adelante". Si entras con todas las excusas preparadas, es difícil salirte de este paradigma cuando finalmente llegue el "más adelante".

O, por el contrario, puedes enfrentar cada nueva iniciativa confiado en que vas a sobresalir de manera extraordinaria. Puedes decirte a ti mismo: Estoy jugando mi mejor juego porque esta es la única forma que tengo de jugar. Estoy aquí para ganar, y tú puedes sumarte o salirte del camino.

"Ganar es un hábito" significa intentar (y creer) ser el mejor del mundo todos los días.

En la antesala al combate contra Tate todo se intensificó. El campamento fue más duro; dar el peso fue más difícil; había más personas prestando atención; la tensión era mayor. Pero todos los días me despertaba con un propósito: arrebatarle el cinturón a Miesha Tate.

Podría haberle ganado el día que la desafié, pero no alcanzaba con solo ganar. Quería aniquilarla, humillarla, forzarla a admitir que yo era la mejor luchadora del planeta —que tuviera que pedirme disculpas por creer que tenía derecho a ser nombrada en una misma oración conmigo.

Fue el primer campamento completo que hicimos, reservando las seis semanas previas al encuentro del 3 de marzo de 2012, en Columbus, Ohio. Ese campamento marcó la primera vez que Edmond trajo compañeros de sparring de afuera, que se sumaron a los tipos del GFC a los que siempre recurría.

Darin me consiguió un departamento temporario cerca del club para que no tuviera que cruzar todo Los Ángeles yendo y viniendo. Estaba tan traumada de mis días deshidratándome para dar el peso en judo que quería llegar a los sesenta y un kilos únicamente con la dieta. Me limité a una sola comida al día, por la noche; me lo tomaba como una promesa a mí misma, una recompensa por haber sobrevivido el día.

Como no había tenido que perder peso de forma extrema en más de dos años, adelgacé enseguida. En la primera semana de campamento, ya casi daba el peso, pero estaba mucho más débil. Hacía más rounds de sparring que nunca, con el estómago completamente vacío. Y me dedicaba muchísimo tiempo a las redes sociales, como si fuera un trabajo a tiempo completo.

Al terminar el campamento, estaba completamente agotada, pero sabía que no hacía falta sentirme como nueva para ser la mejor del mundo. El martes de la semana de la pelea, Edmond, Darin y yo embarcamos en un avión con destino a Ohio. Llevé mi rasposo cojín de avión, apoyé la cabeza sobre el hombro de Edmond y dormí durante todo el vuelo.

Aterrizamos y fuimos al hotel. Me desperté a la mañana siguiente con la garganta irritada y con fiebre. Edmond me tomó la temperatura y dio 38°C. Me quedé en cama los siguientes dos días.

El viernes fuimos a la arena a hacer los pesajes y di el peso. Después Miesha y yo tuvimos que hacer el careo previo a la pelea, con nuestras caras a apenas unos centímetros de distancia. Ella se inclinó hacia delante, tocándome la frente con la suya. La empujé hacia atrás con la cabeza. Los oficiales de la pelea se interpusieron entre nosotras.

Miesha parecía asustada. Tenía una gran marca roja en la frente. *Acostúmbrate a que te domine, perra*, pensé. Mamá me vino a ver después de los pesajes, para cenar.

—¿Cómo te sientes? —me preguntó, con cara de preocupación.

—Mejor —dije, pero no parecía muy convencida.

Cené pescado a la sal con verduras, y después nos fuimos a mi habitación y nos echamos en la cama.

—¿Puedes decirme por qué voy a ganarle a esta chica? —pregunté. Me sentía otra vez como una niña antes de un torneo.

—Porque lo deseas más.

—Así es.

—Has estado entrenando para esto durante toda tu vida. Eres una atleta de nivel de élite. Y ella, ¿qué es? ¿Una luchadora de escuela secundaria? Tú has luchado en miles de combates en las situaciones de mayor presión que se puedan imaginar.

—Más, más —le dije.

—Sabes que puedes ganar incluso si estás enferma o lesionada. Eres más lista que ella.

—¿No me digas? —pregunté con ironía.

Mamá me preparó una taza de café y posteé algunas actualizaciones más en las redes sociales antes de apagar el teléfono hasta después del combate.

—Esa maldita puta.

—¿Qué pasó? —preguntó mamá.

Vi en las redes sociales que Miesha Tate había presentado una queja pidiéndole a la comisión atlética que me pusiera una multa por el cabezazo.

—Una razón más para ganarle —dijo mamá.

—En serio, usaré el dinero que obtenga tras patearle el trasero para pagar la multa. Lo llamaré el "impuesto de patear traseros".

Hubo un golpe a la puerta. Marina había venido desde Nueva York para ver la pelea y me había traído espagueti y albóndigas. La noche antes del combate, dormí como una piedra.

La noche siguiente, el referí pasó por el vestuario para informarme acerca de las reglas y explicarme lo que debía anticipar que él haría en la jaula.

—Les pido que luchen, y luchan —dijo, repitiendo su cantinela—. Pueden tocarse los guantes si quieren...

—Ok, yo no quiero —interrumpí.

—Ah... bueno —dijo, sorprendido.

Miré hacia abajo, a la cinta azul de mis guantes. Yo comenzaría la pelea desde la esquina azul, lo que quería decir que cuando empezáramos estaría del lado derecho de la jaula. La esquina azul es la esquina del retador. La esquina roja está reservada para el campeón, el favorito. Yo sabía que aquella iba a ser la última vez que usaría los guantes azules.

Cuando nos encontramos en la jaula, Miesha sabía lo que iba a pasar. Sabía que le iba a romper el maldito brazo. Lo sabía y no había nada que pudiera hacer para evitarlo.

El mejor atributo que tiene Miesha como luchadora es que puede aguantar una paliza increíble. Yo esperaba que fuera lista y mantuviera distancia al pelear. Pero la emoción la traicionó. Salió corriendo de su esquina con la cabeza gacha, los ojos cerrados y golpeando muy abierto. Quedó atrapada en mi clinch. Desvié su impulso fácilmente y la arrojé al suelo. Después de luchar brevemente y de meterle un codazo en la cara, me mantuve en su guardia y giré hacia atrás para rodear sus piernas y ponerme en posición de crucifijo, acostada encima de ella, y sostenerle los brazos hacia abajo, para golpearle la cara con el codo.

Miesha entró en pánico y me dio el brazo cuando yo ni lo estaba buscando. Le arrojé una pierna encima de la cabeza para hacer la llave de brazo. Sentí que se luxaba la articulación del codo, pero también comencé a sentir que ella se escapaba. Decidí en cambio utilizar el puño de martillo para golpearle la cara. Me alejé rodando para salir de la posición y ponerme de pie. Ella se aferró desesperada a mi espalda y nos derrumbamos al suelo.

Miesha intentó engancharme el cuerpo con las piernas desde atrás. Entonces le tomé los pies y los desenganché, pero me di cuenta de que mis shorts eran demasiado cortos, y si tiraba con demasiada fuerza, terminaría mostrándole el trasero a todo el mundo. Me puse de pie, la levanté del suelo y la arrojé de cabeza sobre la lona. Me puse de rodillas para desengancharle los pies y logré deslizarme fuera y ponerme de pie. Ella intentó seguirme, pero la golpeé de lleno en la cara y la volví a sentar de trasero. Se puso de pie e intentó agarrarme y empujarme contra la jaula. La di vuelta y la sostuve contra la jaula, pegándole rodillazos en los muslos para preparar un hermoso *osoto* (proyección hacia atrás), y después hice una voltereta lateral sobre la cabeza para mejorar mi posición en el suelo. Ella se tomó de la jaula (una violación de las reglas) para ponerse de pie. El referí le advirtió acerca de la infracción mientras nos parábamos, y le pegué con un jab y un cross. Ella erró una patada que hizo desde un kilómetro y medio de distancia, al tiempo que arrojaba puñetazos sin método alguno, que bloqueé con facilidad. Conecté una dura derecha recta y un lanzamiento de cadera más duro aún. Me preparé para montar encima de ella. Se dio vuelta y me dio la espalda.

Sabía que el primer round estaba por terminar y me pareció que una derrota por sumisión sería más rápida que un nocaut técnico. Mantuve mi peso deliberadamente sobre el lado derecho y le pegué del lado izquierdo de la cabeza, provocándola para que se pusiera de pie. Hizo un ademán para pararse, empujando hacia abajo con la mano izquierda. ¡Era exactamente lo que yo buscaba! Le enganché el brazo y lo di vuelta para realizar mi llave de brazo favorita.

Muchas personas creen que cuando haces una llave de brazo, el brazo se rompe. Pero no se rompe. Cuando haces una llave de brazo, el objetivo es poner tanta presión sobre el brazo que le terminas dislocando el codo. De hecho, es posible sentir el sonido del chasquido de la dislocación. Es como cortarle la pierna a un delicioso pavo el Día de Acción de Gracias. Puedes sentir el *pop-pop-pop*, y después un *splotsh*, como si se estuviera estrujando algo.

Tiré del brazo para mantenerlo derecho y me arqueé hacia atrás hasta que sentí el momento en que sus ligamentos se rompían entre mis piernas. Mientras tanto ella seguía intentando escapar.

Apenas sentí el chasquido de la articulación, cambié el foco. Ahora debía protegerme e intentar evitar que se escapara. Le tomé el brazo y lo pasé por encima del costado de mi cadera, forzándola a girar el codo a más de noventa grados en la dirección equivocada. Le arranqué algunos músculos del hueso y los tendones.

Apretándole el brazo lesionado como una tenaza, me incorporé para golpearle la cara con la otra mano. Al tener el codo totalmente dislocado, no había nada que la obligara a mantenerse en esa posición, salvo el dolor y el miedo que me tenía.

Entonces tapeó, y después, en lo que a mí respecta, Miesha desapareció por completo. Sentí alivio, y después me abrumó una alegría indescriptible. Me puse de pie en el medio de la jaula mientras el presentador gritaba:

—Damas y caballeros, tenemos un tiempo de cuatro minutos y veintisiete segundos en el primer round. Ella es la ganadora por vía de sumisión, la que sigue invicta, la nueva campeona del mundo de Strikeforce de peso gallo: ¡Rowdy Ronda Rousey!

El público rugió frenético. El CEO de Strikeforce, Scott Coker, se me acercó por detrás y me envolvió el cinturón de campeona alrededor de la cintura, y yo me sobresalté. Me había olvidado de esa parte. Miré hacia abajo al cinturón de cuero negro con el enorme frente dorado: había decenas de joyas brillando bajo las luces reflectoras. Era mucho más pesado de lo que imaginaba.

Me embargó una increíble sensación de paz: había logrado mi cometido. Me pusieron un micrófono delante de la cara, y me di cuenta de que iba a tener que encontrar palabras para decir algo.

Agradecí a mis entrenadores, a mis compañeros de trabajo y a mi familia. Estaba realmente agradecida por todo lo que habían hecho para que yo llegara hasta ese momento. Pensé en papá. Miré hacia la tribuna, creo que esperando ver su bandera flameando allí de nuevo. Él siempre supo que yo iba a ser la mejor del mundo. Quería que se enterara de que su dormilona se había despertado.

—A mi papá, donde quiera que estés —dije—. Espero que puedas ver esto. Te extrañamos, te amamos y esto es para ti. Espero que estés orgulloso de mí.

Salí corriendo de la jaula, derecho a las pruebas de doping. Un montón de oficiales acompañados por equipos de producción de televisión intentaban llevarme detrás del escenario. Me detuve, echando una mirada hacia el público para ubicar a mamá.

—Vamos —urgió uno de los oficiales.

—La tengo que encontrar.

Vi a mamá, orgullosa, gritando entre el público.

—¡Ahí está mi mamá! —grité, señalando.

—Vamos —me dijo el oficial otra vez.

—Déjala ver a su mamá —le dijo Edmond al guardia.

Toda nuestra fila —yo, mi esquina, la gente de seguridad, los oficiales, los camarógrafos y los organizadores del evento— cruzamos hacia donde estaba mi mamá de pie.

Ella me rodeó con los brazos. Me incliné hacia delante.

—Sigo orgullosa de ti —me dijo.

Era la primera vez que la escuchaba decírmelo respecto de cualquier competencia. Sentí que había ganado de nuevo.

PREFIERO EXPONERME POR VOLUNTAD PROPIA QUE ESPERAR CON TEMOR A QUE ALGO SUCEDA CONTRA MI VOLUNTAD

Me han preguntado si no tengo temor. La verdad es que le tengo temor a muchas cosas; es solo que no permito que el temor me domine. Lo uso para motivarme. Le hago frente directamente a las cosas que me asustan, porque el temor no es nada más que una sensación. Las chicas con las que me enfrento en la jaula me pueden lastimar, pero el temor no me puede lastimar. Actuar sin sentir temor es lo que llaman temeridad. Actuar con temor es lo que llaman coraje.

Hacía un par de meses que había roto con CGDP y había vuelto a salir con diferentes tipos mientras seguía mi trayectoria ascendente en Strikeforce. Conocí a mi nuevo novio en el club donde había estado enseñando judo.

Era agradable, tenía un empleo, vivía en su propio apartamento y no consumía heroína. Dado mi historial de salidas, estaba conforme con un chico que fuera algo aburrido. Por supuesto, siempre se dice después que los asesinos seriales eran vecinos algo aburridos.

Dos semanas antes del combate contra Tate, estaba en casa del chico y le pregunté si podía usar su computadora para actualizar mis redes sociales durante su ausencia. Me dijo que no había problema. Entonces, mientras trataba de bajar una foto de Facebook para postearla en Twitter, la ventana de "guardar como" mostró miniaturas de las descargas recientes. Entre las imágenes había fotos mías: fotos desnudas tomadas sin que yo lo supiera. Eran fotos mías realizando actividades banales como jugar a DragonVale en el teléfono o lavarme los dientes (sí, me lavo los dientes desnuda).

La ira me recorrió la espalda como una corriente helada mientras revisaba las fotos que me había tomado durante los últimos meses. ¿Y si las había compartido? ¿Y si tenía más fotos ocultas en otro lado? ¿Y las fotos en el teléfono?

Borré las fotos, y después borré todo el disco rígido. Luego esperé que aquel ladino asqueroso llegara del trabajo. Estaba de pie, parada como una estatua en su cocina, cada vez más furiosa. Comencé a sonarme los nudillos y apretar los dientes. Cuanto más esperaba, más furiosa me ponía. Cuarenta y cinco minutos más tarde, entró por la puerta.

Al ver mi cara, se quedó helado. Me preguntó qué pasaba y cuando no dije nada, comenzó a llorar. Le di una cachetada tan fuerte en la cara que me dolió la mano.

—Encontré todas esas fotos que me sacaste desnuda, ¡enfermo hijo de puta! —grité.

—Déjame que te explique —me suplicó.

Pero no había nada que decir. Amagué para irme, pero él me bloqueó la puerta.

—¡Déjame salir de acá! No te quiero volver a ver en mi puta vida. Nunca más me volverás a tocar.

—No te irás —me dijo.

—La puta que sí, claro que lo haré —dije.

No se quería mover. Le di un puñetazo en la cara con una derecha recta, luego con un gancho izquierdo. Se tambaleó hacia atrás y se cayó contra la puerta.

Mierda, mis manos —pensé—. *No me las puedo lastimar antes de una pelea.*

Le di una cachetada con la mano derecha; seguía sin moverse. Después lo tomé de la capucha de la sudadera, le di un rodillazo en la cara y lo arrojé a un lado sobre el suelo de la cocina.

Salí corriendo por la puerta hacia mi coche, y él me persiguió.

—¡No, espera! ¡Déjame explicarte! —gritó.

—¡Vete a la mierda, degenerado!

Me metí en mi coche. Él saltó al asiento de pasajero y se aferró al volante.

—No te irás a ningún lado hasta que me escuches. —Caminé alrededor del auto, lo tomé del cuello de la sudadera otra vez y lo arrastré hacia la vereda, donde quedó retorciéndose en el suelo mientras yo arrancaba a toda velocidad.

Después del combate contra Tate, volví mi atención a todas las cosas que venía postergando. La situación con el ladino asqueroso estaba entre las primeras de la lista. Yo había borrado las fotos que encontré, pero sabía que podía haber más. La victoria me había puesto en el centro de atención. El estómago se me retorcía al imaginarlo tratando de vender las fotos. Me preocupaba que las hubiera posteado en Internet; me preocupaba que en el futuro otra persona tomara fotos.

ESPN me pidió que participara del número *Body Issue*, en el que persuaden a atletas a posar desnudas. Pensé que si existía la mínima posibilidad de que se publicaran fotos mías desnuda, quería que fuera bajo mis condiciones, y me parecía de buen gusto hacerlo en el desplegable central que exhibía a las mejores atletas del mundo. A los blogueros fanáticos les encantaba preguntar, como si fueran periodistas, si posaría desnuda en una revista como *Playboy*, y siempre les daba la misma respuesta: "Nadie debería poder ver mi mercadería por cinco dólares. No me importa cuánto dinero me den por ello".

Algún día quiero tener hijos, y no quiero que mis hijos, sus amigos, o, Dios no lo permita, mis nietos hagan una búsqueda en Internet de "Ronda Rousey" y encuentren una foto de mi vagina en la versión súperavanzada de Internet que tengamos en veinte años. Tan simple como eso. Así que solo aparezco en fotos como me mostraría con una bikini en la playa.

La mañana de la sesión de fotos de ESPN, me subí a la balanza y pesaba sesenta y cuatro kilos. Me bajé y me miré el cuerpo en el espejo de cuerpo entero que tenía en la puerta de mi clóset. Quería lucir en óptimas condiciones físicas, con todos los músculos bien definidos. Sentía que el objetivo de aquellas fotos era capturar la cumbre física del potencial humano, de modo que así quería lucir. Cuando me miré en el espejo, me sentí bastante en la cumbre.

El día de la sesión de fotos, manejé a un estudio en Culver City, California, no lejos de la casa a la que me había mudado después de firmar el contrato con Strikeforce. El estudio era grande, tenía paredes blancas y estaba bien iluminado. Me recibió una simpática asistente de producción, que tal vez había consumido demasiada cafeína, que me llevó a la sesión de peinado y maquillaje. Conversé con el estilista mientras me hacía bucles en el pelo, que luego recorrió con los dedos para que quedaran ondas sueltas.

Un equipo de camarógrafos que hacía un video del detrás de cámara me hizo preguntas. Me quité lo que tenía puesto salvo la ropa interior y me entregaron una gruesa bata blanca con el logo de ESPN. Me deslicé las bragas para quitármelas por debajo. Baile un poco para aflojarme. El suelo de cemento alisado se sentía frío bajo mis pies descalzos. Uno de los asistentes me envolvió las manos con vendas rosadas. No fue un vendaje realizado con precisión profesional, como el que realizaba Edmond, pero funcionaría para unas fotos.

Cuando llegó el momento de sacar las fotos, la persona encargada de la producción me acompañó a una parte cerrada del set. Pasé por una puerta a una sección separada con tabiques. Las paredes y el suelo eran negros, y la única iluminación eran las luces de las cámaras y dos reflectores rosados. Entorné los ojos, tratando de acomodar los ojos al duro contraste con la parte exterior del estudio.

—Bueno, cierren el set —dijo alguien.

Toda persona que no fuera absolutamente necesaria a la sesión de fotos se retiró. Quedaron tal vez cinco personas en la sala, todas mujeres salvo por un camarógrafo que rodaba el detrás de cámara de la sesión de fotos.

Disfruta, nena, pensé para mis adentros.

Estaba nerviosa, pero excitada. Me sentía cómoda conmigo misma y segura con mi cuerpo. Estaba convencida de lo que le dije al entrevistador de ESPN: "Las chicas flacas lucen bien con ropa, pero las chicas en buen estado físico lucen bien desnudas".

Respiré hondo y acepté que un pequeño grupo de personas me vería desnuda. *Realmente, estoy a punto de hacer esto*, pensé. Luego, me quité la bata.

—¿Estás lista? —me preguntó la fotógrafa.

—Pues, estoy completamente desnuda —dije—. No creo que pueda estar aún más desnuda. —Se rió.

Las luces rosadas brillaron por detrás. Alguien encendió una máquina de humo, y volutas de humo blanco y translúcido se enroscaron en el aire a mi alrededor.

La sesión duró alrededor de una hora. Cada tanto, nos tomábamos un descanso y el tipo que se ocupaba del pelo venía y me hacía unos pequeños retoques. O la maquilladora me aplicaba un poco de polvo. Entre esos momentos, el fotógrafo seguía sacando fotos, mientras me daba órdenes.

—Bueno, ahora salta.

—Gira un poco hacia la izquierda.

—Mueve las manos un poco.

—Perfecto. Perfecto.

El fotógrafo me mostró algunas de las fotos que había tomado en una pantalla de computadora.

—Vaya —dije, con una risita nerviosa—. Me veo bien.

—Increíble —dijo.

—¿Me prometes que no se verá nada que no se vería si llevara un traje de baño? —pregunté.

Toda las personas que estaban en esa sala me lo prometieron (Por supuesto, hay un par de tomas en las que estoy casi segura de que interpretaron que el traje de baño era un cola-less).

Un par de meses después, en julio, ESPN hizo que me enviaran el número de la revista a mi casa. En ese momento me seguía un equipo de camarógrafos de Showtime como parte de una miniserie documental para promover mi siguiente combate en Strikeforce contra Sarah Kaufman. La gente de la revista ESPN y los productores de Showtime habían coordinado para que los camarógrafos me filmaran en el momento en que recibiera la revista.

Había esperado tener que pasar las hojas para encontrar mi foto, pero ahí estaba yo, con una sonrisa encantadora, en la tapa. Me quedé muda. Estaba sorprendida no solo por la tapa, sino por la versión de mí misma que me devolvía la mirada. Lucía hermosa.

REHÚSA ACEPTAR CUALQUIER OTRA REALIDAD

Durante mucho tiempo las personas desestimaron mis objetivos diciendo que eran imposibles. Pero yo sabía que era solo porque todavía no les había dado una razón para que estuvieran de acuerdo conmigo. No sabían lo que yo era capaz de hacer.

19 DE ENERO DE 2011

CAMARÓGRAFO DE TMZ: Oye, ¿cuándo vamos a ver a mujeres en la UFC?

DANA WHITE: Nunca (riéndose). Nunca.

Nadie fuera de mi campamento lo sabía, pero en los días previos a la lucha contra Kaufman tenía una molestia en los codos. Un día estaba haciendo sparring cuando se me dislocó el codo izquierdo. En las competencias de judo, nunca había tapeado cuando me habían hecho la llave de brazo, y hacía tiempo que había perdido noción de cuántas veces me habían dislocado los codos. El trauma recurrente de la articulación había aflojado los ligamentos de ambos brazos.

Solo necesito volverlo a colocar, pensé, pero el dolor persistía. *Puedo ganar esta pelea con un maldito brazo,* me decía a mí misma. Unos días más tarde, el codo derecho me empezó a molestar. Prácticamente no podía mover ninguno de los dos; ni siquiera podía tirar un jab. *Bueno, supongo que voy a tener que ganar esta pelea sin manos,* pensé.

Mi pelea contra Sarah Kaufman estaba fijada para el 18 de agosto de 2012. Ella era una buena luchadora y llegaba a la pelea con un 15-1 cuando yo estaba en 4-0. Si yo no hubiese aparecido en escena, ella habría sido la siguiente en línea después de Miesha, y probablemente se hubiera ganado el cinturón.

Entré a la pelea contra Kaufman con el mismo deseo de ganar con el que había entrado a la jaula cuando luché contra Miesha. Pero, la última vez, era yo la contendiente y tenía todo por ganar. En esta pelea podía perderlo todo.

Sabiendo que yo estaba lesionada, el clima entre los miembros de mi equipo era más tenso que lo habitual mientras viajábamos en coche a San Diego para la pelea. Yo disfrutaba del momento. En general, suelo funcionar mejor bajo presión y dejo de sentir cualquier tipo de dolor.

La noche de la pelea, Edmond me ayudó a precalentar en el vestuario. Normalmente trabajamos un poco con los focos antes de entrar en la jaula, pero esa noche no lo hicimos.

—Esta chica es sólida con los pies y sabe cómo pegar —dijo Edmond—. Usa tu judo. Mueve esa cabeza. Jódela con los jabs, usa el clinch y ya está. Ve y termina con esta mierda.

Con los guantes rojos, y con Joan Jett que estallaba por los parlantes, salí a la jaula. No había nadie más en el planeta que yo y la chica que tenía en frente dentro de esa jaula. Comencé utilizando un triple jab, olvidándome del dolor. Ella reculó contra la jaula para defenderse de mi primer intento de proyección. Invertí mi agarre, cambié de dirección y la barrí hacia atrás. La golpeé en el suelo para forzar la reacción que quería y fui directo a mi llave de brazo. Luchó con fuerza para retenerlo, pero el brazo era mío.

Cincuenta y cuatro segundos después de iniciado el combate, Sarah Kaufman tapeó. El público enloqueció. Sentado en primera fila, en el centro, estaba Dana White. Él vio lo que estaba sucediendo en el estadio; vio la pasión de los fans. Vio lo maravillosa que fue esa pelea en vivo. Y después vio los ratings. La pelea hizo un pico de audiencia de 676.000 espectadores, un 23 % más que los 431.000 que habían sintonizado para verme patearle el trasero a Miesha Tate.

En la mañana del 8 de septiembre de 2012, sonó mi teléfono celular. El identificador de llamadas mostró un nombre familiar: Dana White. El presidente y rostro visible de la UFC me había llamado una vez antes para decirme que viera un comercial que Showtime había producido para promocionar mi pelea contra Tate. Yo había guardado su número en el teléfono.

—¡Oye, estoy yendo a la ciudad para el estreno de *Sons of Anarchy!* —dijo Dana. Dana es ese tipo de persona que dice todo de forma excitada—. Irá un montón de gente —dijo—. Deberías venir al estreno conmigo. Te verán un montón de personas.

Su entusiasmo era contagioso. Todo lo que yo podía pensar era: ¡Puta, claro que iré! Pero debo de haber dicho algo ligeramente más apropiado, porque al final quedamos en vernos esa noche.

Me vestí con la mejor ropa que tenía y me subí a mi coche. Lo que estaba ganando en peleas me alcanzaba para arreglar las ventanas, pero ni con todo el dinero del mundo podía eliminar los olores dentro del vehículo. Recé para que no se me pegaran a la ropa. Me acerqué hasta el valet del hotel de Dana y el asistente caminó hasta mi coche destartalado, cuyo asiento trasero estaba cubierto de ropa sucia. De su interior emanaba un hedor terrible a través de las ventanas bajas. "Está mucho mejor que antes", hubiera querido aclararle.

En lugar de eso, le di una propina de veinte dólares, la propina más alta que jamás le había dado a alguien, además de una mirada de disculpas cuando se deslizó en el asiento de conductor.

Desde el hotel, el chofer de Dana nos llevó a Mr. Chow, un restaurante del que yo nunca había oído hablar, probablemente porque estaba muy por fuera de mi rango de ingresos. Es uno de esos restaurantes donde fotografían a las celebridades.

Había pasado un año y medio desde mi debut en las MMA como profesional. Ahora estaba aquí, sentada y bebiendo vino con el presidente de la UFC. Dana se inclinó hacia mí, y me dijo en un tono más serio:

—Hay una razón específica por la que te traje a este lugar —dijo—. Hace más o menos un año, justo fuera de este restaurante, le dije a TMZ que las mujeres *nunca* entrarían en la UFC. Te traje aquí esta noche para decirte que vas a ser la primera mujer en la UFC.

Tuve que hacer un esfuerzo sobrehumano para controlarme y no pararme sobre la silla para comenzar a bailar. En mi cabeza, había papel picado, una banda de música de desfile y un coro de ángeles que cantaba. Aun así, intenté permanecer tranquila.

—Vaya, eso es increíble —le dije lo más serena posible, aunque con una sonrisa de oreja a oreja.

Dana no me hizo ninguna gran promesa. Me dijo que poner a las mujeres en el octágono iba a ser un experimento; el éxito de mi primera pelea determinaría el futuro de la división.

—Muchas gracias por asumir este riesgo —le dije—. Te prometo que voy a hacerte quedar como un genio.

La sonrisa era tan enorme que literalmente me dolía la cara.

Brindamos, aparecieron sus amigos y nos dirigimos al estreno en el coche todoterreno de Dana, conducidos por su chofer. En el camino, sonaba Rage Against the Machine a todo volumen, y sentí que había llegado a la cima del mundo.

Estacionamos en el Fox Theater de Westwood. Había una alfombra roja con un telón de fondo a un lado, y una hilera de fotógrafos al otro. Cruzando la calle, detrás de una barricada de metal, un par de hileras de fans atestaban la vereda. Los coches llegaban y las celebridades salían de ellos, y los fans gritaban. Cuando salí del coche las personas empezaron a gritar mi nombre. Yo ya había caminado sobre la alfombra roja de otros eventos, como en la fiesta del ESPN Magazine y los Premios Mundiales de las MMA, pero esta era la primera vez que me reconocían en un evento no deportivo. Me quedé en estado de shock por la respuesta del público. Cinco minutos después, seguía en la alfombra roja posando junto a Dana, después posando sola y saludando a los fans. Podía escuchar a las personas del otro lado de la calle gritando:

—¡Ronda! ¡Ronda!

Me encontré recibiendo más aplausos que incluso el elenco de *Sons of Anarchy*. Supuse que debía ser más modesta, pero en realidad estaba pensando: *Excelente* (mientras en mi imaginación entrechocaba los dedos como un villano malvado). *Sigan gritando. Esto es bueno para mí. Griten delante de Dana todo lo que quieran.*

—Diviértete esta noche —me dijo Dana—. Disfrútalo. Es tu noche.

La fiesta del evento era en Gladstones. No había regresado al restaurante desde que me fui por no presentar el certificado médico.

Estaba empezando a sentir los efectos del alcohol, y me quedé un momento parada, mirando a los barman con sus camisetas polo rojas y sus sonrisas forzadas, sirviéndole tragos a la gente.

Esa era yo, pensé. *Y ahora voy a estar en la maldita UFC.*

Fue una de las mejores noches de mi vida. Me estaban sucediendo cosas buenas pero sabía que lo mejor aún no había llegado. Nadie había creído que la UFC admitiría alguna vez a las mujeres. Ni los fans, ni otros luchadores, ni los medios, ni mamá. Ni siquiera la cabeza de la UFC misma. Las personas me decían que nunca ocurriría. Me dijeron que estaba loca.

Pero no puedes dejar que otras personas alteren tu confianza en ti mismo. Las personas te van a decir que seas lógico y razonable. Te van a decir que, porque nadie más lo ha hecho, no se puede hacer. Tienes que estar lo suficientemente loco como para creer que eres la única persona en la historia de la humanidad que puede provocar ese cambio o lograr aquel sueño. Muchas personas van a dudar de ti y te darán razones de por qué no puedes o por qué no debes intentarlo. Puedes elegir aceptarlas o rechazarlas.

Yo había ignorado a todos los que dijeron que no se podía lograr. Ahora iba a ser la primera mujer de la historia que entrara a la UFC.

LOS MEJORES LUCHADORES TIENEN PACIENCIA CUANDO HAY QUE TENERLA

La noche de un combate me siento impaciente. A medida que se acerca el momento, mi impaciencia crece. Para cuando me conducen al octágono, tengo que hacer un esfuerzo para contenerme; todos los músculos de mi cuerpo están esperando descargar todo lo que tengo sobre mi oponente. El momento más difícil es cuando estoy parada en mi esquina, desafiando a mi oponente con la mirada, esperando que el referí dé la señal para comenzar. Odio esos segundos, porque durante una pequeña fracción de tiempo tengo que aceptar que lo que sucede en el octágono está fuera de mi control.

Pero una vez que entro en el octágono, soy paciente. No me apuro por someter a mi oponente. Me tomo mi tiempo para preparar mi estrategia. Tampoco me quedo sentada esperando que surja una oportunidad: aquello sería una actitud pasiva. La paciencia activa es tomarse el tiempo para planear el combate como corresponde.

Cuando Dana dijo que me traería a la UFC, me contó que darían una conferencia de prensa en la que anunciarían la incorporación de la división de mujeres, y me darían el cinturón de campeona de la UFC. Yo odiaba la idea de que me "dieran" el cinturón sin más. Quería ganármelo, no que me lo entregaran en una ceremonia. Creo que nadie merece el cinturón sino hasta después de haberlo ganado o de haberlo defendido.

Pero Dana no quería saber nada con ello.

—Cuando incorporamos a José Aldo del WEC (otra promoción que compró la UFC) y Dominick Cruz, comenzaron con el cinturón —dijo—. Así lo hacemos acá. Traemos a toda la división junto con el campeón.

—Está bien —acepté a regañadientes—. Entonces ¿cuándo es la conferencia de prensa?

—Pronto —dijo Dana—. Todavía estamos resolviendo cómo lo hacemos.

Mientras tanto, estaba bajo órdenes estrictas de no contarle a nadie. Le conté a Edmond, pero a nadie más. Ni siquiera le conté a Darin, que seguía siendo mi manager.

La UFC estaba negociando tras bambalinas con Showtime. Zuffa, la empresa propietaria de la UFC, era dueña de Strikeforce, pero estos tenían un acuerdo de TV con Showtime, y los combates de la UFC se transmiten principalmente en pay-per-view y a través de un acuerdo con Fox. La gente de la UFC creía que estaban a punto de cerrar un acuerdo, pero estaban equivocados.

A fines de septiembre, dos semanas después de los tragos en Mr. Chow, Dana me trajo a Toronto para la UFC 152. Planeaba anunciar allí la firma del acuerdo conmigo. Me encontré con él en Las Vegas y volé junto con él y su guardaespaldas en el avión privado de la UFC.

Era la primera vez que volaba en un jet privado, y me alucinó. Si echaba siquiera un vistazo a la parte de atrás del avión, una auxiliar de vuelo corría de inmediato para preguntarme si necesitaba algo. Me recliné hacia atrás sobre la silla de cuero; me costaba creer que esta fuera mi vida. Había empezado a quedarme dormida cuando alguien mencionó que había una cama que podía usar.

Quince meses antes había estado camino a Canadá, agotada y muerta de hambre, tratando de encontrar una posición cómoda para dormir, apretujada en la clase turista entre Darin y Edmond, en estado de ebriedad. Ahora me ofrecían una cama. Una cama de verdad en un avión. Me sentía como si me hubiera quedado dormida y hubiera despertado en un universo alternativo maravilloso.

Pero cuando llegamos a Toronto, resultó que las negociaciones con Showtime aún no estaban resueltas. Descubrí que es más fácil manejar la decepción habiendo dormido bien la noche anterior.

A comienzos de octubre la UFC tenía combates en Minneapolis, y decidieron darme el cinturón ahí. Me volví a encontrar con Dana en Las Vegas y nos embarcamos en el avión de la UFC. Llegamos a las Ciudades Gemelas, pero las negociaciones seguían sin resolverse. Una vez más regresé a casa con las manos vacías, aunque sin pasar desapercibida. La gente comenzaba a preguntarme qué sucedía. Los fans del deporte querían saber por qué había ido; los medios querían saber por qué iba a todos lados con Dana; mis amigos solo querían saber qué diablos hacía. Y como soy terrible mintiendo, era evidente que había algo que ocultaba. Sin poder evitarlo, comenzaron a correr rumores de que Dana y yo estábamos teniendo un affaire. Me moría de ganas de explicar, pero no podía hacer más que desestimarlo con una carcajada.

Pasé de la decepción a la frustración por el hecho de tener que guardar el secreto. No veía la hora de poder darle a todo el mundo una explicación, de poder levantar el cinturón en alto y decir: "¿Vieron? ¡Este era el motivo!".

Viajábamos en avión privado. Si bien nos librábamos de las salas de espera, mi propia espera se hacía eterna. Aunque no se hubiera hecho público, me dieron permiso para contarle a Darin y a un abogado que este me presentó, porque teníamos que comenzar a negociar los términos del contrato de la UFC. Darin dijo que debíamos formalizar nuestro acuerdo para dejar constancia de su desempeño como mi manager. Lo necesitaba por "motivos impositivos".

—Si alguna vez tienes el menor reparo respecto de mi trabajo, lo romperemos —dijo de nuestro contrato.

Era comienzos de diciembre cuando volé al norte del estado de Nueva York para ayudar a Marina a llevar el auto a Los Ángeles. Le dije que quería parar en Dakota del Norte, así que planeamos un viaje que nos haría cruzar el Medio Oeste hasta Seattle. Allí veríamos a nuestro amigo Nate Diaz encabezando un combate de la UFC por Fox y luego bajaríamos por la costa del Pacífico.

Nos subimos al Honda Accord 2007 de Marina, que era dorado como el mío, pero olía mucho mejor. A base de café y charque condujimos por la carretera abierta mientras escuchábamos "Thunderstruck" de AC/DC, "Open Road Song" de Eve 6, "Midnight City" de M83 "Universally Speaking" de Red Hot Chili Peppers, y "Bohemian Rhapsody", de Queen.

Llegamos de noche a Jamestown, Dakota del Norte. Yo no había regresado desde que nos habíamos marchado de allí. Nos dirigimos a la casa blanca con los aleros verdes, donde había vivido mi familia en una época. Había un letrero de SE VENDE delante de la casa. Llevé a Marina a la parte de atrás y descubrí que la puerta trasera estaba abierta, tal como la dejábamos siempre. Me paré en la sala, en el lugar en donde habría estado nuestro sofá, y pensé en la última vez que había visto a mi padre vivo.

—Quiero ver a papá —le dije a Marina.

—Ok, vamos.

Regresamos al coche, y llamé a mamá. Me dijo que fuera a la funeraria y pidiera indicaciones para llegar al cementerio; ella llamaría antes. Había un hombre esperando afuera cuando llegamos.

—Te llevaré al cementerio —me dijo.

Nos volvimos a subir al auto y lo seguimos. Yo solo había estado una vez en el cementerio, el día que enterraron a papá. Cuando estacionamos allí, ni siquiera me tuvo que mostrar dónde estaba la tumba de papá; ya lo sabía. No había vuelto a ver su tumba después que le pusieron la lápida, pero sabía exactamente cuál era.

Me bajé del coche. Estaba oscuro y lloviznaba. Me acerqué al lugar donde estaba enterrado, y me quedé parada; estábamos solo papá y yo. Me arrodillé sobre la tierra fría y le hablé un rato. Le dije que lo extrañaba, le conté sobre el viaje que estaba haciendo, le pedí que me perdonara por mis faltas y que me guiara. Apreté las palmas de la mano sobre el césped helado y lloré. Luego me saqué mi anillo favorito —plateado y con una piedra turquesa— del dedo del medio y lo hundí en la tierra cerca de la lápida. Le prometí que trataría de ser una buena persona y que haría todo lo posible para que se sintiera orgulloso de ser mi padre.

No sé cuánto tiempo estuve allí, pero luego de un rato me paré y le prometí que algún día volvería. Marina estaba esperándome en el coche. Ella también había perdido a su padre unos años antes. Me miró con profunda empatía, y supe por cómo me abrazó que mi mejor amiga había sentido el mismo dolor que yo.

Incluso haciendo una parada en Dakota del Norte, hicimos todo el viaje de Albany a Seattle en cincuenta horas. Llegamos a Seattle el 5 de diciembre, la noche antes de la conferencia de prensa del combate. A la mañana siguiente, me llamaron para decirme que la UFC me entregaría el cinturón en la conferencia de prensa anterior al combate, en unas horas.

Cuando les dije que no tenía nada que ponerme, me dijeron que fuera a comprar algo y ellos me darían un reembolso.

Puta —pensé—, *entonces iré a Barneys*.

Me compré un vestido y un par de zapatos increíbles, y hasta un abrigo enorme que ni siquiera me llegué a poner.

Entonces, antes que me pudiera dar cuenta, estaba detrás del escenario en el Key Arena y escuché que Dana decía: "Traigan a la campeona". Ese era el momento en que yo debía hacer mi aparición. Salí caminando tranquila delante de la sala llena de periodistas y subí las escaleras al escenario con tacos que me apretaban los dedos. Estaba más concentrada en no caerme que en disfrutar del momento.

—Voy a hacerlo oficial —dijo Dana—. Quiero presentarles a la primera campeona femenina de la UFC: Ronda Rousey.

Acto seguido, me entregó el cinturón. Era grande, dorado y tenía incrustaciones de joyas. Era mucho más pesado de lo que pensé. Y era mío. Después anunció que haría mi debut en la UFC, menos de tres meses después, contra Liz Carmouche, y que nuestro combate sería el evento principal de la UFC 157, una noticia que creo que sorprendió a muchos fans de la UFC.

Fue solo cuando regresé a la habitación del hotel y arrojé el cinturón sobre la cama que caí en la cuenta de lo que significaba todo esto para mí. Me sentía excitada y me permití disfrutar del momento, pero solo por un instante. Faltaban menos de tres meses para el enfrentamiento contra Liz Carmouche.

HAY UN MOMENTO EN TODO COMBATE EN EL QUE LA VICTORIA ESTÁ AL ALCANCE DE LA MANO Y TODO SE REDUCE A QUIÉN TIENE MÁS GANAS DE GANAR

En todo combate, hay un segundo donde el triunfo está al alcance de la mano de cualquiera de las dos luchadoras, y una de ellas de pronto lo toma. Puede ocurrir al principio del combate, cuando una luchadora entra atacando abiertamente y sorprende a la rival antes de que esta esté preparada. También puede ocurrir en la mitad de la pelea, cuando tu oponente afloja aunque sea por un segundo, para tomar aire o para poner en orden la cabeza. A veces el triunfo se puede obtener al final de la pelea, justo al cierre, cuando las dos lo han dado todo. No importa lo cansada que estés, tienes que encontrar la forma de sacar fuerzas de donde sea y hacer que suceda.

No me importa cómo me hayas atacado. No me importa si estoy cansada,
lesionada o perdiendo en el último segundo. Siempre voy a ser la persona que
desea el triunfo con más intensidad. Lo quiero tanto que estoy dispuesta a
morir por él. Voy a ser la que reúne hasta el último gramo de fuerza y el último
aliento para hacer todo lo que sea humanamente posible para salir victoriosa.

Y cuando la pelea se haya acabado, yo seré la que ganó.

El circo mediático que rodeó mi pelea contra Miesha no fue nada comparado
al frenesí que rodeó la antesala a mi combate contra Carmouche. Nadie
que estuviera vinculado con la UFC podía recordar una pelea que hubiera
atraído tanta atención. Fue, sin ser dramática, una pelea histórica.

No solo se trataba de una luchadora con un récord de 8-2, sino que de
todas las chicas que tuve que enfrentar en mi carrera en las MMA —antes
de esa pelea y desde entonces— Liz Carmouche fue la única rival que logró
desconcentrarme. Un mes antes de la pelea estábamos haciendo un careo
promocional, que es cuando los luchadores literalmente adoptan una posición de lucha y se miran fijo a los ojos. Cada vez que hago un careo, miro
a los ojos de la otra persona y pienso: *Voy a arrancarte el maldito brazo
y no hay nada que puedas hacer al respecto.* Transmito mis pensamientos
con la mirada; quiero que sean capaces de leerme a través de los ojos. Pero
cuando quedé cara a cara con Carmouche, canalizando todo mi veneno
en mi mirada, me miró directo a los ojos y me sopló un beso. Me esperaba
cualquier cosa menos eso, y por un momento quedé descolocada.

Incluso antes de ese día, yo ya sentía muchísimo respeto por Liz. Había
muchas chicas que me insultaban, pero no había muchas haciendo fila para
enfrentarme en un combate. Carmouche estaba desesperada por pelear. Yo
sabía que iba a ser difícil. No solo era una luchadora, sino que había sido
marine de los Estados Unidos y realizó tres misiones a Medio Oriente. Eso im-
plica una fuerza de carácter que no poseía ninguna otra luchadora que había
enfrentado. Ella había estado en Irak, donde las personas te disparan; no iba a
dejarse intimidar por algunos insultos. Pero cuando hicimos el careo, supe que
si peleaba contra Carmouche tenía que estar preparada para cualquier cosa.

Nuestra pelea el 23 de febrero de 2013 se llevaría a cabo en el Honda
Center, en Anaheim. Todo lo que había soñado y todo aquello por lo que
había trabajado estaba a punto de volverse realidad. Pero también sabía
que si no ganaba, todo habría sido inútil.

La noche de la pelea, estaba acostada en el suelo del vestuario, descansando. En ese momento pasaban una de las peleas previas por televisión, y justo levanté la mirada cuando Urijah Faber lo tenía a Ivan Menjivar en una estrangulación desnuda aplicada por la espalda, que básicamente es una estrangulación aplicada desde atrás.

Miraba la pelea y pensaba: *Menjivar no debería estar apoyándose sobre la jaula. Está sosteniendo a Faber sobre su espalda (permitiendo que lo siga asfixiando). Debería pararse en el medio de la jaula y tratar de sacárselo a Faber de encima. Debería enfocarse en desatarle las piernas primero, no las manos.* Después me lo saqué de la cabeza. Ni siquiera lo dije en voz alta.

Cuando salí del vestuario, fue como si el resto del mundo hubiera pasado a un segundo plano. Al pisar la jaula, todo mi mundo quedó reducido a esos setenta metros cuadrados.

Faltaba menos de un minuto para que comenzara la pelea. La adrenalina me corría por las venas. Estaba inusualmente apurada y forcé una proyección antes de lo que debí hacerlo. No la preparé, simplemente fui a hacerla. Traté de seguirla y abandoné la espalda. Carmouche se aprovechó de mi error, y literalmente me saltó encima.

En ese momento, yo tenía una opción. Podía girar para que las dos estuviéramos echadas en el suelo, con ella encima, o podía intentar pararme. Tomé una rápida decisión. Calculé que sería mejor quedarme de pie y darle la espalda que estar debajo de ella en el suelo, porque ese es su mejor lugar. Pero sabía que si me mantenía de pie, ella intentaría la estrangulación desnuda aplicada desde la espalda.

Cuando estoy en un combate, veo las cosas, las analizo y reacciono ante ellas. No es que todo vaya más lento, porque de hecho pasa muy rápido, pero la percepción del tiempo cambia. Es como si estuviera procesando diez millones de pedacitos de información al mismo tiempo y tomando miles de decisiones simultáneamente, basadas en esa información.

La imagen de Menjivar sosteniendo a Faber sobre la espalda me vino de golpe, y sabía que tenía que alejarme de la pared de la jaula. Lo más fácil habría sido recostarme hacia atrás y sostenerla contra la jaula. Es muy difícil hacer equilibrio con alguien en el medio de la jaula mientras intenta arrancarte la cabeza. El cuerpo quiere hacer lo más fácil. El cuerpo me estaba diciendo que me acostara en el suelo o me apoyara contra la jaula. Pero la cabeza me estaba diciendo que me quedara de pie, hiciera equilibrio y le desatara las piernas a mi rival, mientras ella se balanceaba sobre mi espalda.

Metí el mentón hacia dentro, cortándole el acceso al cuello, y defendí el estrangulamiento con el mentón. Tenía que romper el agarre que tenía sobre mí, tanto con las manos como con los pies.

Seguía intentando romperle el agarre de las piernas cuando dejó de tomarme para la estrangulación y pasó a hacer una palanca de cuello. Una palanca de cuello es exactamente como suena: una persona toma a otra y trata de tirar del cuello del oponente hasta su máximo ángulo. Es lo más parecido a arrancarle la cabeza a otra persona con las manos.

No hay palancas de cuello en judo. Nunca me la habían aplicado. Sentí que estaba perdiendo el equilibrio a medida que ella me ejercía presión sobre el cuello. Me lo tiraba hacia arriba, y la fuerza me obligaba a retroceder. En ese momento no sentí absolutamente ninguna emoción. Estaba cien por ciento abocada a la observación y a tomar decisiones.

Pop. Pop. Pop. Sentí una pequeña explosión en los senos de la nariz, y fue como si toda la cara me estuviera implosionando. Cada vez estaba más cerca de la jaula. Mi cuerpo, su cuerpo y la gravedad me estaban empujando hacia atrás. *No, tengo que dar un paso hacia adelante*, me recordé a mí misma. Me moví hacia delante, hacia el medio de la jaula.

Los brazos se le empezaron a deslizar sobre mi protección bucal. Los dientes me cortaron la mitad del labio superior. El antebrazo de Carmouche estaba resbalándose, pero ella tiene una gran resistencia. Ejerció una presión aún mayor sobre mi cuello y me obligó a abrir la boca. Los dientes superiores me quedaron apretados sobre el brazo de mi rival mientras sentía que la mandíbula se me dislocaba. No le importó que le clavara toda la hilera superior de dientes en el antebrazo; esta era su oportunidad. Ejerció aún más presión hacia atrás con mi cuello.

La mandíbula no me aguantaba más. Me estaba girando el cuello hasta su máximo ángulo. Estaba literalmente al borde de que se me partiera el cuello por la mitad.

Prefiero morir o quedar paralítica que perder, pensé.

Como si no estuviera lo suficientemente complicada, mi sujetador deportivo empezó a moverse y ahora se me estaban por salir las tetas delante de las trece mil personas que estaban en la tribuna y de todos los que estaban mirando por televisión. Pero mi cabeza estaba priorizando las diferentes situaciones. Me decía: *Pie, pie, pie. Todavía tengo que hacer equilibrio y sacar el pie.*

Me siguió presionando la cabeza hacia la izquierda. Tenía que hacerle perder el equilibrio. Giré a mi izquierda y le empujé el pie a la izquierda.

Empezó a caer y sentí un microsegundo de alivio, en el que pensé: *Final-mente se soltó. Ahora puedo acomodarme el sujetador.* Estaba segura de que el pezón se me estaba por escapar. Sin embargo, Carmouche no coincidía en que era momento de arreglar el sujetador, y me pateó directo en la teta.

Escuché al público volverse loco. Me dio vergüenza de que Carmouche me hiciera quedar como una idiota. Y después sentí rabia no solo de que me hiciera quedar como una idiota, sino de que además el público lo aplaudiera. Me dio por las pelotas. Podía sentir mi determinación crecer junto con mi ira. Esta chica no se iba a volver a levantar del suelo.

Me mantuve en su guardia (cuando luchas de espalda y tienes a tu rival entre las piernas) y me arriesgué a tirarle algunos golpes a la cabeza. Ella intentó atraparme en una llave giratoria de tobillo (una llave de pierna). Me alejé con una voltereta hacia atrás y empecé a golpearle una y otra vez la cabeza. Tras obligarla a protegerse la cara, le empujé el codo al otro lado de mi cabeza y la moví para montarla. Reaccionó de manera perfecta, lo que me permitió pasar las piernas por encima de su torso y tomarle el brazo derecho. Ella se lo tomó con la mano izquierda y lo sostuvo con toda su fuerza. Yo tiré, intentando soltarlo; ella se aferró aún más fuerte.

Sabía que el primer round de cinco minutos estaba por terminar; no faltarían más de unos segundos antes que sonara la campana. Saqué una pierna y me reposicioné; no me daría por vencida. Alcancé a sentir que se aflojaba su agarre. Tiré con más fuerza. Los brazos se le resbalaron y se abrieron. Ya no podía escaparse. Con el brazo entre mis piernas, me incliné hacia atrás y ejercí presión hacia atrás con su brazo. Al darse cuenta de que no había forma de huir, tapeó.

Carmouche había durado cuatro minutos y cuarenta y nueve segundos.

Yo todavía era —y ahora, en mi mente, de manera oficial— la primera mujer campeona de la historia de la UFC.

Después de esa pelea me di cuenta de que jamás consideré siquiera la idea de tapear, incluso cuando sentí que la mandíbula se me estaba dislocando y sabía que el cuello se me podía romper. La idea de darme por vencida nunca se me ocurrió. A la hora de pelear, nunca hay alguien que quiera ganar tanto como yo.

PELEA CADA SEGUNDO DEL COMBATE

Hay momentos en que te quedarás atrás. No importa que estés perdiendo durante cuatro minutos y cincuenta y nueve segundos de un round de cinco minutos. Tienes que pelear por ese último segundo del round. No estás tratando de ganar cinco rounds; estás tratando de ganar mil quinientos segundos.

La idea de que te puedan superar siquiera por una milésima de segundo te tiene que carcomer por dentro. No se trata solo de ganar el combate; se trata de ejercer un dominio tan absoluto sobre todos los demás rivales que incluso el más pequeño error, la más pequeña fracción de tiempo, el más leve contratiempo tiene que romperte el corazón. Así de importante tiene que ser para ti.

Las personas se burlarán de ti cuando vean que el compromiso con la pelea te destruye emocionalmente. Pero es justamente esa pasión lo que te separa del resto; es justamente esa pasión la que te hace el mejor.

Para ganar tienes que estar dispuesto a morir. Si estás dispuesto a morir cuando peleas, si estás dando absolutamente todo lo que tienes durante cada segundo que estás allí, entonces te diferenciarás del resto.

Si ganas los cuatro minutos y cincuenta y nueve segundos del round, y a último segundo del round la otra persona te da un golpe y suena la campana, te debe enfurecer que se te haya escapado ese último segundo del round.

No se trata solo de ganar el round. No se trata solo de ganar el combate. Se trata de ganar todos los segundos de tu vida.

La mañana después de cada combate, me reúno con Dana para tomar un *brunch*. Es algo que solemos hacer. La primera vez que lo hicimos, después de mi triunfo en la UFC 157, me sugirió la idea de entrenar contra mi siguiente oponente en una versión mixta de *The Ultimate Fighter*, un reality show que combina *Real World* con *Survivor*. Sería como si en lugar de eliminarse mediante la votación, los competidores de *Survivor* se derrotaran unos a otros por sumisión. Cada temporada presenta a dos equipos de aspirantes a luchadores que son entrenados por luchadores actuales de la UFC. En cada episodio se elimina a un luchador y los últimos dos se enfrentan en un evento en vivo. El ganador del show obtiene un contrato con la UFC.

El objetivo que proponía Dana para esa temporada era básicamente crear toda la división femenina de cero, valiéndose del show para familiarizar a los fans con las aspirantes a luchadoras.

Después de contratarme a mí y a Carmouche, la UFC agregó a Miesha Tate y Cat Zingano. Miesha y Cat tenían que enfrentarse en seis semanas, y la ganadora de aquel combate sería mi siguiente contrincante. Como parte de los preparativos para ese combate, la ganadora de Tate – Zingano y yo entrenaríamos para *The Ultimate Fighter*.

Zingano ganó por nocaut técnico (un nocaut técnico es cuando un luchador no queda inconsciente por un golpe, sino que el referí, el médico del combate, la esquina del luchador o el luchador mismo toma la decisión de interrumpir la pelea, para evitar que el jugador termine inconsciente y así minimizar el daño físico).

Manny, que fue quien en un principio me había metido en las MMA, fue finalista al comienzo del show. Su combate en la final fue el primer

combate de las MMA que me propuse ver sentada. Había estado viviendo
en Boston y estaba tan excitada y nerviosa por mi amigo que me pasé todo
el combate moviéndome de un lado a otro del sofá. Manny perdió contra Nate Diaz, pero su desempeño impresionó tanto a Dana que también
firmó un contrato con la UFC. Yo había visto el impacto que podía tener
la UFC en la carrera de un luchador y me di cuenta de que el show podía
servir de trampolín para toda la división de mujeres.

Más allá de pasar a la historia como la primera mujer de las MMA,
yo quería dejar una huella en el deporte. Quería construir una división que
pudiera perdurar tras mi salida del deporte. Con ese objetivo en mente,
recluté un equipo de entrenadores asistentes para que me acompañaran,
incluidos Edmond, Manny y Marina, y en julio 2013 fuimos a Las Vegas
durante seis semanas para filmar el show. No pagaban demasiado bien.
Filmaríamos trece episodios totales a lo largo de seis semanas y cobraría-
mos $1500 por semana. Mi única pregunta respecto de mi remuneración
era: "¿Nos pagarán lo mismo que a los luchadores hombres que ya hicieron el show?". Lo dejé bien claro: si nos pagan menos que a los tipos,
hay algo que no va. Pero si es lo que le pagan a todo el mundo, entonces
adelante. Me pareció que todos estábamos de acuerdo con eso.

Tres días antes de que estuviera previsto comenzar la filmación, y sin
que yo lo supiera, Darin y mi abogado llamaron a la UFC y dijeron: "Si no
le pagan veinte mil dólares a Ronda por episodio, Ronda no hará el show".

Dana White no juega este tipo de juegos.

Yo me había pasado la mañana haciendo trámites preparándome para
pasar el siguiente mes y medio viviendo en Las Vegas. Acababa de alquilar
una casa en Venice Beach y estaba estacionando el coche cuando me llamó
Dana White. Puse en punto muerto el BMW X6 M negro recién comprado
que la UFC me acababa de obsequiar ("una de mis campeonas no puede
estar manejando un Honda destartalado", había dicho Dana).

—Hola, Dana, ¿cómo e...?

—¿Qué mierda? —rugió Dana. Cuando está enojado comienza las
conversaciones con "¿Qué mierda?"—. ¿Veinte mil dólares por semana?
¿Me estás jodiendo? Debes haber perdido la maldita cabeza.

Me devané los sesos tratando de entender a qué se refería. No tenía ni
idea. Me tomó totalmente por sorpresa.

—Tu abogado de mierda y tu manager de mierda me llamaron ame-
nazándome con que si no te pagaba veinte mil dólares por semana no
participarías del show. —Dana soltó una carcajada de desprecio.

—Oye, un momento —dije—. Espera.

Dana estaba demasiado enojado para esperar.

—Realmente, ¿te parece? ¿Tres putos días antes de comenzar a filmar?

—Cuando les dije... —comencé a decir, pero Dana me interrumpió.

—A nadie se le paga veinte mil dólares por semana.

—Pero... —traté de interponer.

—Antes de pagarte veinte mil dólares por semana, te saco del maldito show. ¡Te debería mandar a la mierda solo por pedir veinte mil dólares por semana!

—Lo haría gratis —dije—. Solo quiero saber si se les paga lo mismo a los hombres. Es lo único que pregunté.

—Si tienes alguna pregunta, tú y yo debemos comunicarnos directamente —dijo—. No deberías enviar a estos payasos grotescos para hacer este tipo de intervenciones.

—Dana, lo siento —dije.

—¡No lo puedo creer! —Seguía enojado.

—Oye, yo hablaré con ellos —dije—. No me saques del show.

—No sé lo que haré —dijo Dana y colgó.

Sentí un nudo en el estómago. No me gustaba la falta de certezas; me ponía ansiosa. Pero en seguida mi ansiedad se transformó en furia. ¿Por qué llamarían a Dana para hacerle una exigencia económica tan descabellada sin mi permiso? ¿Qué diablos...?

En lo que a mí respecta, jamás fue una cuestión de dinero. Sabía que si seguía mi pasión y lo hacía mejor de lo que jamás se hubiera visto en el mundo, el dinero vendría solo.

Aún bajo shock por la conversación con Dana, llamé a Darin, y me dijo que yo merecía que me pagaran más, que otras estrellas de los reality show ganaban más. Le dije que no me importaba, que yo no era una estrella de reality y que en su puta vida volviera a hacer algo así.

Mientras él hablaba una sensación de traición se apoderó de mí. Cuatro meses antes, solo dos días después de firmar un contrato con Darin, me enteré de que, en un restaurante de Las Vegas, el CEO de Strikeforce, Scott Coker, le había preguntado si los rumores que circulaban sobre mí y Dana eran reales. Darin se rio: "Tú sabes las locuras que ocurren en ese avión", dijo. Enterarme de que mi propio manager no me había defendido contra una especulación tan descaradamente sexista y falsa me provocó náuseas. Yo no lo consideraba materia de risa. Mi relación con Darin jamás volvió a ser la misma.

Tres días después dejé a Mochi con una amiga en Los Ángeles y partí a Las Vegas para grabar el programa. Cuando llegué al gimnasio, un tipo del equipo de filmación dijo: "Solo tienes que caminar por el gimnasio; queremos algunas tomas de cuando le echas un vistazo al lugar".

Entré en el gimnasio y lo observé. Vi el enorme espacio abierto equipado con todo lo que un luchador de las MMA pudiera necesitar para entrenarse, y un octágono de tamaño normal en el centro de la sala.

Había dos enormes fotos de mí y Cat en la pared. Las puertas se abrieron y esperé que fuera Cat quien pasara por ellas. Pero en cambio apareció Miesha Tate, sonriendo. Me tomó por sorpresa, pero tuve que reírme.

Cat debió haber traído a Miesha de entrenadora asistente —pensé—. *Cat conoce el trasfondo que hay entre nosotras y quiere joderme.* Touché.

—Sabía que se traían algo entre manos —solté.

Miesha no me agradaba, pero la respetaba por haber sido mi rival y ofrecer una buena pelea cuando me hizo falta.

—Qué gusto verte otra vez.

—También a mí me da gusto verte —dijo.

La última vez que habíamos estado juntas, el referí me levantaba el brazo en señal de victoria.

—¿Qué haces aquí? —pregunté.

—Estoy aquí para ser entrenadora —dijo Miesha.

—¿Entrenar a quién? —pregunté.

—Para eso estás tú también aquí, ¿verdad?

Cada vez me sentía más confundida.

—¿Estás aquí para ayudar al equipo de Cat? —pregunté.

—Dejaré que sea Dana quien te lo explique, pero... —Miesha dejó la frase sin terminar y se quedó allí parada con una sonrisita de superioridad.

De repente, caí en la cuenta y fue como si todas las luces del gimnasio se hubieran encendido a la vez. Dana me estaba usando de ejemplo. Me quería enseñar lo que pasaba cuando te metías con la UFC. Me estaba reemplazando por mi peor enemiga.

Sentí pánico. Pensé en todo lo que habían invertido ya en el show los miembros de mi equipo de entrenadores, lo que habían dejado de lado para ayudarme. ¿Cómo se lo iba a decir a mi equipo? ¿Dónde estaba Dana? ¿Cómo me podía traicionar así? Estaba furiosa. Me sentía herida. Podía sentir la emoción subiéndome a la cara.

Son muy extrañas las cosas que pueden llevar a una persona al límite. Miesha Tate podía tratar de golpearme la cara, menospreciar mis habilidades de combate, desestimar todo lo que yo había logrado. Nada de eso me movía un pelo. Pero verla ahí con esa sonrisita de superioridad, regodeándose con mi angustia, hizo que me estallara algo por dentro. Pasé de sentir desagrado por Miesha a sentir una aversión que jamás había sentido por nadie en mi vida. Lo que había comenzado como una rivalidad para promocionar el combate se transformó en hostilidad verdadera.

Una cosa es estar contra alguien mientras combates en el octágono; se trata de algo profesional. Otra cosa es regodearte en el sufrimiento de otro fuera de la jaula. Eso ya es algo jodido. Ver el placer y la satisfacción que sentía Miesha con mi angustia fue demasiado. Jamás me agrada una oponente cuando está parada delante de mí en la jaula. Pero si veía a la misma chica fuera de ese entorno, en estado de pánico total, no me hubiera reído de ella. Le hubiera dicho: "Oye, no te preocupes. Tranquila".

Esa es la diferencia entre Miesha Tate y yo.

Empujé las puertas por las que Miesha acababa de pasar.

—¿Dónde está Dana? —comencé a preguntarle a todo el mundo en los corredores. Nadie me lo decía. Hubiera arruinado la oportunidad de transformar mi pánico y humillación en una emocionante escena para el reality. Me dirigí al área de los vestuarios.

Cuando llegó Dana, estaba histérica.

—Deja que te explique —dijo.

Días antes Cat Zingano se había lastimado la rodilla. Tenía que hacerse una cirugía compleja en la rodilla e iba a estar fuera del circuito durante varios meses. La mañana en que se suponía que debíamos empezar a filmar, Cat estaba en una sala de operaciones. La UFC llamó a Miesha. Ella y yo estaríamos entrenando a los dos bandos opuestos en el show, y luego lucharíamos para darle el cierre a la temporada. Dana me dijo que todo había sido un malentendido.

Miré alrededor y vi al equipo de rodaje filmando toda la escena. El camarógrafo estaba sonriendo.

Esto no fue un malentendido, pensé. *Fue una emboscada.*

Había sido lo suficientemente ingenua como para creer que porque el show estaba afiliado con la UFC, los productores tratarían a los luchadores con respeto. La UFC es la que financia el show, pero la compañía de producción, Pilgrim, te trata como una figura famosa de un reality show. No te ven como una luchadora de élite de nivel mundial, que merece ser respetada y que lucha defendiendo su vida para ganarse la vida.

Fue un primer día bastante duro; pero las cosas solo se pondrían peor.

Siguiendo el formato del show, elegimos a nuestros equipos, pero esa temporada cada una seleccionó a cuatro chicas y cuatro chicos. Al final de la temporada habría dos ganadores —un hombre y una mujer—, que serían coronados vencedores.

Yo elegí a Shayna Baszler, Jessamyn Duke, Peggy Morgan, Jessica Rakoczy, Chris Beal, Davey Grant, Anthony Gutierrez y Michael Wootten. Miesha eligió a Julianna Peña, Sarah Moras, Raquel Pennington, Roxanne Modafferi, Cody Bollinger, Chris Holdsworth, Josh Hill y Tim Gorman (que se lesionó y fue reemplazado por Louis Fisette).

Tras tirar una moneda en el aire, me tocó elegir el primer combate de la temporada. Elegí a Shayna, la primera de mi lista, contra la primera de la lista de Miesha, Julianna. Era imposible que Shayna perdiera. Se trataba de una de las luchadoras más experimentadas de las MMA y una pionera del deporte, aunque por muchos motivos no lo suficientemente valorada.

Pero Shayna perdió. Quedó atrapada en el segundo round, en una estrangulación desnuda aplicada por detrás. Durante el combate, pude ver que Shayna sentía que estaba perdiendo el round. Me di cuenta del momento exacto en que perdió la concentración. Descuidó lo que ocurría en la jaula por planear lo que haría en el siguiente round. Y ahí fue cuando la atraparon.

Resultó una derrota angustiante para Shayna y para todo nuestro equipo, pero no quería que este fracaso creara un clima desfavorable para las siguientes seis semanas. Durante todo el camino de regreso a mi apartamento temporario pensé en el combate. Pensé en el combate aquella tarde. Pensé en el combate camino al gimnasio a la mañana siguiente. Pensé en cómo Miesha había celebrado el hecho de que Shayna —a quien Miesha consideraba una amiga— quedara aplastada bajo los fragmentos de su sueño roto. Como entrenadora del equipo, yo era responsable del espíritu del grupo.

Cuando pensé en lo que iba a decir, me acordé de lo que me solía decir mamá: "En todo combate hay un segundo en el que la medalla de oro está allí para que la tome el que sea. La única manera de asegurarte de que seas tú la que se apodere de ella es pelear cada segundo de ese combate".

Las palabras de mamá me resonaban en la cabeza. Reuní a mi equipo.

—Tendrán momentos en que quedarán atrás —comencé—. Los favoritos se cuentan con los dedos de la mano. Es fácil seguir participando cuando estás ganando. Lo que diferencia a los luchadores que se destacan es la habilidad para sobreponerse a sus peores derrotas y adversidades.

Para cuando llegué a "se trata de ganar durante cada segundo de su vida", no había una sola persona de mi equipo que no estuviera lista para salir y masacrar a alguien. Vi el brillo en sus ojos, un fuego que no había estado allí antes. Entrenamos justo después de la charla, y todo el mundo estaba concentrado. El equipo estaba excitado, pero también se respiraba un clima serio. Nadie estaba haciendo bromas ni sonreía. Entrenaron el doble de duro que el día anterior.

Pensé tanto en cómo les iba a hablar, y los chicos se tomaron tan en serio mi discurso que varios de nosotros nos tatuamos las palabras cuando terminó la temporada. Si la audiencia me hubiera visto hablarles, se habría quedado fascinada. En lugar de ello, los productores pusieron una escena en un jacuzzi.

Como había ganado su luchadora, Miesha tenía el derecho de elegir el siguiente combate. Enfrentó a Chris Holdsworth contra mi Chris Beal. Chris Beal se había roto la mano durante la pelea inicial para entrar en el reality, y Miesha reconoció abiertamente que se quería aprovechar de eso.

Lo que no se vio fue lo que sucedió en los momentos previos al combate. Chris Beal estaba haciendo el precalentamiento cuando apareció Dana en el vestuario. Estaba enojado porque lo acababa de llamar otro promotor para decirle que Chris seguía bajo contrato con aquel. Chris no estaba aún en la jaula, y ya tenía que defenderse.

Durante la filmación nadie del mundo exterior sabía quiénes eran los miembros del grupo, excepto nosotros. ¿Cómo se había enterado de que Chris estaba en el show, para empezar? ¿Cuáles eran las probabilidades de que este promotor llamara en el momento más inoportuno de todos, instantes antes del combate más importante de su vida? ¿Quién ganaba más en este asunto? ¿Cuál era la probabilidad de que todos estos factores colisionaran en el momento exacto, cuando afectaría negativamente a un miembro de mi equipo? Mamá, que es estadística, siempre dice: "Si hay algo que es sumamente improbable, probablemente no sea una casualidad".

Ni siquiera habíamos estado filmando una semana pero era evidente que los productores estaban más interesados en hacer un show sobre peleas entre mujeres que sobre peleas en la jaula. Cada vez que Miesha pasaba caminando al lado mío, me hacía un gesto de desprecio o me tiraba un beso. Hacía comentarios sarcásticos sobre mis entrenadores y me jugaba bromas infantiles. Los productores se lo devoraban con avidez.

—¿Por qué no la llevas afuera y le rompes el trasero? —preguntó mamá cuando la traje para participar como entrenadora invitada.

Todos los que estaban en el show se dieron cuenta de que la situación estaba cada vez más fuera de control. Dana nos llamó a Miesha y a mí para hablar y exigió que ambas partes se dejaran de joder. Pero Miesha me siguió tirando besos y buscando crear conflicto con mi equipo. Tenían en la mira particularmente a Edmond, nuestro único entrenador de striking, un integrante absolutamente esencial para el equipo. Miesha y su novio, que tenía aspecto de trol, provocaban a Edmond a propósito, tratando de comenzar peleas y hacer que lo expulsaran del show. Yo mantenía a mi equipo bajo control para evitar más enfrentamientos, pero cuando podía le hacía un gesto obsceno con el dedo.

Recién era julio, pero estaba contando los días para el 28 de diciembre, cuando me cobraría con ella esta larga venganza en la jaula. Solo esperaba poder controlarme hasta ese momento.

Mi único objetivo en el show era dirigir a mi equipo de aspirantes a luchadores y poner todo mi empeño en guiarlos. Sabía lo difícil que era abrirse camino a los golpes para ascender en el deporte. Sabía lo difícil que era coordinar diferentes empleos con el entrenamiento para poder llegar a fin de mes. Me daba cuenta de que una victoria en *The Ultimate Fighter* podía ser decisiva en la carrera de un luchador. Los chicos de mi equipo necesitaban esta oportunidad. Merecían que yo les diera todo de mí, sin guardarme nada. Si eso significaba que el resto me viera como una hija de puta, lo aceptaba.

Hace mucho tiempo decidí que voy a decir lo que tengo que decir, y las personas van a tener que tomárselo como quieran. No iba a perder ni un solo segundo preocupándome por lo que otros fueran a pensar.

TIENES QUE ESTAR DISPUESTO A HACER EL RIDÍCULO

Tienes que preguntarte: "¿Qué es lo peor que podría pasar? ¿Cuál es el peor resultado posible?". Cuando estoy peleando, lo peor que me podría pasar es morirme o quedar discapacitada para siempre. En prácticamente todo lo demás, lo peor que me podría pasar es fracasar o quedar como una idiota. Comparadas a la muerte, resultan bastante insignificantes en la escala de desgracias posibles. Pelear realmente me ayuda a poner todo en perspectiva y evita que sienta miedo.

Siempre supe que pelear no iba a durar para siempre. Estaba alcanzando mis metas a un ritmo muy rápido, mucho más de lo que incluso yo había imaginado. Y ahora estaba mirando hacia delante, hacia el futuro. Quería aprovechar mi éxito en la lucha para pasar a una nueva etapa, como Gina Carano cuando hizo el salto de pelear a estar en películas. Esto parecía un desafío casi imposible —de los que más me gustan—, pero primero quería hablar con Edmond.

Una mañana en el gimnasio de GFC, estaba sentada al lado de Edmond al borde del ring durante un recreo de mi entrenamiento, cuando le conté de una reunión que había tenido recientemente con un agente del mundo del entretenimiento. El agente creía que yo podía ser una estrella de Hollywood. Le pregunté qué opinaba de que yo empezara a hacer películas.

Para aquel momento, ya era capaz de anticipar cómo iba a responder Edmond a una idea, pero esta vez no sabía qué esperar. El único propósito de un coach es preparar a sus luchadores para un combate. Los entrenadores no son fanáticos de las "distracciones externas". Hizo una pausa, pensando en todo lo que le había contado.

—¿Esto es realmente porque quieres actuar? Me refiero a ¿de verdad te apasiona la actuación? —me preguntó—. ¿O solo quieres el estatus de ser famosa en tus películas?

—Sí, realmente quiero actuar y quiero ser realmente buena en eso —le dije—. Por algún motivo, el mundo del espectáculo me llama.

Edmond hizo otra pausa.

—No puedes cargar dos sandías al mismo tiempo —dijo, sosteniendo las manos para mostrarme—. No funciona así.

No pude evitar sonreír por la analogía. Los armenios tienen algo con las sandías.

—Pero tú sabes lo que haces —continuó—. A la mayoría de los luchadores, les diría "No, concéntrate en pelear". Pero si puedes seguir comprometida con la lucha y hacer ambos a la vez, hazlo. Lo único que no debes olvidar es que conseguiste estas películas gracias a las peleas.

Estaba diciendo en voz alta lo que yo ya sabía. No estaba bajo ninguna ilusión de que Hollywood estaría interesado en mí si no fuera la campeona de la UFC. Si llegara a perder aunque fuera una pelea, pasaría a ser simplemente una rubia aspirante a actriz más en una ciudad llena de rubias aspirantes a actriz.

—Pero sí te voy a decir una cosa —dijo Edmond—. Esto es un gimnasio. Desde el momento en que entres aquí, no quiero escuchar hablar de ninguna película. Cuando hacemos campamentos de pelea, te concentrarás solo en eso. Puedes hacer lo que quieras cuando estés afuera, pero aquí lo único que hacemos es pelear. Ahora, vuelve al ring.

Me puse de pie de un salto, decidida a probarle que estaba más dedicada al combate que nunca.

Antes de quedar atrapada en *The Ultimate Fighter*, había estado allanando el camino para una carrera de actuación. Había firmado con el agente de talentos Brad Slater, de la agencia William Morris Endeavor, y me reuní con productores, ejecutivos de estudios y personas de casting. Encontré un coach de actuación. Incluso me postulé para el papel de Atalanta en *Hércules*. Hice lo imposible por conseguir ese papel, y cuando no me eligieron quedé muy frustrada. Fue un fracaso, y no me gustó. Cada vez que tenía un mal día en *The Ultimate Fighter*, pensaba: *Mierda, quiero estar en Hércules*.

Después Brad me llamó para decirme que Sylvester Stallone quería reunirse conmigo. Yo era una desconocida en Hollywood, y él era Rocky, Rambo y Barney de *Los indestructibles*. Fuimos a almorzar con Kevin King, el socio productor de Stallone, y con el propio Stallone. Estaban haciendo una tercera parte de las películas *Indestructibles*, y Stallone pensó que tal vez podía dar con el papel. Me sentí halagada. Stallone me preguntó qué pensaba de actuar, y le dije que estaba trabajando duro para mejorar.

—Siempre me pareció que había que ser un buen mentiroso para ser un buen actor —admití—. Pero he empezado a darme cuenta de que no se trata tanto de decir mentiras como de convencerte a ti mismo de que estás en una situación determinada, y luego hacer todo lo que harías en esa situación.

—Los mejores actores no son las estrellas más conocidas —me dijo—. Un gran actor puede actuar de cualquier personaje en cualquier situación, pero no ves a las personas haciendo colas que dan la vuelta a la manzana para ver a los actores más venerados por la crítica. Las personas hacen filas para ver a estrellas como Al Pacino, que actúa de él mismo en todos sus papeles; no interpreta a diferentes personas. Es Al Pacino, el policía; Al Pacino, el abogado; Al Pacino, el mafioso; Al Pacino, el marine ciego y retirado, o lo que sea. Siempre hace de sí mismo. Las personas se enamoran simplemente de ese personaje de *ti misma*. Eso es lo que te hace una estrella. Esa es la razón por la que las personas hacen colas que dan la vuelta a la manzana.

Después añadió:

—Es lo único que tienes que hacer. Solo relájate y sé tú misma. Eso es lo que son las estrellas: son ellas mismas en cualquier situación en que las pongas.

—Volvamos a hablar pronto —dijo Stallone cuando acabó el almuerzo.

Cuando volví de Las Vegas, estaba más deprimida de lo que había estado en mucho tiempo. Sabía que cuando se transmitiera *The Ultimate Fighter*, iban a creer que era una de esas freaks que aparecen en cualquier reality. Sentí que tenía que apurarme. Necesitaba que me aceptaran en un papel y comenzar a filmar una película antes de que saliera el programa o si no era probable que Hollywood nunca me quisiera.

Más adelante, Stallone quiso reunirse una segunda vez. En esta ocasión éramos solo nosotros dos. Nos encontramos en Roni's Diner, una cafetería y pizzería que queda frente a su oficina. Tenía mesas de madera oscura e hileras de fotos de celebridades en blanco y negro cubriendo todas las paredes. Si bien no hubo ningún tipo de formalidad, esta vez la reunión pareció más seria.

Stallone comenzó a explicarme por qué creía que yo era la indicada para el papel; era obvio que hacía este tipo de cosas todo el tiempo. Traté de simular que yo también estaba acostumbrada a hacerlo. Adopté una actitud profesional, y traté de señalar por qué creía que sería buena para el papel. Se trataba de un personaje femenino muy fuerte: igual que yo. Involucraba pelear: perfecto para mí. Yo realmente respetaba su trabajo: era mi caso. Para cuando llegó la cuenta, me pareció que había logrado convencerlo. Nos paramos para irnos y me acompañó a mi coche.

—¿Crees que podrías seguir peleando, aun con la maldición? ¿Crees que puedes lidiar con eso? —me preguntó, refiriéndose a la creencia de que actuar es el fin de la carrera de un atleta.

—Por supuesto. Te prometo que te haré quedar como un genio —le dije, y recordé el momento en que Dana me contó que me haría entrar a la UFC.

—De acuerdo. Entonces, hagámoslo —dijo, y me estrechó la mano.

Esbocé una enorme sonrisa. Me dieron ganas de abrazarlo, de bailar de felicidad. Fue solo entonces que me permití admitir lo mucho que había querido ese papel.

La semana siguiente, me reuní con Stallone de nuevo en la cafetería donde estaba terminando de almorzar y caminamos a su oficina. Hacía calor afuera y yo estaba usando un vestido sin mangas.

—Mira el tamaño de tus brazos —dijo.

Me tensioné un instante. Era el tipo de comentario que me había hecho sentir tan insegura en la escuela secundaria. Pero recordé que ya no estaba en la secundaria. Me di cuenta de que todos los que se habían reído de mí habían sido unos idiotas. Soy una persona fabulosa.

Stallone seguía mirando los bíceps.

—Dios mío, son increíbles —se maravilló.

Una vez que regresamos a la oficina, leímos el guion. Todavía estaba en proceso de escritura, me dijo Stallone. Le iban a hacer algunos cambios. Después pasamos de leer las líneas a charlar sobre la actuación.

—Siempre comienza exagerando en la primera toma —dijo—. De esa manera evitas sentirte ridícula el resto del tiempo. Es mucho más fácil bajar la intensidad que subirla. Actuar es como jugar —agregó—. Tienes que divertirte. Muchas personas se toman esto demasiado en serio. Nunca tengas miedo de pasar vergüenza.

Viajé a Bulgaria para empezar a filmar a principios de agosto. Cuando llegué me mostraron el traje que iba a usar. Les comenté que era distinto de lo que me habían mostrado antes.

—Lo sé —dijo la persona de vestuario—. Stallone dice que tienes brazos tan increíbles que nos hizo cortarle las mangas para mostrarlos.

Sentí que se me enrojecían las mejillas, pero no era por vergüenza. Era de orgullo.

TRIUNFAR ES LA MEJOR VENGANZA

Cuando me pasa algo malo, me enojo y eso me motiva.

En los momentos en los que la vida más te golpea —perdiste un trabajo, te enteraste de que tu novio te engaña o te diste cuenta de que tomaste una mala decisión financiera— puedes canalizar tu vergüenza, tu ira, tu deseo, tu pérdida. Puedes aprender, arriesgar y cambiar de rumbo. Puedes elegir triunfar como para que nadie te vuelva a poner en esa situación.

Un entrenador de judo que tuvo mamá lo dijo sin rodeos: ganar es estupendo, pero vengarse es de puta madre.

Bien utilizado, el resentimiento puede ser un gran factor de motivación.

Me pasé ocho semanas en Bulgaria filmando *Los indestructibles 3*. En el set di golpes y lancé réplicas filosas, subí escaleras corriendo y disparé pistolas con balas de fogueo. Me quedé deslumbrada con Harrison Ford: lo veía en el set y pensaba: "Cielos, es Han Solo. Quédate tranquila, quédate tranquila". Y luego estaba cualquier cosa menos tranquila.

El boxeador profesional Víctor Ortiz también estaba en la película y su entrenador encontró un gimnasio en Sofía, donde íbamos a entrenar.

Estaba convencida de que era una fachada para alguna operación mafiosa de lavado de dinero, porque era un gimnasio de última generación con equipos de punta, pero casi no había gente.

La lucha libre es un deporte importante en Bulgaria, y encontré algunos tipos para hacer grappling, pero no era el mismo nivel de entrenamiento al que estaba acostumbrada en los Estados Unidos. Un día Jason Statham, compañero de elenco, me preguntó si podía venir a verme entrenar. Comencé pegándole al saco de boxeo, pero era deprimente no tenerlo a Edmond para vendarme las manos antes de entrenar y corregirme si cometía un error. De todos modos, me gustó que estuviera Statham. Hablar con él mientras le pegaba al saco me relajó y me retrotrajo al clima distendido que había en el gimnasio de casa, donde Edmond se quedaba parado al lado mío y me miraba pegarle al saco.

Entonces entraron al gimnasio un par de luchadores búlgaros con los que ya había trabajado.

—Ronda, ¿quieres luchar? —me preguntó uno de ellos. Esta era mi oportunidad para mostrar mi lado más rudo. Miré a Statham y le guiñé el ojo.

Ese día los hice mierda. Comencé a fanfarronear con un despliegue de movimientos ninja, vueltas en el aire y todos los giros acrobáticos que se me pudieron ocurrir. Los tipos con los que luché se portaron como unos caballeros, y Statham quedó deslumbrado.

—Me dejaste realmente impactado. ¡Jamás en mi vida vi algo así! —dijo.

Extrañaba a Edmond. Al principio quería que viniera y entrenara en Bulgaria conmigo, pero Vic Darchinyan, la leyenda de boxeo armenio y campeón mundial de tres divisiones, le pidió a Edmond que lo entrenara para un combate que tenía agendado. Ese campamento coincidía exactamente con la filmación de la película.

Lo llamaba todos los días.

—¿Entrenaste? —me preguntaba.

—Sí —decía, y luego le contaba lo que había hecho.

Luchaba, hacía grappling, subía escaleras corriendo, trepaba montañas a máxima velocidad, corría sobre las cintas elípticas, nadaba, boxeaba con la sombra, pero no podía entrenarme de verdad como en los Estados Unidos, porque la mayor parte del tiempo lo tenía que hacer sola. Además me pasaba casi dieciséis horas por día en el set de filmación, y los horarios variaban todos los días.

Un día filmamos una escena en la que tuvimos que subir corriendo un tejado inclinado hasta llegar a un helicóptero. El horario de largada era las cinco de la mañana. Yo quería entrenar antes, por lo que me desperté a las cuatro de la mañana. El gimnasio del hotel no abría hasta las ocho, así que subí y bajé las escaleras del hotel corriendo —once pisos, ocho veces— antes de volver apurada a mi habitación para ducharme. Luego tuve que subir el tejado corriendo, una carrera de cuarenta y cinco metros en un ángulo de cuarenta y cinco grados, y hacerlo unas treinta veces. Cuando terminamos de filmar, era mediodía, así que me subí en el coche y le pedí a mi chofer, Alex, que me llevara directo al gimnasio para luchar con un montón de tipos que se encontraban allí.

No hubo un solo segundo durante mi estada en Bulgaria en que me haya olvidado de Miesha Tate.

Cuando terminé de filmar *Los indestructibles 3*, volé a Atlanta por diez días para filmar parte de la séptima entrega de la saga *Rápidos y furiosos*. Regresé a Los Ángeles cuarenta y siete días antes de mi combate con Miesha y fui directo al campamento de pelea.

Todo lo que hice en el periodo previo a la revancha con Miesha fue para asegurarme de que yo pudiera manejar cualquier cosa. No se trató tanto de estar preparada para lo que ella fuera a hacer dentro de la jaula como de ser capaz de controlar mis emociones y volver a recuperar el estado físico y mental para pelear después de un periodo de inactividad tan largo.

Edmond es un genio en ayudarme a aprovechar la ira como un instrumento. Al entrenar me ignoraba a propósito o hacía comentarios para tratar de sacarme de quicio y ponerme en una situación en la que tuviera que controlarme. No me deja patear por nada en el mundo. Arrojar patadas no es mi estilo de lucha. Pero cada tanto soltaba una patada en la práctica por frustración o por ira.

—No hagas eso —me dijo Edmond un día—. Cuando pateas, me doy cuenta de que estás enojada.

Tenía razón.

Antes del combate, Edmond trajo a algunos compañeros de sparring que hacían todo tipo de locuras, lanzando ganchos inverosímiles y atacando con golpes bajos. Me hacía trabajar largos rounds, tratando de poner a prueba mi paciencia.

Hacía cosas para tratar de enfurecerme justo antes de hacer sparring. Me ignoraba o me hablaba bruscamente, y yo me enojaba porque no entendía por qué se comportaba así conmigo.

Un día durante el campamento le pregunté si me podía ayudar a hacer focos. Después de todo lo que me costó conseguirlo, sigue siendo importante para mí que me sostenga los focos, es una especie de ritual.

—No —me dijo—. Ve y pégale al saco.

Mientras le pegaba al saco, se acercó y miró por encima de mi hombro.

—¿Por qué le estás pegando así? —preguntó, y luego se alejó.

Fue lo único que me dijo ese día. Me pasé las siguientes horas alternando entre la confusión y la furia. Me preguntaba, ¿Qué pasó? ¿Cuál es el problema? ¿Soy una mierda? ¿Quiere que le dé una excusa de por qué soy una mierda? Ya estaba sumamente sensible porque siempre me pongo sensible durante el campamento, y comencé a llorar. Y todo el tiempo, él me miraba. Luego advertí que yo estaba dejando que me afectara. Él quería meterse en mi cabeza y quebrarme emocionalmente. Su objetivo era que, si me llegaba a quebrar emocionalmente durante el combate, pudiera encontrar la fuerza para controlarme.

Pero también había cosas que no se estaban manejando bien durante el campamento. Darin era responsable de asegurarse de que les pagaran a mis compañeros de entrenamiento. Poco después de que terminó el campamento para la UFC 157, me enteré de que no les habían estado entregando sus cheques —a pesar de que ya había formalizado mi contrato con Darin.

Se trataba de una preocupación real. Si no les pagas a tus compañeros de sparring, pueden decidir no venir a practicar un día, y sería lo mismo que cuando estaba en Bulgaria y no tenía a nadie con quien entrenar.

Una tarde Edmond y yo estábamos sentados al borde del ring mientras me quitaba las vendas de las manos cuando me dijo: "Ronda, tener un manager es algo bueno siempre y cuando realice bien su trabajo".

Me di cuenta de que estaba tratando de decirme algo sin pasar los límites, y supe que tenía razón.

—Lo sé —suspiré—. Me ocuparé de ese problema de mierda después del combate.

El día del combate contra Miesha, estaba acostada en la cama de la habitación de mi suite tratando de descansar cuando oí un alboroto en la habitación contigua. Bloqueé el ruido, me di vuelta y me obligué a volver a dormirme, pero estaba enojada. No me gustan las escenas antes de pelear. No me gustan las distracciones antes de pelear. Me prometí a mí misma que me ocuparía de lo que fuera que había sucedido allí después del combate.

Pensé en la pelea; faltaban apenas unas pocas horas. Pensé en la primera vez que me enfrenté a Miesha. Pensé en *The Ultimate Fighter*. Pensé en la escena que acababa de ocurrir en mi suite. Alguien iba a tener que pagar. Y esa persona iba a estar enfrentada a mí del otro lado de la jaula dentro de muy muy poco.

Para mí la rabia es un factor de motivación, pero no puedo dejar que mi rabia me consuma hasta el punto en que afecte mi capacidad de pensar. Cuando estás enojado y tratando de solucionar un problema o manejar una situación, no encontrarás una salida inteligente al dilema. En una relación con otra persona, si estás enojado, no vas a decir las palabras adecuadas. Una vez que te relajas y estás tranquilo, puedes comenzar a pensar lógica y racionalmente para solucionar el problema de modo más eficiente. Lo mismo sucede cuando peleas.

APRENDE A DETECTAR LOS TIEMPOS DE DESCANSO

Un gran concepto en los combates, y que muchas personas desconocen, es lo que yo llamo detectar los tiempos de descanso, como cuando lees música en una partitura. Uno de los motivos por los que muchas personas se cansan en una pelea no tiene nada que ver con su estado físico. Tiene que ver con saber cómo encontrar esas milésimas de segundo para descansar. Pueden ser decisivas en una pelea. Son esos momentos de descanso los que me permiten mantener un ritmo tan acelerado durante todo el combate sin dejar de presionar a mi oponente.

Por ejemplo, si estoy presionando a alguien contra la jaula, no empleo mis músculos para hacerlo. Me inclino sobre el pie delantero y acomodo el hombro, para poner todo el peso en la persona. Estoy empleando la fuerza de gravedad contra mi oponente y metiéndole presión mientras mis músculos descansan.

Saber cuándo ir al ataque y cuándo relajarse: esa es la única manera de sobrevivir.

El tiempo no siempre lo cura todo. A veces, solo te da más tiempo para alimentar tu enojo. Había estado esperando seis meses, desde el final de la filmación de *The Ultimate Fighter,* para conseguir esta pelea. Mi revancha contra Miesha era el evento coestelar de la UFC 168.

Entró caminando a la arena con la canción "Eye of the Tiger" de Katy Perry. En las noches de pelea, siempre tengo cara de absoluta seriedad desde el minuto en que salgo de la habitación del hotel, pero esa noche no pude evitar hacer un gesto de irritación.

Unos minutos después, marché a la jaula con mis botas de combate al son de Joan Jett. Nunca había querido destruir a alguien con tantas ganas. No quería tanto romperle el brazo como arrancárselo. Le eché una mirada iracunda al otro lado de la jaula; lo único que sentía era una rabia fría y calculada.

—Tóquense los guantes y empecemos —dijo el referí, dirigiéndonos la misma cantinela de siempre.

Di un paso hacia atrás sin levantar la mano. El referí dijo: "Comiencen". Yo estaba decidida a tener el control absoluto durante cada segundo de la pelea. Para mí, no se trataba solo de ganar. Quería lastimarla, quería mostrarle el dominio que tenía sobre ella, quería que Miesha jamás volviera a pensar que podía entrar en una jaula para enfrentarme. No iba a apurarme para terminar; iba a despedazarla en cada aspecto de su juego.

Nos encontramos en el medio e intercambiamos golpes de boxeo. Yo los acerté todos, pero ella nunca tuvo un golpe limpio. La arrastré al suelo, pero volvió a ponerse de pie. Entonces la arrojé contra la jaula y empecé a darle rodillazos en el cuerpo. La arrastré al otro lado del octágono. Ella me empujó, y por primera vez en mi carrera de las MMA, le arrojé una patada. Ella me pateó a su vez, pero le tomé la pierna, la levanté hacia arriba y se cayó sobre el trasero con fuerza. Fui a golpearla y se aferró desesperada de mis piernas. Me tropecé y la metí en mi guardia. Mientras intentaba defenderse de mi llave de brazo, le descargué una ráfaga de puñetazos en la cara y de codazos en la cabeza. Simultáneamente busqué la manera de realizar una estrangulación con las piernas mientras luchaba con ella para agarrarle el brazo.

Empujando hacia arriba con las piernas, Miesha se paró y volvimos a estar las dos de pie. La nariz le sangraba. De nuevo intercambiamos golpes en el medio de la jaula. Cansada de esa mierda, la volví a arrojar sobre la lona. Miesha trató de subirse encima, y la empujé hacia afuera con las piernas. Se inclinó sobre mí y yo di una voltereta hacia atrás sobre el hombro y caí con los pies, dándole un golpe en la cara mientras subía. Se lanzó sobre mis piernas, y yo hice una inversión con facilidad, arrojándola sobre mi cadera. En ese momento sonó la tabla de diez segundos. Lancé unos últimos golpes hasta que tocó la sirena. Gané el primer round de modo decisivo; no hubo un solo segundo en el que no haya tenido el control absoluto. Ella caminó a su esquina, toda cubierta de sangre.

Edmond entró con el banquillo y la botella de agua. Me senté en el banquillo por primera vez en mi vida. Casi no transpiraba y tomé un sorbo de agua.

—Lo estás haciendo genial —dijo Edmond—. Sigue así.

Yo asentí con la cabeza.

—Ah, y Ronda —dijo, mientras levantaba el banquillo para salir de la jaula—, no tires patadas.

El comienzo del segundo round fue una experiencia nueva y asombrosa, porque jamás había estado en el segundo round de una pelea de las MMA. Miré del otro lado de la jaula y advertí la satisfacción de Miesha por haber llegado a esta segunda instancia: le salía por los poros. Me sacaba de quicio que esta chica de mierda estuviera tan contenta. Llegó al segundo round con una sonrisita burlona. Me juré a mí misma que esa maldita perra no entraría al siguiente round sonriendo. Le iba a quitar esa puta sonrisa de la cara.

La arrojé al suelo al comienzo del round y se quedó echada de espaldas como una tortuga dada vuelta, pateando las piernas en el aire en un intento de mantenerme alejada. *Ah, ¿quieres patear?*, pensé. *Vete a la mierda, perra*. Lancé la última patada de toda mi carrera en las MMA directo hacia ella.

Se puso de pie y la derribé con fuerza; cayó de espaldas en una proyección que en judo me hubiese ganado un ippon. Después la dejé ponerse de pie. Todavía no había terminado de molerla a golpes. Unos segundos después, la tenía contra la jaula. No podía hacer nada contra mí. Yo seguía tirándole golpes, y después la aparté de la tela metálica de la jaula y la derribé con otra proyección de cadera. Envolví el brazo izquierdo alrededor del suyo, usando el hombro para bloquearla e impedir que uniera las manos. Con la mano derecha, le pegué en la cara. Arqueó la espalda y pateó las piernas hacia arriba, para envolverlas alrededor de mi cuello. Empujándose con toda su fuerza, soltó el brazo e intentó que yo me diera vuelta. Pero yo la tenía de espaldas y aproveché para montarla (cuando estás sentada a horcajadas del torso de tu rival haciendo grappling). Quedé totalmente encima, y ella a su vez echada en el suelo, retorciéndose, mientras yo la golpeaba en la cabeza una y otra vez. Todo lo que ella podía hacer era sostenerse el brazo. La tenía tumbada de espalda sobre el suelo, conmigo sobre su estómago. *Paf. Paf. Paf. Paf.* Le lancé una ráfaga de golpes sobre la cara. Toda la rabia que tenía acumulada se me desató. La metí en una llave de brazo, pero no alcancé a ejecutarla bien, y se escapó, aunque no había manera de que huyera de mí. Le apresé la cabeza con las piernas y comencé a darle puñetazos en las costillas. No dejé de golpear hasta que sonó la sirena al final del round.

Cuando nos separamos para volver a nuestras esquinas, ella tenía el rostro hinchado y le chorreaba sangre. Miesha había logrado aguantar ese segundo round, pero la sonrisa había desaparecido. Yo la había dominado durante cinco minutos más. Edmond y Rener Gracie entraron caminando al ring. Edmond acomodó mi banquillo y me dio un trago de agua.

Rener me puso una bolsa de hielo en la nuca para refrescarme. Salir del segundo round y prepararme para el tercero fue diferente. Después del segundo round, me sentía confiada, pero estaba en territorio desconocido. Para el tercer round, ya me sentía cómoda. Sentía que podía pelear cien rounds más. Sabía que había ganado los dos primeros cómodamente, y no me sentía cansada. Si la pelea duraba los cinco rounds, estaba segura de que podía llegar al final del camino con toda la intensidad y la concentración que hicieran falta.

Estoy aquí por los cinco rounds, me dije a mí misma. Pero no íbamos a llegar tan lejos. Miesha se estaba cansando. Le había estado pateando el trasero. Ella probablemente iba a recurrir a lo que le fuera más cómodo, que era salir golpeando muy abierto o tratar de ir a por las piernas para derribarme.

—Va a entrar, bajar la cabeza y golpear bien abierto —dijo Edmond—. Tienes que achicar la guardia y arrojar golpes derechos.

Repetí las instrucciones en la cabeza, anticipando sus próximos pasos y planeando los míos.

Nos pusimos de pie para el tercer round. Se la veía cubierta de sangre, magullada y golpeada.

Yo salí con un 1-2 recto (un jab seguido de un cross, o un golpe más fuerte que puede infligir daño) y la noqueé de lleno. No se cayó pero se tambaleó hacia atrás. Arrojé otro jab y seguí atacándola. Se cayó contra la jaula.

La presioné contra la reja y oí su respiración: jadeaba agitada. Respiraba hacia fuera como si se estuviera desinflando cada vez que tomaba aire. Yo sabía que Miesha ya no estaba allí; estaba fuera de sí, aunque siguiera de pie. Nunca supo lo que le sucedió en el tercer round. La había quebrado, y era hora de liquidar el combate. Quería quebrarla de pie, para que fuera más fácil someterla en el suelo. Entré para realizar una última proyección y nos caímos a la lona. Menos de un minuto después de iniciado el round, la di vuelta sobre la espalda y la tomé del brazo izquierdo. No le quedaba más fuerza para seguir peleando. La tomé del brazo, y con una pierna sobre el pecho y la otra debajo del cuello, me incliné hacia atrás y arqueé las caderas. Ella no sabía exactamente dónde estaba ni lo que estaba sucediendo, pero sabía que estaba atrapada en una llave de brazo y que era momento de darse por vencida.

Las personas aprenden a tapear rápido si ya les has destruido un brazo antes.

Después, hubo quienes pensaron que Miesha me había dado pelea en ese combate porque llegó hasta el tercer round. Pero yo había extendido la pelea a propósito porque quería castigar a Miesha todo el tiempo que fuera posible. Cuando la derribé por completo, cuando la destrocé hasta el fondo de su alma, recién ahí recurrí a la palanca de brazo.

Miesha estaba molida y exhausta. Yo jamás me había sentido mejor en mi vida.

Después de todo lo que había ocurrido entre nosotras, después de toda la mierda que ella había instigado en *The Ultimate Fighter*, Miesha se puso de pie y me extendió la mano. Para mí, el gesto era un mero intento de quedar bien ante el público. Tomarle la mano, sin haber recibido una disculpa por todo lo ella que había hecho, hubiese sido una falta de respeto de mi parte hacia todas las personas cercanas a mí a quienes ella había lastimado. Fijé la mirada en el guante azul por un segundo.

Mi saludo de mano vale mucho más que hacer un mero gesto, pensé. No habrá sido buen espíritu deportivo, pero era una cuestión de principios. Me di vuelta, disfrutando de la victoria. Mientras me llovían los abucheos, caminé hacia lo único que me importaba: el abrazo de mi familia.

Adelantándose al combate, la UFC me había propuesto pelear otro combate en menos de dos meses —asumiendo, como todos, que le ganaría a Miesha. Sería el retorno más veloz de un campeón en la historia de la organización para defender el título.

Y yo había aceptado.

PREPÁRATE PARA EL ADVERSARIO PERFECTO

Nunca esperes que tus oponentes cometan errores. Asume que están perfectamente preparados, asume que darán el peso, asume que jamás se cansarán, asume que todas sus reacciones serán acertadas. Cuenta con que tendrán los ojos abiertos, y estarán listos para sacar partido de cualquier error que cometas.

Todas mis oponentes esperan que, cuando nos enfrentemos, cometeré algún error que podrán aprovechar. Yo asumo que cuando nos enfrentemos tendré delante a la versión más perfecta de mi oponente que jamás haya existido. Cuento con que no cometa un solo error, y entonces tendré que tenderle una trampa. A partir de ahí, espero el momento en que ella reaccione como yo tenía previsto, para justamente aprovecharme de su distracción.

Nunca permito que ninguna oponente se presente mejor de lo que yo esperaba. Por eso termino mis combates de manera tan dominante.

Las películas, el dinero, la fama, el reconocimiento del público, todo
eso es una consecuencia de seguir siendo una campeona, no de haber sido
campeona alguna vez. Cada vez que entro en el octágono, podría perder
todo aquello que tanto me costó conseguir. Por eso con cada nuevo combate entreno aún más duro. Con cada pelea, es más lo que está en juego.
Con cada combate, busco desafiarme un poco más. Por eso acepté el combate contra Sara McMann.

Entre mi combate con Carmouche y mi combate con Tate hacía diez
meses que no entraba en la jaula, y la ausencia se sintió. Estaba un poco
más lenta, mi capacidad de reacción era menor, la jaula me resultaba un
poco más extraña. No necesitaba ser perfecta para ganarle a Miesha Tate,
pero yo misma me exijo ser perfecta.

Como todo en un combate, y como el éxito en general, la mayoría de
las personas no tiene idea de lo que supone el momento en que uno sale a escena. Para mí comienza seis semanas antes. La noche del combate es el resultado de todos los preparativos anteriores. El momento que todo el mundo
ve es solo el final de un campamento de pelea de seis semanas que asegura
que esté en mi pico máximo de rendimiento cuando entre en la jaula.

El día después del combate con Tate, le pregunté a Marina sobre el
alboroto en mi suite la noche antes del combate. Ella me contó lo que había
visto. Darin había entrado en la habitación apestando a alcohol, vestido
con la misma ropa que la noche anterior, y trató de comenzar una pelea a
puño limpio. Esa fue la gota que rebasó el vaso. Unos días después le envié
un mensaje de texto a Darin: "Hay muchas cosas de las que tenemos que
hablar". Darin respondió que estaba fuera de la ciudad. Edmond dijo que él
manejaría la situación, y yo volví mi atención a lo que realmente importaba.

Solo faltaban unas pocas semanas para el combate contra McMann,
así que fuimos directo al campamento. Me encantó. Me pareció que el
campamento previo a la UFC 168 no había sido el mejor de todos, y ahora
teníamos una oportunidad de volver a hacerlo.

El campamento de pelea es una cuenta regresiva que culmina con la
aniquilación de mi oponente. Desde el primer día del campamento hasta que el anunciador proclama: "Y la todavía campeona, Rowdy Ronda
Rousey", cada segundo de mi vida está centrado en el combate. Intensifico
mi entrenamiento, sigo mi dieta al pie de la letra. Encaro cada campamento de la misma manera, sin importar quién sea mi oponente. Si estoy en mi
mejor estado físico, no me importa quién esté parada del otro lado de la
jaula la noche de la pelea.

Semana 6

Al iniciar la Semana 6, imagino todas las maneras posibles en que ganaré el combate. Para cuando llega la Noche de la Pelea, ya se me han ocurrido todas las formas en que lo puedo hacer.

La primera semana del campamento es cuando más peso. Trato de subir de peso aumentando la masa muscular. Incluso cuando entreno, jamás me pongo a levantar pesas o hacer el press de banca plano. Pero durante la primera semana del campamento, peleo con la sombra, con pesas de medio kilo o un kilo. Tengo el cuerpo realmente bien acondicionado, y gano masa muscular con tanta velocidad que para el fin de la semana tengo los músculos ultramarcados.

Los lunes a última hora de la tarde, y hasta el final del campamento, nado. Me retrotrae a mis épocas de natación en un club juvenil cuando era chica y papá declaraba que yo sería una campeona. El momento de tranquilidad en la piscina me da tiempo de pensar a solas, y le da flexibilidad y soltura a mis hombros para el boxeo.

La Semana 6 es la única semana del campamento en la que no sigo una dieta estricta. Aunque consuma alimentos saludables, como un montón. A la mañana me preparo un tazón de cereales para el desayuno.

TAZÓN DE CEREALES PARA EL DESAYUNO
(DE MI RÉGIMEN DE COMIDAS PREPARADO POR MIKE DOLCE).

2 cucharaditas de salvado de avena
2 cucharaditas de semillas chía
2 cucharaditas de semillas de cáñamo
½ taza de arándanos
4 fresas cortadas en trozos

¼ taza de pasas de uva
1 cucharadita de mantequilla de almendra
1 cucharadita de agave
Canela (a gusto)

Hervir una taza de agua y mezclar con el salvado de avena, los arándanos y las pasas de uva. Incorporar las semillas y la canela. Añadir el agave y la mantequilla de almendra (se le puede agregar más agua si está demasiado espeso).

Si estoy en el campamento, a veces reemplazo el agave por Stevia o no le pongo la mantequilla de almendra.

Incluso cuando no estoy en el campamento, muero por comer ese tazón de cereales todas las mañanas; es parte de mi proceso diario. En las raras ocasiones en que me falta un ingrediente y no lo puedo preparar exactamente según la receta, siento que el día no empieza igual. Aparte del desayuno, el resto de la comida consiste en barbacoa armenia. La barbacoa armenia está básicamente compuesta de carne, pollo, arroz y verduras, pero más que nada, de carne. Es comida abundante, sabrosa y sana. Y también hay borsch, mucho borsch, que es sopa de raíces de remolacha que sabe al agua del Paraíso.

Habíamos decidido realizar en Los Ángeles todo el entrenamiento mientras nos preparábamos para McMann. Ese año viajé tanto que solo quería estar en casa. Pero ha habido veces en las que sentí la necesidad de cambiar de aire. Antes del combate contra Carmouche, fuimos a entrenar a las montañas y la paz de Big Bear. Es más fácil cambiar de mentalidad si cambias de aire. Es difícil estar sentada en el sofá de tu casa y de pronto pensar: "Oh, cierto, estoy en el campamento". Pero esté donde esté, termino esa primera semana del campamento sintiéndome fuerte y energizada.

Semana 5

Durante la Semana 5 comienzo mi dieta. Justo antes de mi combate con Tate, advertí que tenía que encontrar una mejor manera de dar el peso. Una década de hacer dieta, privándome de alimentos, había dejado sus secuelas. No solo era un enfoque muy poco saludable, sino que no funcionaba. Me contacté con Mike Dolce, un nutricionista que atendía a un montón de luchadores de la UFC. Valió la pena. Por primera vez, no me sentí débil en un campamento (Si bien Dolce trabaja con luchadores, su dieta, en realidad, es para cualquiera. Ha escrito varios libros de cocina sobre la dieta Dolce, muy recomendables). Trabajé con él el mes anterior a la UFC 168 y lo he seguido en todos los campamentos desde entonces.

A partir de la Semana 5, Dolce me envía una dieta nueva todas las semanas. Pero el plan es flexible. Todas las mañanas me subo a la balanza y le envió mi peso por mensaje de texto. Después él me manda un mensaje: "Ok, hoy te conviene cambiar esta comida" o "Lo estás haciendo fantástico". Dolce modifica los alimentos según lo que crea que necesitas desde el punto de vista nutricional y para llegar al peso en el que necesitas estar.

Cuando comencé a trabajar con Dolce, cambió toda mi relación con la comida. Ya no tenía que pensar en lo que me convenía comer. Dejé de dudar en mí misma y en las decisiones que tomaba. Al principio, me sentía culpable de sentirme siempre tan llena. Pero un día, durante el campamento de McMann, lo entendí: *Oh, se supone que debo sentirme llena.* Durante mucho tiempo, asocié la sensación de estar llena con la sensación de culpa, pero ahora ya lo superé.

La comunicación es la clave con Dolce. Estoy permanentemente en contacto con él para contarle cómo está respondiendo mi cuerpo a la dieta, cómo me siento, y él va haciendo los ajustes que hacen falta. Las cenas incluyen alimentos como chili o huevos revueltos. Si le digo "Comí tanto que después de cenar estoy llena", me dice que me saltee la colación antes de dormir. Entre comidas, puedo comer fruta, nueces o yogurt con semillas de chía. No cocino casi nunca, pero Marina, que comparte la casa conmigo, me ayuda a preparar la comida o pica los ingredientes y los pone en bolsas Ziploc para que incluso yo, que soy nula cocinando, pueda preparar algo en un dos por tres.

Hago boxeo con Edmond. Practico grappling haciendo judo con Justin Flores, mi compañero de entrenamiento de toda la vida, luchando con Martin Berberyan, o haciendo jiu jitsu brasilero con los hermanos Ryron y Rener Gracie. Cada compañero es diferente. Conozco a Justin desde que era una muchachita de once años y hacía judo. Él era mi niñero e intentaba sentarse encima de mí y tirarse pedos. Martin estaba a cargo del SK Golden Boys, ganó las Olimpíadas tres veces y es campeón mundial. Es tranquilo y calmo. Rener y Ryron son extrovertidos y divertidos. Tienen un juego de suelo diferente del mío, y me encanta intercambiar ideas con ellos. Las diferentes personalidades y estilos se complementan entre sí.

Según quien sea mi oponente, Edmond me trae parejas de afuera para entrenar. Si voy a enfrentar a alguien que pega golpes, trae a chicas que son campeonas mundiales de boxeo y kickboxing. Llama a otros entrenadores y les pregunta: "Oye, ¿tienes a alguien de este tamaño y con este nivel de habilidades?".

Pero si mi contendiente es una luchadora, hace que me enfrente, sobre todo, con luchadores varones. McMann había ganado una medalla de plata en las Olimpíadas, en lucha libre, así que para enfrentarla hice mucho grappling y lucha cuerpo a cuerpo. Pero también es cuestión de sobresalir en aquello en lo que tu oponente es más débil para poder aprovechar esas vulnerabilidades.

De lunes a viernes entreno dos veces por día. Salgo de casa a las nueve de la mañana para estar entrenando a las diez, entreno una hora y media, me ducho, duermo y vuelvo a repetir el esquema. Básicamente hago todo lo que Edmond considere que debo hacer. Realmente, dejo que él lo planee casi todo y solo hago lo que me dice que haga. Los sábados, solo tengo sparring de las MMA y los domingos descanso. Fuera de la época del campamento, entreno todos los días, pero durante el campamento descanso en serio. Llego a casa extenuada alrededor de las ocho de la noche. Me preparo la comida, paso un tiempo con Mochi y leo antes de irme a dormir.

Antes pensaba que tenía que estar en un estado de desdicha permanente para merecer el éxito. Pero ya no tengo esa exigencia y me doy cuenta de que es muy anticuado. El gran boxeador Mike Tyson dijo una vez: "Un luchador contento es un luchador peligroso", y creo que tiene razón. Soy más feliz —y más peligrosa— ahora que en cualquier otro momento de mi vida.

Semana 4

En la Semana 4 comenzamos a intensificar el ritmo del entrenamiento. Me gusta dormir la siesta. Solía alquilar un apartamento temporal durante el campamento, pero después comencé a reservar una habitación en un hotel de la zona tres días a la semana durante el último mes del campamento. Descanso en el hotel entre las sesiones de entrenamiento, pero por la noche voy a casa a dormir en mi propia cama.

Durante la etapa de campamento, me encuentro casi totalmente aislada del mundo exterior y solo salgo para hablar con los medios. No tengo energía para ver a mi familia ni mis amigos. No le tengo miedo a ninguna parte del proceso, ni siquiera las partes más difíciles. Tan solo respiro hondo y me concentro en dar lo mejor de mí. Me he acostumbrado tanto a postergar la gratificación que incluso disfruto las partes más duras. Todas las noches me desplomo sobre la cama, orgullosa del trabajo que he realizado y saboreando las horas de descanso que me tengo bien merecidas.

Durante el campamento, Edmond es el jefe, y como tal su tarea es obligarme a hacer todo aquello que no tengo ganas de hacer, especialmente cuando se trata de prepararme para un combate. Jamás le discuto nada, porque si me pusiera a decirle "No tengo ganas de hacer esto" o "No lo voy a hacer porque acá la que manda soy yo", entonces se vendría abajo todo el mecanismo de relojería que hemos armado.

Durante esta semana también comenzamos a trabajar los aspectos mentales del combate y la estrategia que emplearé contra mi oponente. Observamos sus tendencias, y anticipamos cómo podría enfrentarme y lo que puedo hacer para descolocarla. Analizamos sus fortalezas y debilidades, y buscamos maneras de aprovechar cualquier error. El objetivo es crear una situación en la que yo me sienta completamente en control y ella se sienta completamente superada.

Fue durante la Semana 4 del campamento de McMann que comencé a derribar a todo el mundo en el gimnasio con un gancho al hígado, un rodillazo o un golpe directo al hígado. El peligro de un gancho al hígado es que el dolor es tan intenso que paraliza casi por completo al contrincante de modo temporario. Un buen gancho al hígado, y ya estás del otro lado.

La Semana 5 y 4 son duras, pero la Semana 3 es la más dura de todas.

Semana 3

La Semana 3 es la "Semana Dura", el punto máximo del campamento de pelea. Es la semana cuando hago más series de todos los ejercicios. Es la semana cuando más le pego al saco, cuando más le pego a los guantes foco, cuando hago más sparring. Es la semana cuando hago la mayor cantidad de rounds de práctica, cuando peleo la mayor cantidad de minutos. El sparring es la parte más importante, porque es lo más parecido a un combate real. El trabajo con los guantes focos desarrolla las habilidades tácticas, pero cuando haces sparring estás realmente peleando. Un combate completo en el que se dispute el campeonato puede extenderse a cinco rounds de cinco minutos cada uno, así que Edmond me hace hacer seis rounds. De este modo, sé que, si fuera el caso, podría pelear cinco rounds en el octágono sin problema.

No tenemos una rutina fija a la hora de observar los videos de las peleas en las que han combatido mis oponentes, pero sin duda nos sentamos a mirarlos cuando faltan ya tres semanas. Analizamos lo que hace mi contrincante, parte por parte, buscando patrones en su forma de pelear y reconociendo oportunidades. Para cuando termina la Semana 3, estoy completamente destruida. Literalmente, cuando no estoy entrenando durante esta semana, me quedo recostada sobre la colchoneta, el suelo, la cama o cualquier lugar plano, agotada, y lo único que me viene a la mente es: "Mierda". La Semana 3 me empuja mentalmente al límite, lo que se prolonga a la Semana 2.

Semana 2

En la Semana 2 caigo presa de lo que yo llamo "dos-semanitis", y es cuando más nerviosa estoy. Antes de la Semana 2, el combate parece estar muy lejos. Tres semanas es casi un mes, y un mes es mucho tiempo. Pero cuando faltan dos semanas, comienza a parecer más real. La pelea está muy cerca. En las dos semanas antes del encuentro es cuando más sensible estoy: lloro por todo, incluso más de lo que lloro habitualmente. Tengo el cuerpo a la miseria, porque acabo de terminar la "Semana de Trabajo Duro", y estoy comenzando mi "Semana de Velocidad".

La Semana 2 es la Semana de Velocidad porque se trata de hacer rounds cortos, ser veloz, hacer trabajo de pies, recuperar mi velocidad y explosividad, y ese tipo de destrezas. La Semana 2 es cuando me comienzo a poner muy muy ligera. Reducimos el sparring y hacemos los rounds bien cortos. Durante toda la semana lo importante es trabajar velozmente.

Para cuando termina la semana, comenzamos con la parte lúdica. Edmond propone actividades que son como juegos, y arrojo y recibo pelotas para mantener la vista alerta. Corta los tubos flotadores de la piscina por la mitad y me pega con ellos. Me da golpecitos rápidos en la cabeza con toallas y me hace agacharme para esquivarlas. La Semana 2 es cuando se pone bien creativo. Trata de hacerme muy feliz durante esa semana, incluso me pide que me ponga colores fuertes, porque cree que levanta el ánimo. Una vez que me sobrepongo al llanto de los primeros días, la Semana 2 es, en realidad, la semana más divertida de todas.

A medida que se acerca el combate, estoy agotada de estar tan nerviosa. Para cuando llega el momento de realmente ir a pelear estoy tan excitada de poder hacer aquello en lo que me destaco como la mejor del mundo que ya ni siquiera siento nervios. Ahora estoy impaciente, tengo ganas de entrar al octágono y ocuparme del asunto que tengo entre manos.

La Semana del Combate

La Semana del Combate es la semana final del campamento, la cuenta regresiva a la Noche del Combate. Peleo los sábados. El lunes por la noche, empaco todas mis cosas. Se trata más de arrojar en el bolso todo lo que se me ocurre que puedo necesitar. Inevitablemente, siempre me termino olvidando de algo.

El martes por la mañana nos reunimos todos en el gimnasio. Si mi pelea es en Las Vegas, vamos en auto. Después de encontrarnos en el gimnasio, salimos a última hora de la mañana en una caravana de coches. Van Edmond, Martin, Marina, Justin y yo, y algunos otros del gimnasio. Me encanta viajar en coche, pero cuando voy a Las Vegas para pelear, no quiero manejar. Me deslizo en el asiento de pasajeros y le doy el volante a otro.

Durante los días antes del combate, engordo artificialmente. Cuando falta una semana, comienzo a consumir un montón de comida salada y a beber siete litros y medio de agua por día. Cuando bebes mucha agua, metes toda el agua posible en el cuerpo y te hidratas al máximo. Tu cuerpo se acostumbra a expulsar tanta agua que incluso cuando dejas de comer sal tu cuerpo sigue eliminando líquido durante varios días más. El agua me hincha el cuerpo. Generalmente, peso sesenta y seis kilos cuando comienza el viaje. Para cuando llegamos a Las Vegas, suelo pesar dos kilos más por toda el agua que tengo almacenada en el cuerpo. Durante el viaje bebo agua constantemente. Tenemos que parar en todas las salidas para que yo vaya al baño.

Escuchamos música durante todo el camino, y en el momento de entrar en Las Vegas pongo a todo volumen "Bad Reputation" de Joan Jett como preludio de lo que se viene.

Lo primero que hacemos al llegar a Las Vegas es pasar por las oficinas de la UFC. Les doy aviso de que llegué, generalmente firmo algunos posters o cumplo con algún otro compromiso. Me encuentro con Dolce, que chequea mi peso. De ahí hago el check-in en el hotel. Dolce me hace comer, y descanso un rato. Esa noche tal vez haga una sesión de ejercicios para transpirar y perder peso, y luego ceno lo que sea que Dolce me diga que tengo que comer. Después me voy a la cama.

El miércoles de la Semana de Combate, me ocupo de los medios. Es cuando se graban todos los micros informativos y se filman las entrevistas pre-combate que las personas verán en la pantalla gigante antes de que salgamos al ring. Son las entrevistas que menos me gustan hacer, porque tratan de hacerte decir cosas que no quieres decir, y me jode bastante.

Después hago una sesión fotográfica en la que me sacan fotos con el cinturón, que aparecerán en los posters para la siguiente pelea. Las fotos se sacan dando por descontado que voy a ganar el combate, lo cual siempre sucede. Así, cuando sea el momento del siguiente combate, ya tienen las fotos promocionales listas.

El miércoles es el último día que puedo comer una comida completa. Dolce me deja una hielera repleta de comida, con ensalada, tazones de chía, salteados de verduras, tal vez un omelet de huevo, fruta y paquetitos con mix de frutos secos. Tiene todas las botellas de agua que necesito tomar y todo lo que podría necesitar comer ese día.

El jueves es el día de la conferencia de prensa. Además, es el día en que concedo entrevistas personales durante un par de horas. Cuando termino me dejan en paz en lo que concierne a obligaciones hasta el pesaje del día siguiente. Una vez terminado el circo mediático, me concentro en dar el peso. No puedo pesar ni un gramo más de sesenta y un kilos en el momento del pesaje.

Vuelvo a hacer una sesión de entrenamiento solo para transpirar. Es en este momento cuando realmente comienzo a bajar de peso. Los días previos a un combate, mi peso suele oscilar de la siguiente manera: el martes peso sesenta y ocho kilos; el miércoles ya estoy en sesenta y siete kilos; el jueves, antes siquiera de comenzar a perder peso, estoy generalmente alrededor de sesenta y seis kilos. Después comienzo a bañarme para perder agua y por lo general bajo de sesenta y seis a sesenta y dos kilos.

El jueves por la mañana ya no bebo agua a grandes tragos, sino que comienzo a beberla con sorbos pequeños. Esa tarde comienzo realmente a dejar de tomar agua. Un error que cometen muchas personas es dejar de tomar agua demasiado pronto. Reducen el consumo de agua durante toda la semana. Yo solo reduzco el consumo durante las últimas veinticuatro horas. El jueves por la tarde chequeo mi peso, me entreno, lo vuelvo a chequear, y me doy un par de baños para transpirar antes de ir a la cama. Los jueves por la noche tengo hambre y estoy deshidratada, y no duermo tan bien.

El viernes por la mañana me despierto pesando entre 62,595 kg y 62,142 kg. Me doy un par de baños más para perder los últimos 900 gramos y pesar los 61, 234 kg en el pesaje.

El viernes es el día del pesaje y el careo entre rivales. Me dirijo allí lista para el combate. Durante los pesajes, algunas chicas vienen y tratan de hacerse las duras mientras que llevan vestidos o bikinis, tratando de lucir sexy. Yo quiero estar lista para derribar a la que sea allí mismo si hiciera falta. Si mi oponente trata de hacer alguna bravuconada sobre el escenario y tengo que mostrarle lo que es ser realmente brava, quiero estar lista para derribarla allí mismo.

Una vez que ambas pasamos por el pesaje, las dos combatientes nos enfrentamos para el careo. Cuando miré a los ojos de McMann, pensé, *Mañana te voy a hacer mierda.*

Después del pesaje Edmond desaparece. Viene a verme cada tanto, pero me deja hacer lo que quiera. Voy detrás del escenario para encontrarme con mi familia —mamá; generalmente mi hermana María; su esposo; mis sobrinas, y en raras ocasiones, mis hermanas Jennifer o Julia— y después la gente de seguridad nos conduce por los túneles nuevamente a mi habitación. Bebo agua para rehidratarme y como lo que sea que Dolce me haya dejado.

Nos acostamos en mi cama, y mamá me da todos los motivos por los que voy a destruir a mi oponente en menos de veinticuatro horas. Es un ritual que tenemos desde que era chica. Ella enumera todas las razones por las que soy la mejor del mundo como si fuera un cuento para irse a dormir.

El viernes por la noche trato de irme a dormir lo más tarde posible. Una vez en la cama, cierro los ojos y sé que estoy preparada y que soy la mejor. Reflexiono acerca de todo el trabajo duro que he realizado hasta este momento, no solo en el campamento, sino en los días, semanas, meses, años, décadas que lo precedieron. Abro los ojos una última vez y, al mirar fijo en la oscuridad, sé que incluso si llego a estar en mi peor momento nadie me podrá derrotar.

Cuando me quedo dormida, duermo muy bien.

NO DEJES QUE NADIE TE OBLIGUE A DAR UN PASO ATRÁS

A veces te sientes abrumado y das un paso atrás, a menudo sin siquiera darte cuenta. Estábamos haciendo striking en el gimnasio cuando Edmond, mi coach, interrumpió la práctica.

—Cuando hacías judo —preguntó— ¿hubo alguien que alguna vez te haya obligado a dar un paso atrás?

—No, claro que no.

—Si te lo habrías propuesto en judo, ¿podrían haberte obligado a dar un paso atrás aunque sea una vez? —insistió Edmond.

—No.

—¿Entonces por qué puedo hacerte dar un paso atrás cuando hacemos striking? No deberías dar ni un solo paso atrás en toda tu maldita carrera.

Edmond tenía razón, por supuesto. Yo había permitido que me fuera empujando hasta las cuerdas del gimnasio sin siquiera darme cuenta. A un luchador no le conviene que lo acorralen en la jaula. Una vez que Edmond me señaló mi debilidad, la corregí. Nadie tiene el derecho de hacerme dar un paso atrás. Incluso si la persona es físicamente más fuerte que yo, debería ser lo suficientemente lista para evitar tener que darlo.

No he dado un paso atrás desde aquel día.

Un minuto después de haber comenzado el combate de la UFC 170 el 22 de febrero de 2013, tomé a Sara McMann del brazo, le encajé un rodillazo en el costado y le di justo en el hígado. Ella se desplomó, indefensa, y supe que la pelea había terminado. El referí saltó entre las dos, declarando un nocaut técnico. Fue el primer triunfo de las MMA que no obtuve con una llave de brazo. Alcancé a ver la mirada de Edmond desde mi esquina. Me di cuenta de que jamás había estado tan contento conmigo.

Tras ese combate yo también estaba bastante satisfecha. Le había dado a esta chica una golpiza impresionante, y además mi vida amorosa estaba repuntando.

Siempre había mantenido una política muy estricta de no salir con luchadores. Creo firmemente que se deben mantener separadas la vida profesional y la vida personal. Además, al estar rodeada de luchadores todo el día en el gimnasio, me entero de cómo hablan ellos de las chicas.

Empecé a salir con "Norm" antes de que me admitieran a la UFC. Al principio, solo éramos amigos. La razón principal por la que comencé a salir con él tenía más que ver con la cercanía física que con la química: vivía en el mismo barrio que yo.

—¿Quieres salir? —me preguntó.

—Escucha, el único momento que tengo libre es a las seis de la mañana. La única oportunidad de salir contigo es si pasas por mi casa y me llevas a hacer skimboard.

Norm se despertaba antes de que saliera el sol solo para tener la oportunidad de salir conmigo. En ese sentido, era exactamente lo opuesto a CGDP, y teniendo en cuenta que CGDP me había robado el coche para salir a falopearse, era una buena señal que ambos tipos fueran tan diferentes.

Norm me hacía reír. Me llamaba "Mujer Maravilla". Y un día, cuando estábamos en la playa haciendo skimboard, empezó a hacer unos chistes realmente graciosos. Fingía hacer movimientos furtivos de un modo poco disimulado, y yo estallé de risa. Ese fue el comienzo de todo. De hecho, ese momento de mi vida marcó el comienzo de muchas cosas. Me dieron una gran oportunidad en la UFC, me mudé a una nueva casa e hice mi primera película. Estar con Norm era algo tranquilo y relajado en mi caótica vida.

Norm no tenía familia en Los Ángeles, así que lo traje a casa para Pascua.

—¿Qué piensan? —le pregunté a mi familia después.

—Parece un imbécil —dijo Jennifer.

—No sé —dijo mamá—. No está mal. Un poco presumido.

—¿No está mal? —le pregunté. Es difícil saber lo que piensa mamá—. ¿Y eso es bueno o malo?

Mamá apretó los labios y lo pensó.

—Bueno, el problema es que has fijado la vara demasiado baja con tu primer novio —dijo—. Creo que después de Dick, podrías traer un gorila a casa y estaríamos todos diciendo: "Hola, ¿qué tal? Es un placer conocerte. ¿Te podemos ofrecer una banana?".

No era una señal de aprobación demasiado promisoria.

Cuando volví de Bulgaria y estaba entrenando para mi pelea contra Tate, Norm me dijo que era muy afortunada porque era "mucho más fácil ser exitosa en la división de las mujeres" que en la de los hombres. Después, justo antes de mi pelea contra Tate, me dijo que la relación no estaba funcionando para él.

—No quiero tener que rendirle cuentas a nadie —dijo.

Pero después que gané, dijo que había cometido un grave error y me pidió que volviera con él.

Unas semanas antes de mi pelea contra McMann, sucedió de nuevo:

—Simplemente no estoy listo para un compromiso.

Tres semanas después, justo unos días antes de mi pelea, se apareció ante mi puerta el Día de San Valentín, pidiéndome disculpas y ofreciendo llevarme de vacaciones a un lugar exótico. Yo me resistía a intentarlo una vez más, pero finalmente la semana después de mi triunfo fuimos a la selva tropical.

Un día, cuando recién habíamos recién llegado de nuestro viaje y yo estaba parada en su cocina, sacó una cajita. Adentro había un collar de oro blanco con un pendiente de diamante. Inscrito en la parte de atrás decía "Mujer Maravilla". Quedé fascinada ante semejante esfuerzo.

—Quiero salir contigo en serio esta vez —dijo.

Yo también quería eso.

—No lo pierdas —dijo, refiriéndose al collar—. Gasté mucho dinero en él.

Norm me dijo que quería estar conmigo, pero también que yo fuera cosas que no era. Quería que yo lavara los platos, que me ocupara de su ropa sucia, que le limpiara las cosas por la mañana, que me arreglara más y me vistiera con ropa elegante, que me hiciera las uñas y me maquillara, y cosas por el estilo. Quería que fuera una chica que no soy. Siempre hacía que me sintiera desordenada y no lo suficientemente doméstica ni femenina.

La verdad es que algunos días me arreglo para lucir como una modelo de tapa de revista que camina por las alfombras rojas. Un equipo de maquillaje, pelo y estilismo se pone a trabajar conmigo como si fuera el equipo de pista de la Nascar. Después de que terminan, me miro al espejo y pienso: *Puta, qué bien me veo.*

Pero la mayoría de los días, me subo al coche después de dos días de entrenamiento en los que mis entrenadores y compañeros me golpean, me arrojan sobre el suelo y luchan conmigo hasta que me duele todo el cuerpo. Salgo con golpes y moretones, vestida con ropa suelta. Transpiro muchísimo, incluso después de tomar una ducha, porque siempre entreno a morir. Después me siento en el coche y pienso: *Puta, parezco un yeti.* Esa Ronda está más cerca de la que soy de verdad.

Con un par de papeles en camino y un par de peleas de campeonato para la UFC en mi haber, pensé: *Tal vez hay demasiadas personas que me dicen lo maravillosa que soy todo el tiempo.* Tal vez Norm sirva para poner a mi ego en su lugar. Pero nunca jamás me dijo que era hermosa y nunca me hacía cumplidos.

—¡Qué gran inversión! —comentó una noche sobre una chica de mi división que había admitido haberse hecho una cirugía de tetas.

Traté de ocultar mi desilusión. Nunca me había hecho ningún cumplido sobre mi cuerpo. Ver que se babeaba mirando el busto de otra chica me golpeó el corazón y el orgullo. Era una sensación demasiado conocida. *Eso fue tan Dick,* pensé para mí misma, recordando al Diminuto.

Y aun así, intentaba justificar el hecho de seguir con alguien que me hiciera sentir mal conmigo misma. Se volvió frío. Nunca me daba un beso porque sí. Ni una vez me acomodó el pelo detrás de la oreja y jamás quiso salir con mis amigos.

Un día dejé sin querer mi collar en el baño del gimnasio. Regresé después del entrenamiento, pero alguien se lo había llevado. No quise decirle nada al respecto. Me dolía en el corazón haberlo perdido. La idea de tener que decirle que había extraviado su regalo me provocaba náuseas.

Un día mencionó que hacía tiempo que no me veía usarlo. Me largué a llorar.

—Escucha, lo perdí —le dije—. No sé cómo, pero lo he estado buscando.

—Bueno, nunca más cometeré el error de comprarte algo caro —dijo.

Pensé en papá. Cuando mis padres se comprometieron, papá le regaló un anillo a mamá. Ella lo perdió, y fue a contárselo a papá, afligida. Él estaba feliz.

—No pasa nada —dijo—. De todos modos, te mereces un anillo mejor.

Le compró un anillo más bonito. Yo sabía que Norm nunca sería ni remotamente parecido a papá. Ya había aguantado toda una relación en donde alguien había querido someterme y cambiarme, y aquí me encontraba otra vez, dejando que alguien me tratara de la misma manera. Quise romper con él en ese instante, pero los dos teníamos combates muy pronto. Jamás hay que perturbar a un luchador justo antes de una pelea. Bueno, al menos yo nunca lo hago.

Regresó de su pelea —en la que perdió— y dos semanas antes de mi combate contra Alexis Davis, Norm rompió conmigo por última vez. Fue justo durante las dos semanas previas al combate, cuando estoy más sensible que nunca.

Mi papá no era un luchador, pero aprendió este fenómeno cuando le propuso matrimonio a mamá. Ella estaba entrenando para el campeonato mundial, y él voló a Nueva York para pedirle que se casara con él.

—Te llamaré apenas pueda —le dijo mamá—. Ahora estoy ocupada.

Y en ese momento, yo también estaba ocupada, preparándome para enfrentar a Alexis Davis. De pronto, mi paciencia llegó a su límite. Norm no me respetaba en lo más mínimo, pero yo necesitaba respetarme a mí misma.

—¿Sabes una cosa? Esta es la tercera vez que me jodes justo antes del combate —dije—. Me jodes una vez, la culpa es tuya. Me jodes dos veces, la culpa es mía. Me jodes tres veces y soy una maldita idiota. ¿Te parezco una maldita idiota? Nunca más volveré contigo.

Ni siquiera me dolió la ruptura. Me había dado cuenta de que "Norm" era un tipo mediocre en todos los aspectos: tenía un cuerpo mediocre, una inteligencia mediocre y era un luchador mediocre. No tenía nada realmente excepcional, excepto el hecho de que fuera un novio excepcionalmente idiota.

No lloré. Antes, cada vez que habíamos tenido algún tipo de conflicto y cada vez que rompía conmigo en los momentos previos a un combate, había llorado. Ahora no se me cayó una sola lágrima de los ojos. Estaba furiosa conmigo misma por haberme permitido cometer los mismos errores que había cometido tantas veces en el pasado. Pero no volvería a dejar que alguien me hiciera sentir así de nuevo.

Como un relojito, al poco tiempo empezó a mandarme mensajes de texto que decían "Me equivoqué". Al recordar nuestra relación, lo único que podía pensar era *Sí, yo también.* Nunca más volvimos a hablar.

No iba a quedarme sentada compadeciéndome de mí misma por este hijo de puta. Estaba en vísperas de un combate. Cada vez que él me había jodido antes de una pelea, la otra chica había recibido la paliza. Mientras caminaba al coche, pensé para mí misma: *Si ese es un pronóstico de cómo saldrá el combate, esta chica va a terminar asesinada.*

Faltaban dos semanas para mi enfrentamiento con Alexis Davis, y esperaba con impaciencia ese combate.

LA RESPUESTA ES: NO EXISTE UNA RESPUESTA CORRECTA

Las personas siempre preguntan: "¿Qué pasa si alguien descubre la respuesta para tu llave de brazo?".

Siempre les digo que no importa lo que haga mi oponente, yo siempre tendré una respuesta. Después viene la respuesta a mi respuesta, y para esa también hay una respuesta. Memorizo todas las posibles respuestas, para poder avanzar por la cadena de reacciones mucho más velozmente que la otra persona.

Algunos de mis críticos dicen que siempre repito la misma técnica una y otra vez. No se dan cuenta de que cada una de las personas con las que he combatido analizó todas mis llaves de brazo, e intentó dar un tipo de respuesta diferente cada vez, pero no la hubo.

Dependiendo de lo que haga mi oponente, debo dar una respuesta distinta. Todas las llaves de brazo que he realizado son completamente diferentes. Solo porque terminen pareciéndose no significa que llegué a ellas del mismo modo.

Hay más de 100.000 maneras de llegar al mismo resultado.

Después del combate contra McMann, me llamaron para la película de la serie *Entourage*. Filmar fue divertidísimo, pero también extrañé la lucha. Sabía que tenía que operarme la rodilla, pero quería pelear una última vez antes de pasarme meses recuperándome de la intervención.

Combatí contra Alexis Davis en la UFC 175 el fin de semana del 4 de julio de 2014 en Las Vegas. Era mi décimo combate profesional. Se decía que ella sería una de mis contrincantes más difíciles porque, así como yo tengo un entrenamiento de judo y boxeo, ella tenía un cinturón negro en jiu jitsu brasilero y era famosa por su boxeo tailandés; jamás había sido sometida. Lo que las personas que intentaban comparar nuestros estilos no entendían era que ninguna mujer sobre el planeta es capaz de igualar mi estilo.

Durante toda mi trayectoria ascendente en las MMA, Edmond solía decirme que los estilos definen los combates. Los estilos de dos personas en un combate pueden sacar lo mejor de cada luchadora, y el combate mismo resulta mejor. O los estilos pueden ser tan desiguales (el mío puede ser mejor que el tuyo) que, incluso si tenemos un nivel parejo de habilidades, parecerá un combate completamente desigual. No me importaba quién fuera mi contrincante ni su nivel de habilidades o su estilo. Yo quería que todos los combates se vieran como combates completamente desiguales.

Cuando me propuse dedicarme a las MMA, quería crear un estilo que no pudiera ser superado jamás. No se trataba de ser buena en judo o boxeo, se trataba de crear un estilo perfecto de las MMA; sería un estilo sin fisura alguna. Me pasé años construyendo ese estilo. Es algo que continuaré puliendo durante toda mi carrera, pero para cuando me enfrenté a Davis, sabía que nadie podía igualarme en el octágono.

Durante el periodo previo al combate, le preguntaron a Davis sobre mi llave de brazo una y otra vez.

—Estoy convencida de que podré neutralizar la llave de brazo —dijo Davis—. Es algo en lo que entreno todos los días… no me significa ningún problema. Los cinturones negros me aplican la llave de brazo todos los días, no tengo miedo de decirlo, pero ¿saben qué? Son más las veces que neutralizo las llaves de brazo que las veces que me la hacen.

Lo que nadie parece ver es que yo trato de encarar cada pelea de un modo completamente diferente, así que sean cuales fueran los videos que haya analizado mi oponente antes de la pelea se vuelve obsoleto cuando sale a combatirme.

A pesar del hecho de que la pelea contra McMann fue toda de pie, Davis también estaba esperando que me apurara por derribarla, porque ella es boxeadora. Pero esta vez, en lugar de arremeter de entrada, lancé una finta, o hice como si estuviera a punto de lanzar un golpe y no lo hice. El objetivo era desestabilizarla.

Hice una finta al comienzo, y ella reaccionó. Le arrojé dos jabs. Ella intentó acercarse y pegarme con la derecha, pero estaba completamente fuera de equilibrio. Si me hubiera arrojado una almohada, habría tenido más impacto que su golpe.

Le tiré un 1-2 y salté para quitarme del medio. Volví a tirar un jab, y me quité del medio. Estaba midiendo la distancia entre ella y yo. Sabía exactamente dónde iba a estar ella en el lado receptor de mis golpes. Esta vez, le mostré el jab, y luego entré con un cross de derecha. Cuando derribas a alguien con un golpe de nocaut, es como si pudieras sentir todo el recorrido del golpe desde los nudillos hasta el suelo. Con ese golpe a la cara de Davis, estaba segura de que mi puño había golpeado el suelo. Le pegué tan fuerte que me rompí la mano.

Boom. Ahí terminó todo. O al menos pudo haber sido el final.

Después de pegarle con el cross derecho, ya sabía que había quedado fuera de combate; estaba dormida. Me podría haber ido en ese momento. Pero los abucheos de la pelea contra McMann me seguían resonando en los oídos. Cuando le gané a McMann, los fans criticaron al referí por declarar el nocaut demasiado pronto. Esta vez el referí no dijo nada; el combate seguía en pie.

Trabé a Davis en un clinch y le di un rodillazo. Después la arrojé al suelo. Caímos sobre la lona, y seguí lanzando una ráfaga de golpes. Uno, dos, tres, cuatro, cinco, seis, siete, ocho, nueve.

El referí se abalanzó para frenar la pelea. Davis ni siquiera sabía dónde estaba. Todo el combate había durado dieciséis segundos. Fue la segunda pelea por el título más rápida en la historia de la UFC. Jamás sabré si Alexis Davis tenía una respuesta para mi llave de brazo, pero lo que sí sé es que cuando tuvo que frenarme no encontró absolutamente ninguna respuesta.

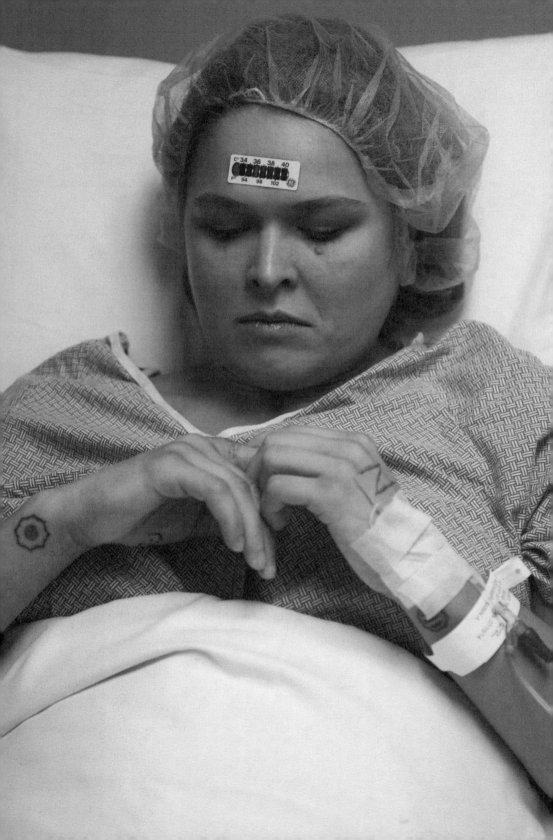

YO HE PASADO POR ESO

Algunas lecciones deben ser vividas para ser entendidas.

Después de la pelea contra Davis, tuve dos cirugías juntas, en la que los doctores me limpiaron la rodilla y me insertaron un clavo de metal en la mano derecha, que estaba rota. Siete meses después, sentía la rodilla mejor que nunca y había desarrollado un estupendo gancho izquierdo. Estaba lista para otro combate.

Había estado preparándome durante casi dos años para enfrentar a Cat Zingano. Nuestra pelea de *The Ultimate Fighter* se había cancelado cuando se lesionó la rodilla, pero yo sabía que nos íbamos a enfrentar algún día.

Durante su recuperación, su esposo se suicidó, dejando a Cat sola con un hijo pequeño. Yo sabía que esta iba a ser la pelea más dura de su vida. Pero Dana nunca flaqueó: realmente creía que ella se merecía una oportunidad para obtener el título. Ella todavía era la contendiente número uno para desafiarme por el cinturón. Después de un año y medio, Cat volvió al octágono a fines de septiembre de 2014. Tras su regreso, se programó nuestra pelea como el co-evento principal de la UFC 182. Nos enfrentaríamos justo después de Año Nuevo. Pero Cat estaba lidiando con una lesión de espalda, y una semana después del anuncio de la pelea, su equipo pidió que se pospusiera. La UFC accedió, fijando el combate para el 27 de febrero de 2015, cuando estaríamos luchando delante del público de mi ciudad en el Staples Center de Los Ángeles.

Después de que Cat pidiera un cambio de fecha, Dana me informó que tenían a otra luchadora que se estaba preparando de manera discreta para enfrentarme en caso de que Zingano se arrepintiera. Yo siempre me preparaba para la pelea y no para la rival, pero esta vez ese enfoque se puso realmente a prueba. Zingano es una luchadora zurda como yo; la otra chica pelea desde una posición de derecha.

Pero Cat logró recuperarse a tiempo. Esa noche en el vestuario, Edmond me ayudó a precalentar.

—Esta es una pelea histórica —dijo.

Nunca había dicho eso antes, ni cuando enfrenté a Miesha por el título de Strikeforce ni cuando enfrenté a Carmouche por el debut de la UFC de mujeres. Pero tenía razón, esta noche era diferente.

Minutos después, avancé agresivamente por el corredor, las botas de batalla puestas, la capucha baja, la cara de pocos amigos, lista desde que nací. Lancé una mirada de furia a Zingano, al otro lado de la jaula, viéndola caminar de un lado para otro. El referí nos llamó al medio. Tocamos guantes y comenzó la pelea. Cat se lanzó con una rodilla voladora, pero yo me arrojé a la izquierda, y le erró. Entonces me tomó e intentó derribarme. Yo di una voltereta hacia atrás sobre la cabeza y me alejé hacia fuera. Cuando aterricé, giré hacia Cat, subiéndome encima de ella. Ella disparó las piernas lejos de mí y se puso en cuatro patas, intentando escapar. Yo le agarré el codo izquierdo, intentando ponerla de espaldas de nuevo para montarla. Arrojé una pierna sobre la espalda y me di cuenta de que el agarre del codo se me estaba deslizando. Calculé el momento justo para dejarla ir y en cambio le atrapé la otra mano debajo de mi brazo. Sentí que era lo correcto. Giré hacia mi lado izquierdo y arrojé la otra pierna sobre el cuello de Zingano. Le tomé el brazo derecho y luego arqueé las caderas. Ella tapeó.

Cuando estoy en la jaula, mi percepción del tiempo se modifica. Estoy procesando tanta información que pareciera que todo lo que está a mi alrededor se detiene. Pero mis sinapsis están transmitiendo información a tal velocidad y los músculos se mueven tan rápidamente que es como si el mundo se acelerara. Cada segundo tiene una entidad en sí mismo.

En términos de tiempo real, la pelea completa contra Cat Zingano duró catorce segundos. Fue la sumisión más rápida en la historia de la UFC y el triunfo más veloz jamás logrado en una pelea por el título de la UFC.

Salté victoriosa. Cat se quedó acurrucada sobre la lona. Por primera vez en mi vida, vi a la persona que había quedado sobre el suelo. Reconocí la desilusión en el rostro. Era el mismo dolor que yo había sentido cuando perdí las Olimpíadas; como sentir que te arrancan el corazón del pecho y te lo estrujan en la cara. Por primera vez en mi carrera, me arrodillé y abracé a mi rival. Sentía empatía por ella: había sufrido una lesión de rodilla, había perdido a una persona que amaba por un suicidio, y había construido con pasión un proyecto, creyendo que le iba a resolver todos sus problemas y la libraría de todo su dolor. Y después había sufrido la derrota.

Yo había estado en ese mismo lugar; había tenido la misma sensación de devastación, la angustia desgarradora, la incredulidad.

Preocuparme por mi rival era una sensación extraña. Después de cada pelea miro a la persona que perdió, veo su aflicción y pienso: *Ella me estaba tratando de hacer lo mismo*. Entonces ya no me siento tan mal.

Me di cuenta de que siempre había sabido, desde el momento en que había nacido, que las cosas no me iban a salir como a Cat. El cinturón no estaba destinado para ella, así como la medalla de oro olímpica no estaba destinada para mí. Pero también sabía que los peores momentos de mi vida me trajeron a los mejores momentos. La pérdida, el corazón destruido, las lesiones... Había llegado a entender que cada experiencia sirvió para llevarme adonde me encuentro hoy. Esperé que las cosas se dieran de igual manera para Cat.

LO MÁS DIFÍCIL ES SABER CUÁNDO ES HORA DE PARTIR

Siempre habrá un combate más y te dirán: "No puedes retirarte; aún no has peleado contra tal persona". Siempre habrá otro oponente. Es imposible que, cuando llegue el día en que me quiera retirar, las personas no piensen que soy una cobarde por no aceptar un último combate.

Voy a tener que encontrar una manera de aceptar ese hecho y, cuando realmente llegue la hora de retirarme, darme cuenta.

Después de mi triunfo sobre Cat, me senté en la conferencia de prensa detrás de escena y todo el mundo quería saber lo que haría después. He dominado durante tanto tiempo la escena, y sé que nadie me ganará jamás dentro de la jaula. Ninguna chica jamás verá en mí el miedo que veo yo cuando miro del otro lado del octágono al comienzo de un combate. Jamás le tendré miedo a nadie.

Pero a lo que sí le tengo miedo es al retiro.

Ganar es adictivo. La euforia que se siente es inmensamente gratificante. Los riesgos son enormes. Y cada vez que peleo, estos riesgos se incrementan aún más. Cada vez que defiendo mi cinturón, obtengo una nueva dosis de euforia. Pero la sensación solo dura un tiempo y después se acaba.

Cuando finalmente deje de pelear, cuando me retire de las MMA y ya no sienta esa descarga de adrenalina, ¿cómo lo voy a manejar?

Mamá siempre dice que cuando eres más joven te encantan las montañas rusas, y cuando creces, la calesita comienza a parecer un poco más agradable. Algún día, en el corto plazo, no me importaría obtener algunas victorias que fueran menos riesgosas y fulminantes y no tan electrizantes y emocionantes. En algún momento voy a estar demasiado grande para la montaña rusa.

Pienso en lo que vendrá después, y me preocupa un montón. Me da miedo terminar tan confundida como cuando regresé de las Olimpíadas de 2008. Estoy tratando de identificar todos los errores que cometí entonces, para no volver a repetirlos. En ese momento, ni siquiera tenía un plan B. Por eso me preocupa tener planteadas otras opciones, como la actuación. Ahora estoy pensando en un plan B, C y D.

También me preocupa no *poder* mantenerme alejada de esta actividad. Siempre seré una luchadora, pero no quiero ser ese tipo de persona que se retira y luego regresa porque no soporta el retiro. Quiero que mi retiro sea decisivo.

Mi vida terminó siendo algo mucho más grande de lo que pude haber imaginado. Mientras corría tras este sueño, no tenía un centavo. Me preocupaba si la multa por mal estacionamiento me dejaría sin dinero para el alquiler. Me preocupaba por llenar el tanque de gasolina para poder llegar a mi tercer empleo. Cuando finalmente llegué a Strikeforce y luego a la UFC, por primera vez comencé a pensar en algo más que en mí misma. Forjé un empleo que quería, y sin darme cuenta forjé algo que no era solo para mí, sino también para todas las demás mujeres.

Cuando comencé en las MMA, no trataba de cambiar el mundo; trataba de cambiar mi vida. Pero una vez que cambió mi vida, me di cuenta de que no me alcanzaba. Luego quise cambiar el mundo.

Una vez que fui campeona, advertí que ahí no acababa todo. Tengo que pensar en lo que me va a satisfacer durante toda mi vida, lo que me va a sostener. Más que el título, lo que realmente tiene sentido es tener un legado.

Pienso en Royce Gracie, el primer campeón de la UFC. La primera vez que asistí al Staples Center fue para ver un evento de la UFC sobre combates de Fox. Entró en la arena y se sentó en la primera fila, y advertí su mirada de satisfacción mientras contemplaba a su alrededor lo que él había creado. Eso es lo que yo quiero.

Pelear tiene un costo. Desde el punto de vista físico, solo se puede soportar hasta cierto punto. Desde el punto de vista mental, existe un límite. Espero ansiosa el día en que pueda renunciar a mi cinturón y dejar que otras dos chicas luchen por conseguirlo. Aunque sepa que puedo ganarle a esas chicas y recuperarlo, aceptaré que es el turno de ellas de llevar el cinturón, el título y todo lo que representa. Cuando llegue ese día, ya no será mi responsabilidad. Cuando eso suceda, las MMA de mujeres serán autosuficientes. En ese momento quiero ser como Royce Gracie, observando a la siguiente generación de luchadoras con una sensación de satisfacción. Quiero ser esa figura en la primera fila que le presenta sus luchadoras a todo el mundo.

Ese día está en el horizonte, pero aún no ha llegado. No siento que la liga femenina de MMA esté lista para que me retire. Y yo tampoco.

En este momento sigo viviendo de golpe a golpe.

GANAR

La pelea terminó. Voy a continuar hasta que el referí literalmente me toque, me sacuda, me agarre y me haga saber que he ganado. Puedo sentir que mi rival se queda sin fuerza, aunque no sé si es consciente de ello. Cada músculo de su cuerpo admite la derrota. No creo que haya creído de verdad que podía vencerme, pero ella tenía esperanzas. Ahora no le quedan más que el dolor y la confusión, al intentar comprender cómo pudo perder tan rápido.

Parpadeo, siempre parpadeo. La experiencia no llega a ser del todo como salir de las profundidades del agua, aunque por el sonido del público, es parecido. No es como emerger de un cuarto oscuro, aunque por las luces de la arena lo parezca. Pasas de tener anteojeras sin vista periférica y tapones para los oídos a ver y oír todo a la vez. Debe haber pocas experiencias tan sobreestimulantes.

El alivio me inunda, después la alegría. Es difícil digerir todo de golpe. Aliviada y feliz, el griterío del público es infernal y las luces brillan con intensidad. Siento que me ponen los focos en la cara. Cada músculo del cuerpo —que hace segundos había estado tan comprometido, listo para reaccionar al instante en un combate mano a mano— se relaja. Todas estas emociones que he estado bloqueando vuelven como un torrente, y empiezan a suceder mil cosas en la cabeza al mismo tiempo. Es difícil volver al presente, regresar a la realidad.

Se supone que este es mi momento. *Es* mi momento. Pero no sé si soy capaz de estar presente en este instante. Siento que estos momentos son los más difíciles de entender.

Me ponen un micrófono delante de la cara y abro la boca para hablar. Es difícil comunicarse en este alboroto. Escucho la pregunta. Dejo que los labios formulen la respuesta, esperando que el cerebro la alcance. Agradezco a mi oponente, al público, actúo un poco, intentando ser algo teatral. No tengo ni idea de cómo salen las palabras, porque parecen brotar de mi boca de modo confuso.

Al retirarme caminando a través del público, con los brazos alrededor de mi familia, de regreso al túnel, después de todas estas peleas, el sentimiento siempre es el mismo: aparece una sensación de logro, una sensación de realización. Me siento a salvo.

Por encima de todo, está la certeza indiscutible de que soy la mejor en mi disciplina en la historia del mundo.

GRACIAS...

A mamá, por todo lo que has hecho, por todo lo que nos has enseñado y por dejar que nos apropiáramos de algunas de tus brillantes lecciones para este libro; a Jennifer, por tu realismo inquebrantable; a Julia, por ser Julia; a Dennis, por acogernos y sentir que le tocó la mejor parte del trato; a Eric, por ser un esposo increíblemente incondicional y aguantarnos en el medio de este caos; a Eva, Emilia y Calum, ustedes son el futuro; a Edmond, mi kyank, mentor, compañero, maestro y amigo; a Dana White, Lorenzo Fertitta y Frank Fertitta, por asumir el riesgo; a mi agente, Brad Slater, de William Morris Endeavor, por siempre creer en mí; a Marina, que siempre me ayudas a tener los pies sobre la tierra; a Jessamyn, mi abrazo favorito; a Shayna, eres la Vegeta de mi Goku; a Jessica Lee Colgan, eres una enviada de Dios; a mi equipo —Justin Flores, Martin Berberyan, Manny Gamburyan, Gene LeBell, Rener y Ryron Gracie— por (literal y figurativamente) estar en mi esquina; a Mike Dolce, a Eric Williams.

A mis entrenadores de judo Tony Mojica, Blinky Elizalde, Trace Nishiyama, Big Jim Pedro e Israel Hernández; a mis primeros entrenadores de las MMA, Leo Frincu y Gokor Chivichyan.

A mis compañeros de sparring; a todos en el GFC, Hayastan, SK Golden Boys, Lonsdale Boxing y Gracie Academy; a Lillie McNulty y su familia; a Wetzel Parker, un amigo de verdad; a Dianna Linden, mi sanadora; al doctor Thomas Knapp; al doctor Jake Flores; a Erin Malone, de WME; a nuestro increíble editor Alexis Gargagliano; a nuestra editora Judith Regan y a todo el equipo de Regan Arts; y a todos los que se lo merecen pero no están en esta lista;

A mis fans, son lo mejor que hay.

Y a todos los cabrones que me motivan para salir campeona aunque sea por despecho.

LAS AUTORAS

Ronda Rousey es la campeona invicta de peso gallo de mujeres de la Ultimate Fighting Championship (UFC) y medallista olímpica de judo. Probablemente sea la atleta más dominante de la historia de la UFC. Rousey les abrió las puertas a las mujeres para pelear en el octágono. Ha tomado por asalto a Hollywood con la fuerza que la caracteriza, consiguiendo papeles en superproducciones e irrumpiendo en la escena con la energía, el compromiso y la determinación que la han llevado a ser campeona.

Maria Burns Ortiz es periodista y ha trabajado para numerosas publicaciones, incluidas ESPN.com, Fox News Latino y Associated Press, y fue designada Periodista Emergente del Año por la Asociación Nacional de Periodistas Hispanos. Maria además es hermana de Ronda Rousey. Vive con su esposo y tres hijos maravillosos.

Impreso en Primera Clase Impresores

California 1231, Ciudad de Buenos Aires

Noviembre de 2015